나는
라이브커머스
쇼호스트다

나는 라이브커머스 쇼호스트다

초판 1쇄 발행 2025. 6. 6.

지은이 차민정
펴낸이 김병호
펴낸곳 주식회사 바른북스

편집진행 김재영
디자인 김효나

등록 2019년 4월 3일 제2019-000040호
주소 서울시 성동구 연무장5길 9-16, 301호 (성수동2가, 블루스톤타워)
대표전화 070-7857-9719 | **경영지원** 02-3409-9719 | **팩스** 070-7610-9820

•바른북스는 여러분의 다양한 아이디어와 원고 투고를 설레는 마음으로 기다리고 있습니다.
이메일 barunbooks21@naver.com | **원고투고** barunbooks21@naver.com
홈페이지 www.barunbooks.com | **공식 블로그** blog.naver.com/barunbooks7
공식 포스트 post.naver.com/barunbooks7 | **페이스북** facebook.com/barunbooks7

ⓒ 차민정, 2025
ISBN 979-11-7263-423-0 03320

•파본이나 잘못된 책은 구입하신 곳에서 교환해드립니다.
•이 책은 저작권법에 따라 보호를 받는 저작물이므로 무단전재 및 복제를 금지하며,
이 책 내용의 전부 및 일부를 이용하려면 반드시 저작권자와 도서출판 바른북스의 서면동의를 받아야 합니다.

나는
라이브커머스
쇼호스트다

차민정 지음

I AM
a livecommerce
SHOWHOST

추천사

라이브커머스는 한마디로 생생한 '현장'이다. 대본이 있어도 늘 예상치 못한 상황이 펼쳐지고, 상품 하나를 소개하기 위해 무대 뒤에서는 수많은 고민과 노력이 쌓여 있다. 차민정 쇼호스트는 그 모든 순간을 이 책에 따뜻하게 담아냈다. 이 책은 라이브커머스를 단순히 '판매의 장'이 아니라, 사람 냄새 나는 무대로 보여 준다. 쇼호스트의 숨겨진 고충, 사전 미팅의 팽팽한 긴장감, 큐시트 한 장에 담긴 수십 가지의 의도와 전략… 나 역시 수많은 라이브 방송을 제작하며 느꼈던 것들이 고스란히 녹아 있어 읽는 내내 공감했다. 무엇보다 이 책을 통해 차민정 쇼호스트의 진심이 느껴졌다. "1시간 수다 떨면 되는 거 아니에요?"라며 쉽게 보던 사람도, 이 책을 읽고 나면 라이브커머스의 무게감을 새삼 깨닫게 될 것이다. 쇼호스트는 단순히 상품을 소개하는 사람이 아니다. 현장을 주도하고, 시청자와 소통하며, 때로는 PD 역할까지 해내는 멀티플레이어다. 특히, 플랫폼별 특성 비교나 시청자의 집중도를 높이는 팁들은 실무자인 나조차 감탄할 만큼 구체적이고 현실적이었다. "방송 중 돌발 상황, 이렇게 풀어라" 같은 조언은 현장에서 바로 써먹을 수 있는 보석 같은 팁들이다. 다양한 카테고리를 경험하며 나만의 강점을 찾는 과정은, 라이브커머스를 꿈꾸는 사람들에게 큰 용기와 인사이트를 줄 것이다. 이 책을 읽으며 자연스레 내 PD 초년병 시절이 떠올랐다. 대본 한 줄, 카메라 앵글 하나까지 온 신경을 곤두세우며 부딪치던 날들처럼, 차민정 쇼호스트는 라이브커머스의 모든 과정을 진솔하게 풀어낸다. 이제 막 발을 들이려는 사람들에게, 이보다 따뜻한 멘토링은 없을 거라 확신한다. 이건 단순한 '잘 파는 법'을 알려 주는 책이 아니다. 라이브커머스라는 무대에서 어떻게 살아남고, 성장하고, 빛날 수 있는지를 알려 주는 생존 매뉴얼이자, 동료들에게 전하는 진심 어린 응원의 메시지이다. 라이브커머스를 꿈꾸는 사람, 더 나은 방송을 위해 고민하는 쇼호스트, PD, 제작진 모두에게 이 책을 진심으로 추천한다. 물론 나처럼 라이브커머스를 사랑하는 사람이라면, 읽는 내내 "맞네, 맞아!" 하며 공감하게 될 것이다. 라이브커머스를 제대로 알고 싶다면, 이 책만큼 생생하고 따뜻한 안내서는 없을 것이다.

— 웬디미디어 대표 김정모

라이브커머스의 성공은 단순한 기술이 아니라, 현장에서 쌓인 경험에서 나온다. 이 책은 라이브커머스의 본질을 꿰뚫는 인사이트와 실전 사례를 통해, 독자들이 마치 직접 현장에 있는 듯한 경험을 제공한다. 이론과 현실의 차이를 알고 싶은 이들에게 강력 추천한다.

— 쿠팡 라이브 프로덕션 팀 윤정애 PD

신뢰감 가는 보이스, 상품을 대하는 애티튜드, 고객의 호감을 사는 비주얼, 생방송 순발력과 재치까지… 삼성전자 퇴사 후에도 그녀와 계속 방송을 함께 할 수밖에 없는 이유이다. 삼성전자의 1호 여성 라이브커머스 쇼호스트로 왜 뽑혔는지 이 책을 통해서 상세히 그 내용이 드러난다. 특히, 대형 브랜드와 일할 때 어떤 역량들이 필요한지 현업에 종사하고 있는 쇼호스트들에게도 매우 도움이 될 것을 확신하며 '스스로 나는 이 정도면 잘하는데?'라고 생각하는 데 이어서 섭외가 되지 않는 경우에는 더 필독을 추천한다. 어떤 선배도 쉽게 해 주지 않는 얘기들을 직설적이지만 따뜻한 시선으로 담아 두었다. 전방위적인 라이브커머스 업계 이야기가 궁금한 사람은 망설일 필요가 없이 이 책을 집어 들기 바란다.

- 삼성전자 한국총괄 e-Commerce팀
라이브커머스 담당 조순지 프로

글쓴이의 쇼호스트로서의 시작을 지켜봤으며 현재도 파트너로 함께하고 있는 라이브커머스 연출/제작자로서 이 책의 출간은 정말 감회가 새롭다.

"치열한 라이브커머스 전장에 남겨진 난중일기"

이 책을 한마디로 정의한다면 이렇게 표현할 것 같다. 치열한 커머스 세계의 현장에서 수많은 산전수전을 겪으며 그 누구보다도 노력하고, 도전하고, 함께 고민해 나가며, 점차 단단해지는 글쓴이의 치열한 성장을 지켜보면서 나 역시 많은 것을 느꼈고, 함께 성장해 왔다. 수많은 라이브커머스를 기획, 제작, 연출을 해 오면서 훌륭한 쇼호스트는 단순하게 말을 잘하는 사람이 아닌, 사람을 가장 잘 이해하고, 누구보다 그 브랜드에 대한 애정으로 브랜드와 상품을 이해하려 노력하며 수많은 고민의 결과물로 제작/연출자와 함께 콘텐츠를 만들어 가는 사람이라고 생각한다. 그런 본질을 가장 잘 이해하고 받아들였던 쇼호스트 한 분이었으며, 초보 쇼호스트부터, 다른 쇼호스트와는 결이 달랐던, 수많은 노력을 바탕으로 자신만의 확고한 매력과 콘텐츠를 구축한 글쓴이에게 항상 오랜 파트너로서의 응원과 팬으로서의 깊은 팬심을 함께 보낸다. 이 책을 진심으로 추천한다.

― 브릿지미디어솔루션즈 총괄CP 박현규

    라이브커머스 방송 속, 쇼호스트의 반짝이는 순간들은 카메라 앞뿐만 아니라 기획자, 작가, 촬영 감독 등 다양한 관련 종사자들이 바삐 뛰고 있는 현장도 포함된다고 저자는 말한다. 쇼호스트의 언어로 세밀하게 써 내려간 이 책은 프로 쇼호스트가 갖추고 있어야 할 뾰족한 한 끗에 대한 가이드를 제공할 뿐만 아니라 라이브커머스 생태계 속 모두의 커리어업을 위한 정석과도 같다. 라이브커머스 생태계에 딥 다이빙을 하고자 하는 사람이라면 주저 없이 집어 들기 바란다.

― 펑타이코리아 라이브커머스 운영 팀 김휘빈 프로

프롤로그

그 누구도 들려주지 않았던
라이브커머스 쇼호스트의 최전선 이야기

나는 라이브커머스의 대모나 전문가가 아니다. 1,500억의 누적 매출도 나 개인이 해낸 것이 절대 아닌, 삼성전자라는 거대한 조직이 해낸 환경 속에 아주 운 좋게 내가 있던 것뿐이다. 하지만 분명한 건, 대한민국의 내로라 하는 거의 모든 플랫폼에서 500회가 넘는 방송 경력을 통해 쌓아 온 데이터가 넘치는 라이브커머스 쇼호스트라는 점이다. 삼성전자 쇼호스트로 2년간 활동하면서 진행한 라이브만 약 400회, 프리랜서 쇼호스트로 활동한 라이브까지 약 500회 이상의 경력으로 경험한 데이터베이스를 아주 자세하게 공개하려 한다. 지금까지 아무도 알려 주지 않았던 라이브커머스 최전선의 이야기를 들려주겠다.

이 책은 쇼호스트의 정석이나 지침서가 아니다. 단지 다른 쇼호스트들이 경험해 보지 못했던 또 다른 방송 환경을 소개하고 더불어 그 누구도 시도하지 않았거나 시도해 보지 못했던 나의 실제 방송 경험을 많은 사람에게 공유한 책이다. 라이브커머스 쇼호스트는 '이래야 한다.'는 생각으로 이 책을 읽고자 한다면 당장 책을 덮어도 좋다. 이 도서는 삼성전자 라이브커머스 쇼호스트로서 몸담았던 나의 특별한 경험들을 위주로 담았으며 대형 라이브커머스의 실제 환경을 아주 생생하게 보여 주는, 어쩌면 아주 이기적인 이야기이기도 하다. 하지만 현재 라이브커머스 시장에서 무수한 경험과 큰 역할을 해내 온 현장 전문가들과 오랫동안 호흡을 맞춰 온 만큼, 이 책에 담긴 나의 글들은 그 어떤 쇼호스트의 이야기보다 사실적이고 현장의 최전선에서 마주하는 간접 경험이 될 것이다. 그렇기에 이 책은 단순히 쇼호스트들만을 위한 책은 아니며, 라이브커머스 쇼호스트들의 다채로운 생활을 재미있고 가볍게 들여다볼 수 있는 좋은 지름길이 되겠다. 지금 이 순간에도 어디에선가 방송하고 있을 수많은 라이브커머스를 조금 더 유쾌하고 새로운 시각에서 바라볼 수 있길 바란다.

머리말

책을 써야겠다고 다짐한 때가 삼성전자 퇴사 직후였다. 호기롭게 목차를 써 내려가고 쉼 없이 키보드의 Esc 키를 누르며 지우고 쓰기를 반복한 게 엊그제 같은데, 벌써 초고를 끝내고 몇 회의 수정을 거듭한 후 책이 나오기 직전이 됐다. 책 쓰는 사람이 멋있어 보여서, 언젠가는 나도 커서 책을 써야지 하고 인생의 버킷리스트처럼 꿈꾸었던 게 20대 초였다. 하지만 그 꿈이 현실로 되어 책을 쓰기 시작했을 무렵 나의 바람과 목표는 내 경험을 통해 누군가에게는 도움이 되었으면 하는 것이었고, 또 2년간의 대기업 쇼호스트로서 내 인생에서 특별하고 소중한 시기를 되돌아보는 데에 있었다. 새롭게 프리랜서 세상으로 나온 나의 성장을 위한 다짐과 같은 것이다. 책을 써 온 수개월 동안 지난 2년간을 차근차근 회상하며 나의 직업을 사랑하고 내가 좋아하는 일을 할 수 있음에 감사한 마음으로 글을 써 내려갔다. 나의 인생 34년 중 회사원으로 몸담았던 고작 2년의 세월, 그 강렬했던 시간 속에서 빛났던 기억 하나하나를 추억하며 책의 초안을 작성했다.

어쩌면 너무 강렬해서 짧게 느껴지는 것일지도 모르는 그 시간 동안 내가 경험한 크고 작은 사건들과 기억들을 이 책을 통해 다시금 꺼내어 볼 수 있어서 감격스러운 마음이다.

 단순히 나의 경험을 열거한 것만은 아닌, 그 순간순간 존재했던 소소한 추억들과 반짝이는 기억을 이 책에 모두 담았다. 그 기억은 자랑하고 싶은 뿌듯한 순간일 수도 있고, 다시는 꺼내고 싶지 않은 부끄러운 순간일 수도 있다. 그러나 그 순간들이 모여 나를 성장하게 했고, 지금의 나를 만들어 주었다. 이 책에는 수많은 나의 실수와 반성과 자책이 있으며, 그 이후 더욱 성장한 나의 깨달음도 있다. 그러니 독자는 이 책을 한 사람의 성장기를 보듯, 또는 누군가의 일기장을 펼치듯 가벼운 마음으로 읽어 주길 바란다. 누구는 나와 같은 실수를 하지 않길, 누구는 지금껏 해 보지 못한 새로운 세상을 간접적으로 경험해 볼 수 있길, 또 누군가는 이를 통해 또 다른 꿈을 꿀 수 있길 감히 바라 본다.

 집 안 거실, 동네 단골 카페, 퇴사 후 갔던 신혼여행지의 숙소 앞 카페 바 그리고 그 외 여러 장소…. 책 한번 써 보겠다며 매일 같이 태블릿을 들고 나가 글을 썼던 장소들과 따뜻한 커피 한 잔. 그때의 분위기와 향기가 머릿속에 스쳐 지나간다.

 한평생 회사원을 꿈꾸지도 그런 삶을 강요받지도 않았던 프리랜서의 인생을 살았다. 대기업 입사 후 뚝딱거렸던 나의 새로운 첫발을 아주 멋지게 디딜 수 있도록 곁에서 도와주고 응원해 준 모든 분께 감사한 마음을 담아 이 책을 시작한다.

　　삼성전자 1기 라이브커머스 쇼호스트로서 멋진 도약을 할 수 있도록 언제나 응원과 격려를 아끼지 않고 나의 실수를 보듬어 준 진정한 스승이자 지금은 내 삶에 꽤 큰 부분을 차지하고 있는 영원한 나의 선배 조순지 프로님. 그리고 낯선 회사 생활의 가장 큰 안식처이자 나와 모든 처음을 함께해 온 가장 가까웠던 동료 임시우 쇼호스트에게 가장 큰 애정과 감사를 보낸다. 차가운 얼굴이지만, 누구보다 따뜻한 조언을 건네며 내 작은 의견에도 귀 기울여 지원해 주신 내 인생의 진짜 어른 김성욱 팀장님과 더는 이 세상에 존재하지 않으나 항상 다정한 모습으로 반겨 주셨던 내 첫 그룹장, 신현 그룹장님께도 그리움과 감사의 인사를 전하고 싶다. 그리고 나의 서툰 회사 생활에도 언제나 반짝이는 눈빛으로 환영해 주고 존중으로 대우해 주었던 나의 파트원 서정원, 이나경, 박늘튼, 김다예, 하인구, 강민정, 홍병기 프로님을 더불어 다른 모든 직원분들께 감사함을 보내며 삼성 방송반의 어벤저스 팀 이상진, 이혜빈, 박혜지, 김민규 프로님께도 이 책을 통해 큰 애정과 사랑을 전한다. 팔뚝의 세 줄이 그의 시그니처가 되어 버린 옆집 아저씨 같은 푸근한 성격의 김운 그룹장님도, 나지막한 목소리로 웃으며 "민정 프로~."라고 불러 주시던 신시내 파트장님의 표정도, 나의 지친 회사 생활에 종종 단비 같은 커피 타임을 선사해 준 노태윤 파트장님의 핸드

드립 커피 향도, 그리고 고향 후배라며 힘든 순간마다 사투리와 함께 짠 하고 나타나 주신 양대휘 프로님의 모습도. 그 모든 순간순간이 여전히 눈에 선명하다. 지금 나에게는 추억이 된 공간이지만, 그때 나와 함께한 추억들이 다른 이들에게도 좋은 기억으로 남아 있길 작은 소망처럼 바라 본다.

그리고 나에게 필요한 정보와 경험을 주저 없이 들려주기 위해 시간과 목소리를 내어 주신 제작사 웬디미디어 김정모 대표님, 이화열 쇼호스트에게도 온 마음을 담아 진심 어린 감사함과 고마움을 표한다.

마지막으로 언제나 나의 편이자 내가 하는 모든 결정과 의견을 존중해 주고 지금의 차민정이 존재하도록 평생을 바친 존경하는 부모님께도 책의 머리말을 빌려 사랑한다는 말을 전한다.

책이 나오기까지 몇 번의 검수가 필요했고 수천 자의 글을 반복하고 또 반복해서 읽는 작업이 필요했다. 그 귀찮은 작업을 하면서도 피곤한 표정 하나 내비치지 않고 책을 쓰겠다는 나의 계획에 불씨를 지펴 준, 그리고 그 계획을 달성할 수 있도록 매일매일 심리적 지원을 아낌없이 준 나의 남편에게도 무한한 사랑과 고마움을 보낸다.

나의 삶을 멋지게 조각해 준 시간이 모여 이 책이 세상에 나올 수 있었다. 다시 한번 더 발돋움할 내 자신에게, 그리고 새로운 꿈을 꾸는 또 다른 이들에게 소중한 한 자 한 자가 되길 바란다.

목차

추천사

프롤로그
그 누구도 들려주지 않았던 라이브커머스
쇼호스트의 최전선 이야기

머리말

Part 1.
라이브커머스 제대로 파악하기

500회가 넘는 라이브커머스 경력
쇼호스트가 알려 주는 '진짜' 현장 ········ 21
  현장 투입 인원   21
  실제 스튜디오 모습   23

1시간 방송을 위한 사전 준비 과정 ········ 27
  1시간 수다 떨면 되는 거 아니에요?   27
  제품 공부만 하면 끝? 방송 준비는 지금부터가 진짜 시작이다   31
  사전 미팅의 중요성   34
  소구 포인트 & 푸시 타이밍   37
  본방송 6시간 전   41

쇼호스트가 경력이 많다고 다 잘하는 건 아니다 ········ 44
  큐시트는 대본이 아니다   44
  다양한 카테고리의 경험치   51
  내가 쇼호스트를 시작한 나이   52
  1인용(Single Player)이 아닌 2인용(Two Player) 게임   55

TV 홈쇼핑 vs 모바일 라이브커머스 차이 파악하기 … 58
- 매체의 차이와 구매 방식 비교　　　　　　　　　　59
- 시청자 연령층 차이　　　　　　　　　　　　　　　62
- 쇼호스트와 시청자 간의 소통 방식　　　　　　　　65
- 방송 심의 차이: 법의 테두리　　　　　　　　　　　68
- 수수료 차이　　　　　　　　　　　　　　　　　　72

홈쇼핑과 라이브커머스에 대한 오해와 진실 ……… 76
- 홈쇼핑 수수료가 높음에도 TV를 고수하는 이유　　76
- 라이브커머스는 까불고 재미있으면 그만이다?　　 79
- 왜 시청자들은 TV에서 모바일로 넘어오는가　　　 82
- 라이브커머스 시장이 안 좋다는 소문, 과연 사실일까?　85
- 제작사 입장에서 바라보는 라이브커머스 쇼호스트 전망?　89

플랫폼별 특징 파악하기 ……………………………… 95
- 네이버, 11번가　　　　　　　　　　　　　　　　 96
- G마켓, 카카오　　　　　　　　　　　　　　　　　101
- 쿠팡, SSG　　　　　　　　　　　　　　　　　　 104

Part 2.
나도 라이브커머스 쇼호스트다

쇼호스트는 어떻게 되는 거예요? — 109
- 나는 어떻게 시작하게 되었나? — 109
- 쇼호스트 준비, 학원만이 정답인가요? — 115
- 노트북의 '노' 자도 몰랐던 내가 전문가가 되기까지 — 118
- 삼성전자 라이브커머스 쇼호스트 채용 과정 — 124
- 사투리 써도 괜찮나요? — 128
- 쇼호스트는 예뻐야 해요? — 129

방송인으로서 갖추어야 하는 기본기 — 133
- 목소리, 발음, 발성 그리고 호흡과 감정 — 133
- 카메라 시선 처리 — 137
- 제품 핸들링 — 141
- 외모 가꾸기 — 146

라이브커머스 소통법 — 153
- 소통, 그거 어떻게 하는 건데 — 153
- 부정 댓글에 대한 대처법 — 158
- 절대 하면 안 되는 것들 — 163
- 심금을 울리는 멘트가 있다? — 168
- 사회 경제 이슈도 공부해야 돼? — 170
- 시청자들의 집중도를 높이는 방법 — 172

진짜는 현장에 있다 — 178
　준비한 대로 되는 게 하나도 없네? 178
　멀티태스커(Multitask'er') 되기 182
　구매 추이 파악 후 흐름 리드 183
　피디님, 감독님과의 티키타카는 곧 시청자의 즐거움 185
　돌발 상황에서의 대처 능력 188
　진짜 공부는 내 방송 모니터링에서부터 시작된다 190

똑똑하게 방송하기 — 196
　라이브커머스 입문자라면 최대한 많은 카테고리를 경험해라 196
　나만의 카테고리 찾기 198
　카테고리별 공부법: 나만의 표현 노트 만들기 200
　표현력 늘리는 방법 204
　나만의 프로필 만들기(SNS 활용법) 208

Part 3.
억대 매출 쇼호스트가 되기까지

결국 사람이 보는 방송이다 — 214
친절함과 불친절함의 경계선   214
소비자는 똑똑하다   217
나를 먼저 설득해라   220
현장 관객이 존재하는 라이브커머스   222
아이디어 전쟁   226
국내 최초 강남역 사거리 대형 옥외광고 라이브   230

세일즈에 집중할까 vs 제품 설명에 집중할까 — 233
오(五)감(感)만족 대신 이(二)감(感)만족   233
시청자는 나의 엄마가 아니다   235
원샷 욕심의 비극적 결말   237

시청자 들어올 때 노를 저어라 — 240
시청자 질문을 방치하면 안 되는 이유   240
카테고리별 인기 있는 요일 및 시간대 파악하기   243
시청자의 환경을 주시해라   247
브랜드별 빅 프로모션 체크하기   248

Part 4.
라이브커머스 공략법

쇼호스트가 매출을 무조건 올려 줄 것이다? ····· 253
- 쇼호스트의 능력 범위 253
- 시청자 유입을 위한 전략 255
- 대표님의 직간접적 경험 259
- 기획전 방송의 파워(Power) 261
- 서울시가 진행하는 소상공인 지원 사업 262

쇼호스트는 도대체 어디서 어떻게 구해요? ····· 265
- 쇼호스트 비용… 얼마예요? 265
- 어디서 구해요? 267
- 매회 들어가는 쇼호스트 비용이 부담스럽다면 269

먹히는 방법 & 안 먹히는 방법 ····· 271
- 타 브랜드 모니터링이 곧 돈 아끼는 방법 271
- 큐시트 이해하기 273
- 1시간에 1억 판매… '카더라' 소문의 진실 274
- 객관화의 중요성! 내가 시청자라면? 276
- 일반인 참여 활용하기 277
- 라이브 종료 이후 매출 공략하기 280

라이브커머스 세상에 발을 들인 당신에게 전하는 메시지

에필로그
인생의 기회는 언제 어떻게 올지 모른다

Part 1.

라이브커머스 제대로 파악하기

500회가 넘는 라이브커머스 경력 쇼호스트가 알려 주는 '진짜' 현장

현장 투입 인원

"카운트다운 5초 신호 후 바로 들어갈게요."
방송이 시작됨을 알리는 피디님의 목소리가 스튜디오 가득 울려 퍼지면 현장은 음소거를 한 것처럼 갑자기 조용해진다. 카메라에 불이 켜지거나 감독님들이 손을 들어 카메라 원샷(One Shot, 흔히 쓰는 용어로 쇼호스트 1명씩 카메라 화면에 담는 단독 '샷'을 말한다) 사인(Sign)을 신호로 주면 해당 카메라를 바라보며 인사하는 것으로 자연스럽게 오프닝 시작을 알린다.

 라이브커머스 방송을 직접 시청한 적이 있다면, 대부분의 방송에서 쇼호스트 2명이 진행하는 모습을 가장 흔하게 볼 수 있다. 지금 당장 핸드폰을 켜고 물건을 자주 구매하는 사이트 한 군데만 들어가 보자. 네이버, 쿠팡, 11번가, G마켓 그 어디든 좋다. 아마 2명의 쇼호스트가 실시간으로 제품을 판매하고 있는 모습을 어렵지 않게 발견할 수 있을 것이다.

그렇다면 시청자들이 보지 못하는 라이브커머스의 실제 현장에는 얼마나 많은 사람이 방송을 함께하고 있을까?

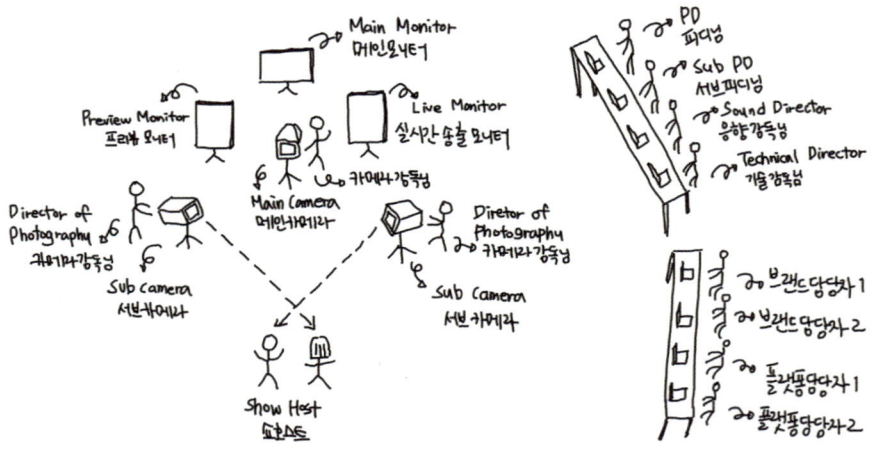

| 직접 그려 본 방송 촬영 현장의 모습

위는 내가 지금까지 진행했던 라이브커머스 방송 현장의 아주 일반적인 모습을 직접 그린 그림이다. 왼쪽 아래에는 2명의 쇼호스트가 카메라를 바라보고 있으며, 맞은편에는 카메라를 컨트롤하는 감독님들이 자리하고 있다. 오른쪽 위에는 방송을 총괄 및 관리하는 피디님(프로듀서, Producer)과 음향 감독님, 기술 감독님 등의 모습이 그려져 있는데, 쇼호스트를 포함한 인원수만 9명이다.

"오늘 방송도 잘 부탁드립니다."

여기에 또 다른 현장 인원이 존재하는데, 바로 플랫폼 담당자들과 브랜드 담당자들이다. 판매하는 제품의 브랜드 담당자들이나 시청자들이 방송을 보게 되는 장소(네이버, G마켓, 11번가 등)인 플랫폼 담당자들이 현장에 오는 경우는 흔하기도 한데, 이는 방송을 현장에서 실시간으로 모니터링하고 내부 인력들과 빠르게 소통 및 대응하기 위함이다. 이 담당자들의 인원은 절대적인 숫자는 아니며 방송에 따라 현장에 투입되는 수도 다르다.

위 그림 속 모습이 모든 방송의 스튜디오 현장을 100% 대변하지는 않지만, 이렇듯 하나의 방송을 진행하기 위해 직접적으로 현장에 투입되는 인원수는 대략 10~13명 정도 된다.

실제 스튜디오 모습

대기업 전속 쇼호스트라는 이름을 등에 지고 있을 때 가장 좋은 점은 너무나도 다양한 스튜디오 현장과 낯선 환경을 매번 새롭게 경험할 수 있다는 것이다.

같은 제품을 방송하더라도 각각 다른 스튜디오의 환경을 체험할 수 있고, 스튜디오마다 사용되는 방송 장비와 제품이 세팅되는 환경의 차이를 비교할 수 있으며, 방송을 디렉팅(Directing)하는 피디님들의 각자 다른 진행 운영을 경험할 수 있다는 건 쇼호스트로서 굉장히 매력적인 부분이다.

다음 사진은 내가 실제 방송해 온 여러 제작사 스튜디오의 모습이다. 자세히 들여다보면 공통적으로 보이는 장비들을 확

| 왼쪽부터 제작사 〈스토리앤미디어〉, 〈웬디미디어〉, 〈브릿지미디어〉 방송 환경

인할 수 있는데 그것이 바로 조명과 여러 개의 모니터, 그리고 카메라이다.

"메인 카메라는 이곳을 보시면 되구요, 민정님 원샷 카메라는 여기, ○○님(쇼호스트) 원샷 잡을 때는 저기 보시고, 제품 타이트 샷은 이 카메라로 갈게요."

방송 전 리허설을 진행할 때 쇼호스트들에게 전달되는 피디님의 여러 공지 사항 중 하나이기도 하다. 각 카메라의 위치와 해당 카메라가 비추는 부분을 쇼호스트는 인지하고 있어야 하며, 이는 방송을 진행할 때 시청자에게 보여지는 화면이므로 매우 중요하다.

내가 진행했던 대부분의 방송들은 기본적으로 카메라 3대 이상으로 세팅되었다. 쇼호스트와 제품 모두를 전체적으로 비추는 메인 카메라(Main Camera)가 가장 가운데 자리에 위치하고, 쇼호스트 한 사람을 비추는 카메라 각각 1대씩 총 2대가 그 좌우에 배치된다. 필요한 경우에는 카메라 1대 혹은 2대가 더 놓이게 되는데, 그것이 바로 '줌(Zoom) 카메라' 혹은 '타이트(Tight) 카메

왼쪽부터 이커머스 플랫폼 〈쿠팡〉 본사 스튜디오, 제작사 〈글로벌이앤비〉, 〈트리즈컴퍼니〉 스튜디오의 방송 환경

라'다. 이는 제품을 가까이 비추는 역할을 한다.

TV 예능 프로그램을 잠깐 떠올려 보자. 국내 인기 예능 프로그램 〈런닝맨〉이나 혹은 지금은 종영되었으나 예전 많은 인기를 누렸던 〈무한도전〉을 생각해 보면, 진행자들의 수보다 훨씬 많은 카메라 장비와 스태프들이 나왔던 장면을 한 번쯤 본 적 있을 것이다. 여러 대의 카메라를 통한 다양한 화면 전환은 재미 요소를 추가하고 그에 따라 시청자들이 다른 채널로 전환하지 않도록 하는 효과를 준다.

이와 같이 라이브커머스 속 다양한 화면 전환 또한 단순히 제품을 '판매'하는 것에만 그치지 않고 '재미 요소'를 더하여 시청 지속 시간을 늘리고 그에 따른 제품 판매의 기회를 높이기 위함이라고 볼 수 있다.

시청자들의 시청 시간이 늘어나면 어떠한 효과가 있을까? 방송을 보는 시청자들이 점점 증가함에 따라 시청자들과 쇼호스트의 소통은 더욱 활발하게 이루어진다. 이후 동일한 방송 시간 동안 제품의 노출 효과는 더 커지며 판매에도 긍정적인 효과를 불러올 수 있다. 물론 시청자 수와 판매 수가 100% 비례하진 않는다. 하지만 시청자 수가 많아질수록 판매의 확률이 높아지는 것은 분명하다.

쇼호스트는 이렇듯 방송에 쓰이는 각 장비들의 역할에 대한 이해도가 높아야 한다. 그리고 그를 잘 활용하여 방송하는 제품을 시청자들에게 잘 보여 주어야 한다. 그러므로 여러 스튜디오 현장을 잘 습득하고 경험하는 것은 쇼호스트로서 아주 좋은 공부가 될 것이다.

1시간 방송을 위한 사전 준비 과정

1시간 수다 떨면 되는 거 아니에요?

꽤 많은 사람이 질문한다. "라이브커머스, 그거 1시간 수다 떨면 끝 아니에요?"라고. 그럴 때마다 힘이 쫙 빠진다. '1시간만 수다 떨고 오자.'라는 이 말은 최선의 준비가 끝난 쇼호스트들이 긴장을 풀고 화이팅을 다짐하기 위해 장난처럼 던질 수 있는 이야기다. 그러니 1시간을 위해 얼마나 많은 시간과 노력이 들어가는지 알게 된다면 '수다'라는 이야기가 그리 쉽게 나오지 않을 것이다. 자, 그럼 쇼호스트가 1시간 방송을 위해 어떤 준비 과정을 거치는지 첫 시작부터 이야기해 보겠다.

    쇼호스트의 방송 준비는 일정이 확정된 순간부터 시작된다. 제품 공부가 그 시작 단계이며, 가장 많은 시간과 노력이 소요되는 부분이기도 하다. 우리가 평소에 잘 알고 있는 친숙한 제품이라 할지라도 소재, 색상, 사용법을 꼼꼼히 알아야 하고 겉으로 보이는 길이나 폭의 사이즈도 정확한 숫자로 기억해 두어야

삼성전자 입사 후 품목별로 구분한 제품 상세 자료들

한다. 나는 전자 제품을 주로 다루었기 때문에 제품의 가로, 세로, 두께나 폭의 크기는 물론, 제품에 따라서는 세탁기의 용량, 청소기의 배터리 1회 최대 사용 시간, 모바일 디스플레이의 최대 밝기, 태블릿의 방수 등급 등 아주 세세한 정보들을 습득하기 위해 수십여 장의 제품 상세 자료를 살펴야 했다. 전자 제품뿐만이 아니라 다른 제품군도 공부를 많이 하긴 마찬가지다. 패션으로 예를 들면, 옷의 재질이 면인지 폴리에스터인지 실크인지, 만약 몇 가지를 혼방했다면 각 몇 퍼센트가 섞인 것인지, 주머니의 깊이는 어느 정도인지, 총 길이는 몇이며 사이즈 별 기장과 폭의 차이는 얼마가 나는지, 허리의 주름은 어느 정도로 잡혀 있는지, 끈 조절이 가능하다면 최대 길이는 얼마까지인지 등을 공부해야 한다. 하물며 이 많은 정보를 방송 중에 언급할 기회가 없을지라도 쇼호스트는 전부 알고 있어야 한다.

Part 1. 라이브커머스 제대로 파악하기

나에게 그 첫 시작은 너무나도 어려웠다. 삼성전자에 입사 후 공부해야 할 제품의 수가 상당했는데 모바일, 태블릿, 노트북, 무선이어폰, 스마트워치는 물론이고 세탁기와 건조기, 에어컨, 청소기, 공기 청정기, 냉장고, 김치냉장고, 전자레인지, 오븐, 식기세척기, 인덕션, TV, 스피커 등 삼성전자에서 만드는 거의 모든 제품을 방송해야 했기에 그 제품군만 해도 10여 가지가 훌쩍 넘었다. 각 제품군 안에서도 기종은 또 어찌나 많은지. 모바일 종류만 최근순으로 나열해도 갤럭시Z플립6, Z폴드6, 갤럭시 S25, S25+, S25울트라…. 이제 공부 좀 했다 싶으면 또 새로운 제품이 출시되어 공부에 끝이 없었다. 내가 2021년 10월에 삼성전자에 입사한 이후로 지금껏 방송한 모바일 종류만 해도 족히 20가지는 된다. 시간을 투자하지 않으면 아는 척(?)도 쉽게 할 수 없었고, 어디서부터 어떻게 공부해야 할지 가늠조차 되지 않았다.

삼성전자 입사 후 첫 한 달은 제품 교육과 전체적인 오리엔테이션을 받는 기간이었다. 각 제품 담당 프로님(삼성은 직급을 대리, 과장이 아닌 프로로 통칭한다. 파트장, 그룹장부터 직급을 붙인다)들에게 교육을 받고 스스로 공부하는 시간이 주어졌는데, 첫 한 달 동안은 오전 9시에 출근하여 오후 6시에 퇴근하는 근무 시간을 정확하게 지켜야 했다. 참고로 현재 삼성은 자율 출퇴근 제도를 시행하는데, 첫 한 달이 지나고 방송을 본격적으로 시작하게 되면서부터 나의 출퇴근 시간은 매일매일 달랐다. 쇼호스트인 나는 방송 진행이 주 업무였으므로, 방송 스케줄이 저녁이거나 이른 아침일 경우에는 거의 일주일 동안 팀원들의 얼굴을 보지 못할 때도 있었다. 그러니 어떻게 보면 입사 후 첫 한 달이 나에게는 진정한 직장인의 삶을 제대로 경험한 유일한 시간이었을지도 모른다. 나는 오전 9시만 되면 내 책상에 앉아 그날 공부할 제품을 정하여 이리저리 만져 보고 살펴보았다. 점심시간이 되면 팀원들과 밥을 먹고 돌아와서 다시 저녁 6시까지는 또 똑같은 시간을 반복했다. 옆에 앉아 있는 다른 팀원들이 열심히 키보드를 두드리고 전화를 걸며 각자의 업무를 바쁘게 해낼 때, 나는 테이블에 코를 박은 채 내내 제품과 자료를 번갈아 들여다보곤 했다. 기능을 알면 알수록 막히는 부분도 많았고, 각각의 용어를 제대로 이해하기까지 꽤 걸렸다. 당시 나는 수능을 앞둔 수험생이 된 기분으로 학교가 아닌 회사로 출근했다. 그러나 그 출근길은 나에게 이미 대학에 붙은 수시 합격생처럼 너무나도 감격스러운 일이었고, 모닝콜이 울리기도 전에 눈이 번쩍 떠지며 '내가 대기업에 입사했다니!', '내가 삼성을 다닌다니!' 하는 생각과 함께 두근거림으로 매일 아침을 맞이했다. 사원증을 목에 걸고 건물로 들어가는 나 자신이 너무 자랑스럽고 뿌듯했으니 말이다. 그렇게 한 달이 지나고 첫 방송에 투입됐을 때, 내가 마주한 현실은 '내가 공부를 정말 열심히 했구나.', '드디어 첫 방송을 해냈다.'의 감격스러움이 아니었다. 내가 얼마나 기본 중의 기본만을 안 채로 스스로 뿌듯해하고 기특해했는지를 돌아보며 낯부끄러운 감정으로 첫 방송이 끝났다.

첫 방송에 투입되었을 때 댓글을 보고 나는 당황스러움을 금치 못했다. 나만큼이나 제품을 잘 알고 있는 시청자들이 많았고, 다른 브랜드와 비교한 제품의 차이와 특징을 나보다 더 잘 파악한 이들이 수두룩했기 때문이다. 특히나 몇몇 시청자의 질문에는 의미조차 알지 못해 진심으로 당황스러웠다. 물론 쇼호스트는 모든 시청자가 제품을 처음 접한다는 마음으로 정확한 정보를 친절히 쉽고 간단하게 설명해야 할 의무가 있지만, 그것만큼이나 중요하게 새겨야 하는 사실은 내가 알고 있는 정보를 시청자들은 알지 못한다고 착각하면 안 된다는 것이었다. 그날 나는 매우 오만한 쇼호스트였다.

제품 공부만 하면 끝? 방송 준비는 지금부터가 진짜 시작이다

그렇다면 우리는 제품 공부 단계에서 무엇을 더 준비해야 할까? 라이브커머스 방송을 진행해 본 경험이 있는 사람이라면 시청자의 댓글이 그렇게 단순하지 않다는 사실에 공감할 것이다. 제품 교육 기간 약 한 달이 지나고 첫 방송 일정이 잡혔을 때, 나는 호기롭게 방송을 진행할 만반의 준비가 된 상태였다. 그러나 방송 시작 10분도 채 되지 않아 나의 자신감은 당황스러움으로 바뀌었다. 화면 속 댓글에는 '구매 어떻게 해야 돼요?', '이번 주 안에 저희 집까지 배송될까요?', '폰 어디에 반납하면 보상받을 수 있나요?', '컬러 바꾸려는데 아예 주문 취소를 하고 다시 주문해야 하나요? 아니면 따로 요청 사항에 남겨도 되나요?' 등의 주문 관련 질문이 쏟아졌다. 이는 내가 전혀 예상하지 못했던 것들이었다. 내가 상상했던 댓글은 '컬러가 뭐 뭐 있을까요?', '용량이 어떤 게 있나요?', '사이즈는 어느 정도인가요?' 등의 내가 공부한 자료 속 일차원적인 질문들뿐이었기 때문이다. 물론 그러한 질문이 가장 큰 비중을 차지하긴 했지만, 그 외의 다양한 질문들도 잔뜩이었다.

첫 방송이 끝나고 나는 꽤 허탈한 마음과 함께 수치스러운 감정까지 들었다. 지금껏 열심히 공부해 온 것이 그저 수박 겉핥기에 불과했음을 그제야 깨달았기 때문이다. 이후 방송 모니터링을 하면서 시청자 댓글을 빠짐없이 확인하며 소비자들이 라이브 중 궁금해하는 것들을 모두 모아 다시 그 질문에 대한 답변을 공부했다. 질문 내용을 모두 모아 구분해 보니 디자인과 컬러 문의 외에도 배송 문의, A/S 방법, 쿠폰 적용 방법, 결제 경로, 구매 인증 이벤트 참여 방법, 제품 사후 관리법, 다른 소비자들의 평가, 제품 추천 등 매우 다양했다. 질문의 내용이 다양하다는 것은 구매를 염두에 둔 시청자가 많다는 것을 의미했고, 질문이 구체적인 만큼 구매 직전 최종 결정을 앞둔 이들이 대부분 방송을 시청하고 있다는 증거이기도 했다. 판매하는 사이트마다 결제 경로와 쿠폰을 적용하는 방법이 달랐고, 제품에 대한 실제 소비자들의 평가(리뷰)가 제품의 단순한 설명보다 판매에 효과 있는 정보가 되기도 했다. 배송을 받는 날짜를 내가 선택할 수 있는지의 여부도 구매 결정의 결정적 요인이 되기도 했고, 무이자 할부 개월 수가 많은 신용카드의 적용 여부가 시청자의 고민을 결정으로 바꾸는 중요한 요소가 되기도 했다. 또한 실제 일상생활에서의 사용 효율을 따져 보며 구매를 고민하는 시청자들도 많았는데, 예를 들면 자주 들고 다니는 작은 가방에 제품이 들어가는지, 사후 관리법이 까다롭지는 않은지, 얼마나 자주 내부 부품을 갈아 주어야 하는지 등의 내용이었다. 이러한 이유 때문에 구매를 고민하는 사람들이 어떤 것을 고려하는지, 혹은 구매할 때 어떤 어려움을 겪는지 등 제품에 대한 직접적인 정보 이외에도 알아야 할 것이 한가득이었다.

    만약 패션 방송을 진행하는 쇼호스트가 옷의 디자인과 재질 등 보이는 것들만 이야기해도 큰 문제는 없을 것이다. 전자 제품을 판매하는 쇼호스트가 제품에 대한 정보만 정확하게 알고 있어도 방송은 무난하게 잘 흘러갈 것이다. 그러나 이러한 정보 외에도 제품을 이미 사용하고 있는 다른 소비자들의 평가나 사용 꿀팁을 쇼호스트가 잘 알고 있다면 어떨까? 잘 알려지지 않은 브랜드에 대한 정보까지 잘 알고 있다면, 사후 관리법이나 유지법에 대해 제대로 알고 있다면. 그렇다면 제품 정보를 전달할 때 멘트의 다양성이나 전문성은 확연히 달라진다. 나는 지금도 방송 일정이 잡히면 제품 공부 외에도 사용자들의 리뷰를 검색해 보고 제품 상세 정보 페이지에 아주 작은 글씨로 적혀 있는 참고 사항들을 빠짐없이 살펴보며, 방송 직전에는 제품 구매 마지막

단계까지 들어가 결제 과정에서 시청자들이 헷갈릴 부분은 없는지 확인한다. 쇼호스트가 제품에 대한 단순한 정보뿐만 아니라 다양한 방향으로 공부를 함께 해야 할 필요성은 지금도 아주 많이 느낀다. 제품 공부는 성공적인 라이브커머스 방송을 위한 본연의 목적이자 쇼호스트 자신의 가치를 입증하는 가장 기본적인 자세이다. 하지만 여기서 더 나아가 시청자들과 풍성한 대화거리를 만들고 그 속에서 익숙한 공감대를 얻을 수 있다면 우리는 남들과 '뭔가 조금 다른', 더 나은 쇼호스트가 될 수 있다.

사전 미팅의 중요성

나는 2년간의 삼성전자 쇼호스트로서의 계약 기간을 마치고 퇴사 후 현재는 프리랜서 쇼호스트로서 활동하고 있다. 그러나 여전히 나의 방송 일정에는 삼성전자 라이브가 다수 포함되어 있는데, 이제는 삼성전자 전속 쇼호스트가 아닌 프리랜서 쇼호스트로서 함께하고 있다. 입사 후 지금까지 총 500회 가까이 삼성전자 제품을 방송해 온 나일지라도 제품 공부와 방송 준비에 들이는 노력은 크게 다르지 않다. 지금도 나는 삼성전자 방송을 진행하게 될 때면 노트를 펼쳐 내가 기억하는 정보가 맞는지, 내가 놓친 정보는 없는지 등을 찾아본다.

제품에 대한 정보 습득이 첫 번째라면, 두 번째 단계는 사전 미팅 단계이다. 방송 일주일 또는 2주 전 브랜드 담당자와 방송 송출하는 제작사, 쇼호스트 등 방송과 관련된 핵심 담당자들이 모두 모여 사전 미팅을 진행한다. 코로나19 이전에는 사전 미팅을 대면으로 진행하는 경우가 많았으나 코로나19를 지나오면서 지금은 효율상 사전 미팅을 대부분 화상으로 진행하고 있다. 사전 미팅은 방송의 전체적인 진행 방향을 논의하기 위한 것인데, 방송이 진행되는 시기의 시즌 파악, 타깃(Target) 설정, 소구점, 푸시포인트 등을 담당자들과 의견을 나누어 해당 방송에 적용하기 위함이다. 가령 7~8월인 여름은 에어컨을 구매하려는 사람들이 많고, 9월인 김장 시즌은 김치냉장고가 인기가 많은 달이다. 또 2~3월 개학 시즌이 다가오면 노트북에 대한 관심이 쏠리고, 5월이나 10월에는 결혼하는 사람들이 많아 TV나 세탁기, 건조기 등 신혼 가전 필수품으로 꼽히는 제품들의 판매 비율이 높아짐을 짐작할 수 있다. 그리하여 유입되는 소비자들의 예상 연령대 등을 파악하고 어떤 내용을 더 강조할지 집중적으로 논의하는 것이다. 전자 제품이 아닌 다른 카테고리로 예를 들어 보아도 마찬가지다. 5월이나 10월에는 결혼식 하객룩 같은 옷들을, 겨울이 되면 피부 보습에 좋은 수분 크림이나 미스트 또는 마스크 팩을, 12~1월이나 7~8월 등 방학 시즌에는 여행 상품이나 캐리어, 수영복을 많이 찾는다. 이렇듯 시즌을 잘 활용하면 같은 제품이라도 판매량이 달라지기 때문에 콘셉트(Concept)를 어떻게 잡을지 파악하기 좋다. 꼭 이러한 특수 시즌이 아니더라도 방송 진행의 주 콘셉트를 정하는 것은 방송의 전체적인 흐름과 방향을 결정짓는 중요한 일이기에 꼭 필요하다. '출시 1

주년 기념 라이브', '판매량 1만 개 돌파 기념 라이브', '수험생을 응원해요, 1+1 특별전' 등이 그 결과물 중 하나가 될 수 있다. 이러한 콘셉트는 브랜드 자체에서 미리 정한 후 사전 미팅을 진행하기도 하지만, 이야기 도중에 함께 논의하기도 한다.

방송의 진행 방향이 결정됐다면 이 제품을 '누구에게 집중적으로 판매할 것인가.' 하는 '타깃 설정' 또한 자연스럽게 파악된다. 같은 노트북을 판매하더라도 개학 시즌인 2월에는 10~20대 자녀를 둔 부모님이나 대학생들이 타깃이 될 수 있고, 채용 공고가 많이 뜨는 3월이나 9월쯤에는 스스로 구매력이 있는 취업 준비생이나 회사원이 그 타깃이 될 수 있다. 이처럼 구매층 파악이 중요한 이유는 구매자의 눈높이에 따라 그들에게 전달하고자 하는 정보의 정도 즉, 멘트가 달라질 수 있기 때문이다. 예를 들어, 20~30대의 스스로 구매력이 높은 회사원이나 대학생들이 타깃일 경우에는 노트북의 CPU, 자가 업그레이드의 가능 유무, 학교나 회사에서 주로 다루는 프로그램의 유연한 활용 가능 범위를 정확하게 언급해 주는 것이 그들의 구매를 결정짓는 중요한 요소가 된다. 만약 10대 자녀를 둔 40~50대 부모가 타깃이라면 노트북의 프로세서를 상세하게 설명하는 대신 최신 노트북임을 강조하거나 10대들이 자주 사용하는 학습 프로그램 구동의 효율성을 이야기하고, 더불어 A/S의 편리함이나 가격의 경쟁력을 따져 비교해 주는 것이 그들의 구매 심리를 흔들 수 있다. 그렇기에 타깃 설정 또한 사전 미팅에서 논의되는 매우 중요한 요소이다.

 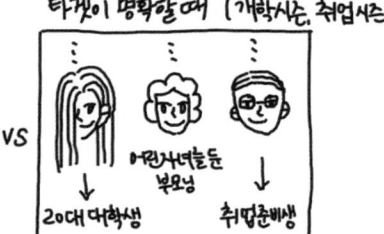

타깃이 명확하지 않을 때와 타깃이 명확할 때의 차이

    콘셉트 파악과 타깃 설정은 모호하던 판매 대상 즉, 시청자를 한두 명으로 구분 지어 준다. 그럼 강조할 내용이 분명해진다. 수많은 사람에게 제품의 모든 기능을 하나하나 전달하기에는 시간적 제약이 발생하고 집중력이 분산되므로, 그러한 손실을 막기 위해 사전 미팅을 통하여 효율적인 방송 과정을 논의한다. 이것이 사전 미팅을 진행하는 이유다.

소구 포인트 & 푸시 타이밍

타깃이 설정되면 자연스레 제품의 소구점이 명확해진다. 위에서 언급했듯이 타깃 설정이 중요한 이유는 구매하고자 하는 사람에 따라 강조하고자 하는 멘트의 내용이 달라질 수 있기 때문이다.
    소구 포인트는 쉽게 말해 강조하고자 하는 제품의 특장점이라고 이해할 수 있다. 시청자의 타깃이 달라지면 이 소구 포인트도 함께 변경된다. 방송하는 동안 각 제품의 특징을 모두 나열하기란 매우 어려운데, 그 이유는 쇼호스트는 방송 중에 제품만 소개하는 것이 아니라 최대 할인 받는 법, 쿠폰 위치, 무이자 적용 카드 종류, 사은품 및 구매 인증 이벤트, 혜택 유형 등을 지속적으로 소개해야 한다. 거기에다가 시청자들의 댓글에 답변하며 실시간으로 소통도 하기 때문에 1시간은 이 모든 것을 해내기에 결코 충분한 시간이 아니다. 그러니 사전에 설정한 타깃에게 공감이 되고 궁금해할 만한 제품의 소구 포인트만을 잘 짚어서 알려 주어야 한다. 소구 포인트는 구매하려는 목적에 따라서도 자연스럽게 달라지는데, 매일 먹는 음식이라도 다이어트를 할 때 먹는 음식과 근육을 키울 때 먹는 음식의 종류가 다른 것과도 같다. 이왕 음식 이야기가 나왔으니 냉장고로 예를 들어 보자. 신혼부부가 타깃일 때와 10년 차 주부를 타깃으로 한 냉장고의 소구 포인트는 엄연히 다르다. 5월과 10월은 커플들이 결혼을 가장 많이 하는 시즌으로 신혼부부를 대상으로 하는 방송이 많은데, 이때 가장 중요한 소구 포인트는 바로 디자인이다. 신혼부부들이 첫 대형 가전을 살 때의 기대감과 이사의 설렘으로 친구들이나 부모님을 초대할 때 자랑하고 싶은 마음을 가장 큰 공감대로 이끈다. 반면, 타깃이 10년 차 주부라면 같은 제품이라도 소구 포인트는 디자인이 아닌 기능에 더 집중된다. 엄마 아빠들이 종종 하는 말 중에 '예뻐서 어디 주냐? 다 필요 없다.

성능 좋은 게 최고지.'라는 말을 들어 본 적 있을 것이다. 물론 10년 차 주부들이 디자인을 전혀 보지 않는다는 뜻은 아니지만, 먼저 생각하고 비교하는 부분이 성능과 가격이라는 뜻이다. 그렇기에 방송 중 에너지 소비 효율 등급, 무상 A/S 기간, 폐가전 무료 수거, 사다리차 무상 지원 등 제품에 대한 상세한 설명을 좀 더 많이 그리고 세세하게 다룬다. 방송을 진행하다 보면 이런 타깃별 소구 포인트가 달라져야 한다는 사실은 시청자들의 질문을 통해서도 자연스럽게 알 수 있는데, 이는 냉장고를 처음 사는 신혼부부들이 이러한 내용을 궁금해하지 않아서가 아니라 냉장고를 구매해 본 경험이 없어서 궁금증을 가질 수 없었다는 편에 가깝겠다.

그럼 푸시 타이밍은 무엇일까? 방송 중 쇼호스트는 지속적으로 시청자들의 반응이나 유입 인원 등 현황을 확인하는데, 그에 따라 제품의 설명에 집중할지 또는 판매에 힘을 실을지 파악한다. 시청자들의 구매에 힘을 싣는 것을 바로 '푸시 타이밍'이라고 할 수 있다. 방송 종료 시각까지 얼마 남지 않았음을 알리거나 할인받을 수 있는 쿠폰 수량이 한정되어 있음을 강조하고, 선착순 혜택이 곧 사라짐을 알려 구매를 빠르게 결정하도록 한다. 우리는 이런 상황을 흔히 '푸시(Push)한다.'라고 표현한다. 라이브커머스 쇼호스트는 실시간 구매 현황을 정확한 수치로 알 수 없기에 이를 피디나 제품 담당자가 확인 후 쇼호스트에게 알려 준다. 현재 인기가 많거나 구매가 압도적으로 높은 제품이 있으면 'A 제품 푸시할게요.', '혜택 집중적으로 강조할게요.' 등의 메시지를 쇼호스트가 보는 모니터 화면에 띄운다. 그러면 쇼호스트는 지시에 따라 강조할 내용으로 자연스럽게 멘트를 이어 간다. 이러한 푸시 타이밍은 쇼호스트가 직접 판단할 수도 있다. 이를테면, 갑자기 구매 인증 이벤트 참여 속도가 빨라지거나 특정 제품에 대한 시청자들의 댓글 질문이 유독 많아질 때, 또는 라이브 시청자의 유입량이 갑자기 늘었을 때 등등의 경우이다. 쇼호스트는 이러한 푸시 타이밍을 적극 활용한다. 왜 지금 제품을 사면 좋은지 이유를 나열하여 방송 중 구매가 이루어지도록 심리적으로 유도하는 것이다. 소구 포인트와 푸시 타이밍은 라이브커머스 방송 중 자주 등장한다. 제품의 소구 포인트를 명확하게 짚어 시청자들의 관심이 높아질 즈음 혜택이나 가격을 푸시하여 구매를 자극하는 것이 그 흐름이다. 이 둘은 엄연히 다르지만, 한 세트처럼 이해하면 쉽다. 서로를 위해 꼭 필요하기 때문이다. 소구 포인트나 푸시 타이밍을 잘 이해하고 나니 방송 준비 과정과 공부 방법이 달라졌고, 그다음 방송을 준비하는 효율성도 확연히 높아졌다. 이것은 책상에 앉아 노트 빼곡히 제품 정보만 적어서는 알 수 있는 것이 결코 아니었다. 시청자들의 댓글에 정답이 있었으니 말이다. 결혼을 앞둔 예비부부의 질문과 결혼 15년 차 주부의 질문이 어떻게 다른지를 수백 번의 방송 경험으로 더욱 빠르게 체득할 수 있었다. 소구 포인트와 푸시 타이밍을 잘 활용하는 건 하나의 심리 게임과도 같았다. 이는 가끔 생각 없이 마트에 붙어 있는 70% 할인 표시를 무시하기 힘들었던 나의 경우와도 크게 다르지 않았다. 설사 그게 당장 필요하지 않더라도 말이다. 길을 걷다가 시간 한정 1+1 이라고 해서 사 먹었던 도넛과 오늘만 특가라고 해서 결제했던 신발, 언젠가 구멍이 나겠지 하고 묶음으로 샀던 이벤트 코너의 양말 꾸러미들을 생각해 보면 그때 사지 않아도 나의 생활에는 아무런 지장이 없는 것들이었다. 하지만 마음속으로 '잘 샀다.'라고 생각했던 그 순간들은, 이성적인 판단보다는 심리적 자극이 내가 구매를 결정했던 이유였던 듯하다. 물론 실제로 필요할 때 마침 할인해서 정말 잘 샀던 물건들도 많지만 말이다. 여기서 내가 하고 싶은 말은 바로 이런 것들이 모두 다양한 형태의 '푸시'라는 점이다. 오프라인 매장에서의 푸시는 '오늘만.', '사장님이 미쳤어요.', '하루에 단 100그릇만.' 같은 형태가 될 수 있고, 온라인인 라이브커머스 방송에서는 '오직 방송 중에만.', '선착순 100명.', '1년에 단 한 번.'과 같은 모습일 수 있다.

    소구 포인트와 푸시 타이밍, 이 2가지를 적절하게 활용할 때 비로소 판매에 높은 시너지를 얻을 수 있다.

본방송 6시간 전

1시간 방송을 위한 준비는 이것으로 끝난 것 같지만 완벽한 마무리를 위해 본방송 당일 쇼호스트가 해야 하는 일들이 남아 있다. 나는 보통 방송 6시간 전 헤어메이크업을 받으러 숍(Shop)으로 간다. 이를 나 스스로 해야 한다면 방송 시간 약 5시간 전부터 준비를 시작한다. 주제에 살짝 벗어난 이야기지만, 삼성전자에 입사하기도 전, 라이브커머스를 막 시작했을 무렵에는 직접 헤어메이크업을 했다. 하지만 실력이 그렇게 좋지 못한 탓인지 전문가에게 받은 것과 그렇지 않은 내 모습이 화면상으로 상당한 차이가 있었다. 영상으로 기록되는 나의 모습이 조금이라도 더 나았으면 하는 욕심이기도 하지만, 멋지게 꾸며진 스튜디오와 제품에 비해 혼자 진행한 헤어메이크업은 준비가 미흡한 듯 보이기도 했기 때문에 지금도 나는 방송할 때 대체로 전문가의 도움을 받는다. 물론 이 결정은 개개인에 따라 다르며, 필수가 아닌 나의 개인 의사임을 미리 전한다.

숍에서 헤어메이크업을 모두 받는 데에 평균적으로 약 2시간 정도 걸린다. 그리고 방송 당일 쇼호스트의 콜타임*은 대략 방송 시작 1시간 30분 또는 2시간 전이다. 나는 숍에서 스튜디오로 이동하는 시간을 기본 1시간으로 잡는데, 특히 서울 강남권은 출퇴근 시간이나 점심시간이 되면 짧은 거리라도 평소보다 2~3배 넘게 걸리는 경우가 많아 그것을 감안해 예상보다 훨씬 여유 있게 움직인다. 내가 방송을 진행하는 스튜디오 대부분이 강남권에 있어 갑작스럽게 차가 막힐 때의 당황스러움은 그 누구의 탓으로 돌릴 수가 없다. 꼭 강남이 아니라 하더라도 길

---

* Call Time: 사전 리허설과 테이블 미팅을 진행하기 위해 부르는 시간.

위에서 일어날 수 있는 예측 불허의 상황을 미리 대비하여 서둘러 출발하는 게 마음이 편하기도 하다. 콜타임에 아슬아슬하게 맞춰 도착하는 것보다는 시간이 남더라도 미리 도착해 물 한 잔 마시고 큐시트를 한 번 더 훑어보는 편이 좋으니 말이다. 그렇게 스튜디오에 도착하면 담당 피디와 쇼호스트가 모여 큐시트 리딩(Reading)을 진행한다. 미리 전달받았던 큐시트를 보며 방송의 전체적인 흐름을 가볍게 훑는 작업인데, 리딩이 끝난 이후 본격적으로 리허설을 진행한다. 리허설은 보통 본방송 1시간 전쯤 진행하는데, 준비된 것들을 최종 점검하는 시간이라고 볼 수 있다. 본방송 중 시청자들에게 보일 이미지나 자막에 오류가 없는지 확인하고, 방송할 제품의 상태를 체크하거나 마이크와 카메라 송출에 문제가 없는지 등을 꼼꼼히 보는 작업이 이루어진다. 이 모든 작업이 끝난 후에야 본방송이 시작된다. 지금까지의 과정을 다시 정리하면 이러하다. 본방송 당일 헤어메이크업 2시간, 이동 1시간, 약 2시간 전 콜타임. 이것만 합쳐도 총 5시간이다. 여기에 식사 시간을 더한다면 약 1시간으로 따져 하나의 방송을 위해 들이는 당일 준비 시간만 6시간인 셈이다. 단 1시간 방송을 더욱더 완벽하게 만들기 위한 이러한 과정은 같은 목표를 위해 힘쓰는 모든 담당자에 대한 존중의 표현이며 쇼호스트 스스로에 대한 책임감의 다른 이름이기도 하다.

쇼호스트가 경력이 많다고
다 잘하는 건 아니다

큐시트는 대본이 아니다

'큐시트*만 있으면 방송 준비는 끝났다.'라고 생각하는 사람들이 있다. 이는 엄연히 잘못된 생각이다. 큐시트에는 쇼호스트가 전달할 멘트가 고스란히 적혀 있지 않다. 그 말인즉, 대본이 아니라는 뜻이다. 큐시트는 쉽게 생각하면 연필로 스케치한 밑 작업과 같다. 연필로 가이드를 그려 위에 노란색, 분홍색, 검은색이라고 적어 표시해 두면 그 위를 다양한 색으로 칠해 그림을 완성하는 것이 쇼호스트의 역할이다. 아래는 내가 실제로 사용했던 큐시트 중 일부이다.

---

*   Cue Sheet: 방송이나 공연 따위의 연출 과정을 상세하게 적어 놓은 일정표

한가위빅세일 삼성 갤럭시북4 LIVE

방송일자 / DUR	9월 2일 (월) 12:00 / 60분 방송	PD	김주영 / 삼성전자 / G마켓	SH	이혜빈 프로 / 차민정 SH
장소	웬디 미디어윌 스튜디오	브랜드 / 상품	갤럭시북4 시리즈	구성 / 프로모션	별도 전달
방송컨셉 / 목적		타겟 / 구매포인트(주요 프로모션)		사전준비 / 특이사항 (기술관련)	
타이틀 / 기획전 컨셉	삼성 갤럭시 북4 시리즈 빅스마일데이 특별가 구매 찬스!	타겟	삼성 갤럭시 북4 시리즈 한가위빅세일 특별가 구매찬스 라이브	사전준비 / DP	별도 운영안 전달
리허설	2024.9.2 (월) 11:00~11:40 *출연진 콜타임 10:30	구매 포인트	역대급 가성비 of 갓성비 갤럭시북4! 방송 중 혜택으로 구매하시고 싶으신 분들! 신학기 새 노트북 준비하시는 분들! 가성비 제품으로 합리적으로 노트북 원하시는 분들 갤럭시 북4 시리즈로~	기술 / CAM	별도 운영안 전달
라이브 혜택	**구매인증 이벤트** BBQ 황금올리브 치킨 기프티콘 - 10명 **포토리뷰 이벤트** 한컴 오피스				
의상 / 공통	비즈니스 캐쥬얼 느낌 깔끔하게 부탁드립니다. 블랙 or 그레이 or 화이트~ 갤럭시북 방송 이미지와 맞게!				

시간	항목	세부내용 / Video (CAM)	Video / CAM / CG	Audio	고객 인터뷰 / 체험 이벤트
		*갤럭시북4 한가위빅세일 가격, 혜택 강조 + 시뮬레이션 반복 진행 신학기 선물/추석 선물 강조 + 열심히 공부하는 우리 자녀들, 조카들, 노트북 일상 활용 많은 고객들 니즈 강조 多			
12:00 ~12:05	오프닝1	출연자 인사 : [이혜빈] / [차민정] 한가위빅세일에 저렴하게 구입할 수 있는 가성비 of 갓성비! 갤럭시 북4 갤럭시 북4 시리즈 모델, 라인업 구별 없이 전체적인 특장점 설명 진행 가성비 / 가격 / 혜택 / 이벤트 CG와 함께 안내 결제 시뮬레이션 진행 > 구매인증 당첨자 발표	Video / CAM 소호스트 2샷 제품 팔로우 -------------------------- 구성 / 가격혜택 안내 CG운영	SOV Ment	
12:05 ~12:10	디테일1	갤럭시 북4 시리즈 [니즈 강조] 가성비 모델 니즈! 노트북으로 전문가 작업보다는 영상 시청, 문서 작업, 아카데미, 일상 업무 비중이 높은 고객 을 위한 최적의 노트북 강조 多 일상 노트북 활용 예시 多 인강, 노트필기, 팀플, 과제, 영상 시청, 간단사진/영상 작업 등	Video / CAM 핸들링 / 시연	Ment 효과음	갤럭시 북4
12:10 ~12:15	디테일2	갤럭시 북4 시리즈 [디자인 / 컬러] 1) 외부 디자인, 컬러 안내 2) 두께, 무게 강조 3) 포트 구성 안내 휴대성과 내구성 모두 갖춘 슬림 메탈 디자인 메탈 소재의 외관과 1.55kg의 무게로 휴대성과 내구성 모두! HDMI / USB-A 2개 / USB-C 2개 / MicroSD / 오디오잭 등	Video / CAM 핸들링 / 시연	Ment 효과음	Galaxy Book

큐시트의 전반부
출처: 웬디미디어 제공

시간	구분	내용	화면	음향
12:15 ~12:20	디테일3	가성비 좋은 라인업이지만 뛰어난 퍼포먼스! [뛰어난 디스플레이] 39.6cm (15.6인치) FHD 디스플레이 원하는 영상과 작업을 언제 어디서나 선명하고 생생하게 즐겨 보세요 [선명하고 풍부한 사운드] 듀얼 스피커의 생생한 사운드 게임/영화 한층 더 실감나게 시청가능 Dolby Atmos가 구현하는 선명하고 풍부한 음질	Video / CAM 핸들링 / 시연	Ment 효과음
12:20 ~12:25	디테일4	가성비 출지만 뛰어난 퍼포먼스 신뢰할 수 있는 인텔코어 프로세서 •방송 판매 모델은 core 5.7, i3, i5, i7 부드러운 스트리밍과 원활한 다중작업을 지원하는 인텔코어 프로세서로 편안한 작업 환경을 누리세요 일상 사진/비디오 편집 / 일상 게임 / 아카데미 / 업무 / 일상 니즈	Video / CAM 핸들링 / 시연	Ment 효과음
-	가격 / 프로모 션	1. 가격 / 혜택 / 시물 반복 2. 제품 순서대로 소구, 시연 반복 + 세일즈 강조 푸쉬	Video / CAM 핸들링 / 시연	Ment 효과음
	마무리 강조 / 클로징	라이브 가격, 프로모션 혜택 강조 클로징	Video / CAM 제품 팔로우 ——————— 구성 / 가격혜택 안내	Ment 효과음
		댓글, 질문에 맞춰, 고객 응대하며 디테일 + 시연 반복 진행 / 디테일 사이 현장 고객 소통 및 Q&A 진행		

큐시트의 후반부
출처:웬디미디어 제공

        큐시트는 보통 PDF 파일 2~3장 정도로 만들어지는데, 위에서 언급했던 사전 콘셉트 미팅 후 담당자들과 쇼호스트가 함께 나눈 내용을 바탕으로 작성된다. 이 자료는 방송의 큰 흐름 정도를 기재해 두는데, 전체적인 방송의 흐름을 모두가 글로 먼저 파악하기 위함이다. 큐시트는 방송과 관련된 모든 담당자와 쇼호스트들에게 건네지는데 방송 일시, 장소, 출연 쇼호스트들의 정보와 담당 피디의 연락처 등 기본적인 자료들을 포함하여 제품 정보나 각각의 특장점, 방송 순서에 대한 내용들이 기재된다. 진행하는 제품이 여러 가지라면 어떤 제품부터 설명할 것인지, 어떤 내용을 소구 포인트로 언급할 것인지, 쇼호스트가 제품을 설명하는 동안 어떤 이미지나 자막을 화면에 띄울 것인지 또한 명시되어 있다. 큐시트 하나로 브랜드, 제작사, 쇼호스트 모두가 방송의 흐름을 이해할 수 있게 되는 것이다.

이 큐시트는 방송 중에 쇼호스트가 볼 수 있도록 모니터에 띄워 두기도 하는데, 전반적인 흐름을 파악하도록 방향을 잡아주고, 각 제품의 소구 포인트를 놓치지 않도록 돕는다. 그러므로 큐시트에는 짧은 키워드나 중요한 단어 정도를 표시해 두는데, 이는 쇼호스트가 방송 중 눈으로 빠르게 캐치하여 시청자들에게 전달해야 할 내용을 잊지 않도록 하기 위한 수단이기 때문이다. 쇼호스트는 수시로 시청자들의 댓글을 확인해야 하고, 피디님의 요청 사항이나 전달 사항도 지속적으로 체크해야 하며, 프리뷰(Preview) 화면을 통해 이후 나올 화면을 미리 보고 머릿속으로 다음 내뱉을 멘트를 준비하고, 동시에 상대 쇼호스트의 말을 잘 들은 뒤 호응이나 대답도 해야 한다. 큐시트가 아니더라도 이미 동시에 확인해야 하는 부분들이 넘쳐 난다. 멀티플레이(Multiplay)를 필요로 한다는 뜻이다. 그러니 글이 빼곡히 적혀 있다면 여러 상황에 대비하기가 힘들다. 타고나기를 생방송에 천부적이라면 모를까. 나는 그렇지 않았기에 연습으로 능력을 키웠다. 키워드나 단어만 보고 내용을 자연스럽게 이어 가는 연습도 종종 했는데, 제품의 특징 몇 가지를 적어 매번 다른 문장으로 말하는 방식이었다. 이것은 나에게 큰 도움이 됐다. 생방송을 진행하거나 현장에서 사회를 보거나, 하물며 예상치 못한 상황에서 당황하지 않는 능력이 길러지기도 했다. 이 연습법은 지금도 여전히 사용하고 있다. 특히 익숙하지 않은 단어를 연습할 때 더 좋으니 꼭 제품이 아니어도 된다. 이 책을 읽고 있는 여러분도 한번 해 볼 수 있도록 아래 일상적인 예시를 하나 던져 주겠다.

- 제시단어 -

장마, 우산, 불쾌지수

아래 내가 적은 문장을 손으로 잠시 가리고, 제시한 단어들로 3가지의 다른 문장을 즉흥으로 말해 보자. 3가지 문장을 다 연습했다면 손을 떼고 책을 마저 읽어도 좋다.

아래는 내가 머릿속에서 떠올린 예시 답변을 적은 문장이다.

1) **장마**가 시작되면서 출퇴근길 너무 힘드시죠. 그래도 나가실 때 **우산** 꼭 챙기시고, **불쾌지수**가 높아지지 않도록 조심하세요.
2) 벌써 **장마**가 시작됐죠. 매일 **우산** 챙기기도 귀찮으시겠지

만 잊지 마시고, 외출하실 때 비 피해 없도록 조심하시길 바랍니다. 이럴 때일수록 **불쾌지수**가 높다고 하니 컨디션 조절도 잘하시길 바라요.

3) 저는 오늘도 **우산**을 챙겼어요. 장마가 한창이라 장화와 **우산**은 필수인 것 같아요. 장마가 되면 비도 걱정이지만, **불쾌지수**가 다들 높대요. 일하시다가 중간중간 커피 한잔 드시는 여유도 꼭 챙겨 보세요.

이번에는 쇼호스트처럼 실제 제품의 특징을 제시할 테니, 위의 방식과 같이 3가지 문장을 떠올리는 연습을 해 보자.

- 제시단어 -
TV, 85인치, 3D 입체 사운드

1) 요즘 TV 하면 다들 떠올리는 말이 있죠. 다다익선이 아니라 **TV**는 거거익선이다. 크면 클수록 삶의 질이 높아진다고 합니다. **3D 입체 사운드**와 함께 큰 **85인치 TV**로 여러분 삶의 질도 높여 보시죠.

2) **TV** 바꾸실 때가 되셨다면, 이왕이면 대형 **TV 85인치** 어떠세요. 커서 부담스럽다는 말은 더 이상 하지 않는 시대가 된 것 같아요. **3D 입체 사운드**와 대형 모니터로 우리 집을 프라이빗 영화관으로 만들 수 있습니다.

3) 저는 예전에 **85인치** TV를 사고 싶어도 비싸서 못 샀어요. 근데 큰맘 먹고 대형 TV를 산 주변 사람들이 절대 돈이 아깝지 않을 거라고 하더라고요. TV는 10년~20년도 쓰는데, 다른 데 돈 아끼셔도 TV는 꼭 제대로 된 것, 큰 것으로 사세요. **3D 입체 사운드**가 **85인치** 대형 TV의 효과를 제대로 누릴 수 있도록 도와줄 겁니다. 자, 그럼 혜택 보시죠.

만약 큐시트에 대본이 적혀 있거나 그것을 그대로 읽는 쇼호스트의 방송을 본다면 아마도 굉장히 부자연스럽거나 소통이 원활하지 않다고 느낄 것이다. 또한 시청자가 많아 댓글의 속도가 빠르거나 방송할 제품의 종류가 다양할 때는 큐시트를 3초 이상 보는 것조차 힘들다. 그래서 큐시트 속에 적힌 글들은 1시간 방송에서 방향을 잃지 않기 위해 가끔 확인하는 길잡이 정도로만 대해야 한다. 이러한 이유로 나에게 키워드로 문장을 만드는 연습법은 생방송을 진행하는 데에 굉장히 효과적이었다. 종종 나의 주변 사람들이 방송을 본 후 내게 물어보곤 한다. '모니터에 대본이 적혀 있어요?' 또는 '멘트가 앞에 있어요?'라고. 쇼호스트는 큐시트 속 단어나 키워드만을 보고도 자연스럽게 방송을 이어 갈 수 있어야 하며, 그래서 눈과 머리의 회전이 빨라야 한다. 그러니 꼭 명심하자. 큐시트는 절대 대본이 아니다. 흐름 파악용일 뿐이다.

다양한 카테고리의 경험치

일반적으로 한 분야에서 동일한 업무를 지속적으로 하다 보면 그 분야의 전문가가 되기도 하고, '잘한다.'라는 이야기도 자연스럽게 듣게 된다. 그러나 쇼호스트에게도 해당이 되는지 묻는다면 대답은 '잘 모르겠다.'이다. 라이브커머스 방송은 여러 카테고리로 구분되는데 패션, 식품, 뷰티, 생활, 디지털 & 가전, 여행 등이 있다. 카테고리별로 제품을 소개하는 멘트의 방식도 다르며 제품의 특징을 강조하는 방법에도 차이가 있다. 예를 들면 식품의 경우에는 쇼호스트들의 먹는 모습을 많이 볼 수 있는데, 시청자들이 맛을 볼 수 없으니 쇼호스트의 맛 표현이 소비자들의 구매 여부를 결정하는 데에 굉장히 중요한 역할을 한다. 뷰티에서는 화장품을 발랐을 때 시각적으로 보여지는 쇼호스트의 피붓결이나 컬러의 표현을 가장 중요하게 다룰 것이고, 디지털 방송의 경우에는 제품에 탑재된 부품의 정확한 명칭이나 수치 또는 실제 기능을 보여 주는 시연이 주로 이루어진다. 이처럼 카테고리별로 소구 포인트가 확연히 다르기에 쇼호스트가 중요하게 생각해야 하는 부분 또한 차이가 있음을 인지하고 방송에 임하는 것이 좋다. 만약 식품 방송을 하는데 재료 소개만 30분 내내 한다면 시청자들은 애가 탈 것이다. '그래서 맛이 어떤가요.' 하는 댓글이 줄을 이을지도 모른다. 또한 패션 방송을 하는데 쇼호스트가 해당 옷을 입지 않고 계속 손에 든 채로 재질과 디자인 이야기만 한다면 어떨까. 내가 옷을 입었을 때 어떤 느낌일지 상상조차 되지 않아 답답할 것이다. 노트북 방송에서 소프트웨어 정보나 메모리, 용량에 대한 언급을 한참 뒤에 한다면 시청자들의 구매 의욕은 점점 떨어져 결국 방송 종료 버튼을 누르고 나갈 수도 있다. 물론 방송 중 제품에 대한 소개를 최대한 많이 하는 것은 좋으나 중요도의 우선순위를 꼭 인지해야 한다. 이것을 잘 이해하지 못한다면 각 카테고리에서의 방송이 어렵게 느껴질 테고, 시청자들의 질문 세례 또한 감당해야 할 것이다. 라이브커머스 방송이라고 해서 모두 같은 방식으로 진행되지는 않는다. 분야별로 진행 흐름을 유심히 살펴보면 다름을 이해할 수 있고, 이러한 차이는 시청자들의 반응으로도 충분히 느낄 수 있다. 현재 라이브커머스 쇼호스트로서 다른 카테고리의 방송이 예정되어 있거나 라이브커머스 쇼호스트 자체를 준비하고 있다면, 각 카테고리별 진척 과정을 유심히 살펴보아라. 쇼호스트가 언급하는 내용의 비중이나 중요도에 확연한 차이를 느낄 수 있다.

내가 쇼호스트를 시작한 나이

내가 쇼호스트에 본격적으로 관심을 두고 제대로 준비를 시작한 나이는 30살이었다. 어떤 걸 새롭게 시작하기에 30대가 그렇게 이른 나이는 아니라고들 한다. 나 또한 30대가 되어 그동안 생각해 보지 못했던 아주 새로운 일, 그것도 쇼호스트로서 이렇게나 많은 경험을 쌓게 될 줄은 꿈에도 몰랐다. 왜냐하면 나는 방송 관련 학과를 나오지도 않았고 사람들 앞에 나서서 말하는 것을 즐기지도 않았으며, 단 한 번도 쇼호스트가 나의 적성에 잘 맞을 거라는 생각을 해 보지 않았기 때문이다.

호기심 많고 하고 싶은 건 다 도전했던 20대 시절을 거쳐 막 30살이 되었을 때 내가 좋아하는 것 말고 잘할 수 있는 것은 무엇인가에 대해 고민하는 순간이 있었다. 그래서 내가 스스로 판단한 나의 모습이 아닌, 나를 잘 아는 이들이 떠올리는 내 모습에 대해 의견을 물었고, 가족과 주변 지인들의 입에서 나온 공통된 직업이 바로 쇼호스트였다. '내가? 쇼호스트를?'이라는 생각이 가장 먼저 들었다. 마침 홈쇼핑 회사에 입사해서 쇼호스트 일에 막 발을 들인 친구에게 연락해 조언을 구했고, 고민 끝에 나는 학원 수강 등록을 결심했다.

글로 적으니 너무 쉽게 쇼호스트를 하겠다고 결심한 듯하나, 나는 꽤 긴 시간 동안 진지하게 고민했고 새로운 도전이 가져올 앞날을 열심히 상상 가지치기하며 미래를 그려 보기도 했다. 그러나 지금껏 그래 왔듯 나의 인생은 그 누구도 상상할 수 없었고, 야심 찬 도전만으로 내가 원하는 것을 얻을 수 없음은 누구나 다 아는 현실이었다.

친구의 예상대로 나는 학원에서 다양한 정보를 얻었다. 약 3개월의 정규 수업 과정이 끝난 뒤 뷰티, 생활용품, 패션 등등 작으나 다양한 분야에서 경력을 조금씩 쌓아 나갔다. 그로부터 약 1년 후 나는 삼성전자 라이브커머스 쇼호스트로 입사했다. 그때가 내 나이 31살이 되던 해였다.

나는 살면서 라이브커머스 방송을 제대로 본 적도 없었고,

이를 통해 제품을 구매한 적도 없었다. 그래서 처음에는 라이브커머스의 성격을 제대로 파악하지도 못했고 그것을 위한 전략이 무엇인지도 알아차리지 못했다. 내가 라이브커머스 쇼호스트로서 역할을 잘 해내기 위해서는 방송을 보고 또 보면서 경험하는 수밖에 없었다. 폰에 한 번도 다운로드 받아 본 적 없던 홈쇼핑 앱*부터 여러 홈쇼핑 방송을 한꺼번에 볼 수 있는 앱까지 무려 10개 가까이 다운로드 받아 매일매일 보고 또 보았다. 내가 관심 있는 제품뿐만 아니라 당장에 관심도 없고 연관도 없는 제품들까지. 쇼핑 플랫폼을 열자마자 보이는 실시간 방송들을 수시로 모니터링했다. 쇼호스트들이 제품을 어떻게 들고 설명하는지, 멘트를 마치고 나면 상대 쇼호스트는 어떻게 반응하는지, 1시간 동안 가격은 총 몇 번 소개하는지 등등. 매일매일 틈만 나면 플랫폼을 돌아가며 방송을 보곤 했다. 아동 용품이나 헬스기구, 건강 기능 식품 등 평소에 잘 사용하지 않거나 관심이 낮은 카테고리의 방송을 볼 때는 지루하기도 했고 재미도 없었다. 그러나 모든 카테고리를 다양하게 습득하기 위해서는 어쩔 수 없었다. 나는 삼성전자 쇼호스트로 입사하기 전 이미 프리랜서 쇼호스트로 일한 경험이 있지만, 제품군별로 방송 진행의 분위기도 달랐기에 삼성전자 입사 후에는 처음부터 새롭게 시작하는 마음으로 임했다. 다행히 그동안의 작은 경험들도 나에게는

---

* App: 애플리케이션

Part 1. 라이브커머스 제대로 파악하기

큰 도움이 됐다.

    나는 30살의 결코 적지 않은 나이에 쇼호스트를 준비했지만, 5년이 지난 지금까지도 활발하게 이 업계에서 활동하고 있다. 내가 30살에 학원을 등록했을 때, 내 나이는 같은 반 수강생 중 딱 가운데에 있었다. 그 누구도 나에게 늦은 나이라고 말하지 않았다. 만약 독자 중 쇼호스트를 준비하는 이가 있다면, 거기서도 라이브커머스 쇼호스트를 준비하고 있다면 나이 걱정은 덜어 두어도 좋을 것 같다.

1인용
(Single Player)
이 아닌
2인용
(Two Player)
게임

(좌) 쇼호스트가 서로 바라보며 대화를 주고받는 모습
(우) 하나의 카메라 앵글 안에서 제품 컬러를 함께 보여 주는 모습

나는 지금도 여전히 라이브커머스 방송을 할 때면 종종 긴장을

가라앉히기 위해 크게 심호흡한다. 정해진 대본이 없는 실시간 라이브 방송을 나 혼자가 아닌 다른 누군가와 함께 하기 때문이다. 상대방의 진행 방식을 잘 알지 못하거나 나의 진행 방식과 성격이 아주 다를 때는 더욱더 긴장되어 온 신경을 집중하게 된다. 라이브커머스는 시청자들과의 소통과 더불어 제품에 대한 정보 제공, 판매를 위한 구매 유도가 한꺼번에 이루어지기 때문에 함께 진행하는 쇼호스트와의 합이 매우 중요하다. 그래서 나는 라이브커머스 방송이 1인용(Single Player)이 아닌 2인용(Two Player)이라는 생각으로 방송에 임한다. 내가 잘 말하는 것도 중요하지만, 상대 쇼호스트의 말을 잘 듣는 것 또한 매우 중요하다. 내가 말하는 동안 상대의 호응을 잘 살펴 그에 반응해야 하고, 상대가 이야기할 때는 옆에서 적절한 호응을 해 주거나 상대의 말이 끝난 후 이어서 할 멘트를 빠르게 머릿속으로 정리해야 한다. 그뿐만 아니라 상대방의 눈빛을 잘 읽고 부족하거나 필요한 것들을 서로가 채워 주기도 한다. 예를 들면, 상대방이 제품을 직접 들고 보여 주려는데 그 제품이 나와 가깝다면 얼른 상대에게 건네줄 수도 있고, 내가 말하는 도중에 마이크 문제가 생기면 상대가 이것을 빠르게 캐치하여 나 대신 말을 이어 가 줄 수도 있다. 이처럼 라이브커머스는 두 진행자가 조화로울 때 그 매력이 더해진다. 우리는 그것을 흔히 '티키타카'라고 한다. 1인용 게임은 혼자 잘 해내면 끝판왕을 깰 수 있지만, 2인용 게임은 혼자만 잘한다고 다음 단계로 넘어갈 수 없다. 1명이 위험에 처했을 때 구해 주기도 하고, 어려운 단계를 깨기 위해 서로 협동해야 하기도 한다. 서로의 상황을 잘 파악하며 힘을 모을 때 비로소 마지막까지 함께할 수 있다.

상대의 말에 나의 의견을 덧붙일 수도 있고, 나의 말이 길어질 듯할 때는 상대에게 의견을 물어 자연스럽게 멘트를 넘길 수도 있다. 내가 전달하려는 정보를 상대방이 이미 말했다면 나는 곧바로 다른 이야기로 넘어가면 되고, 상대에게 불편한 상황이 생긴다면 재빨리 해결해 줄 수도 있어야 한다. 1명의 쇼호스트가 말을 계속한다고 해서 그 사람이 돋보이는 것이 아니며, 내가 제품을 더 많이 들고 있다고 해서 내가 잘하는 쇼호스트가 되는 것이 아니다. 그러니 경쟁 게임처럼 누군가를 죽여야 내가 이기는 게 아님을 분명하게 알아야 한다. 서로의 이야기에 귀 기울일 때 방송의 시너지는 훨씬 좋아진다. 두 명의 쇼호스트가 진정으로 함께할 때 방송은 더 유쾌해지고 케미(Chemistry)가 좋을 때 두 사람 모두가 돋보이며, 쇼호스트가 즐거울 때 시청자들이 방송을 진심으로 즐길 수 있다는 사실을 꼭 알았으면 한다. 라이브커머스가 재미있는 이유는 잘 짜인 드라마가 아닌 NG와 공감이 있는, 사람 냄새가 나는 방송이기 때문이다. 틀렸으면 틀렸다고 말하고 당황스러울 때는 당황스럽다고 말하면 된다. 2명의 쇼호스트가 같은 목표를 가지고 시청자들과 웃고 수다 떨듯이, 언제나 감정이 공존하고 그들과 마음을 공유할 수 있기에 라이브커머스는 참 매력이 있다. 라이브커머스는 결코 혼자 하는 1인용 게임이 아니다. 같이 할 때 재미가 더해지는 2인용 게임이다.

TV 홈쇼핑 vs
모바일 라이브커머스 차이 파악하기

라이브커머스(Live Commerce)[*]란 웹, 애플리케이션 등의 플랫폼을 통해 실시간 동영상 스트리밍으로 상품을 소개하고 판매하는 온라인 채널을 뜻한다. TV 홈쇼핑과 달리 채팅창을 통해 시청자와 양방향 소통이 가능한 게 특징이며, 이를 이용해 상품에 대한 여러 가지 문의를 간편하게 진행할 수 있다. 쉽게 말해 모바일로 즐기는 홈쇼핑이라고 생각하면 된다. 이미 많은 브랜드가 이 라이브커머스에 뛰어들고 있고, 또 수많은 라이브커머스 쇼호스트가 활동하고 있다. 라이브커머스 쇼호스트가 되는 것은 TV 홈쇼핑 쇼호스트가 되는 것보다 진입 장벽이 비교적 낮고 자격증 같은 필수 요소 또한 있지 않기 때문에 아나운서를 준비하던 사람도, 승무원을 준비하는 대학생도, 일반 직장인도 발을 들이기 쉽

---

* 출처: 시사상식사전, pmg 지식엔진연구소

다. 그래서인지 실제로 현직 라이브커머스 쇼호스트인 사람들 사이에는 다양한 직업군이 존재한다. 요즘은 워낙 곳곳에서 라이브커머스와 관련된 이들을 찾아볼 수 있고, 라이브커머스를 통해 물건을 사는 것 또한 너무나도 익숙해진 세상인지라 라이브커머스의 개념과 의미에 대해 깊이 이야기하진 않겠다.

매체의 차이와 구매 방식 비교

이 차이를 정확하게 설명하고자 전문가에게 달려가 물었다. TV 홈쇼핑 피디로 오랫동안 활동하다가 현재는 라이브커머스 제작사 대표가 된 분에게 질문했고, 그는 홈쇼핑과 라이브커머스의 차이를 다음과 같이 설명했다. 이 둘은 가장 먼저 매체의 차이로 이해하는 편이 쉬울 거라며 말을 이었다. 제품 판매 방송이라는 점은 동일하나 그 매체가 TV인지 아니면 모바일인지에 따라 홈쇼핑과 라이브커머스가 구분된다는 것이다. 어느 매체에서 이 제품 광고를 접하느냐가 가장 큰 차이점이라고 말했다. TV 홈쇼핑은 공중파 방송 프로그램들 사이사이에 포진되어 있어, 채널을 넘기는 도중 홈쇼핑 방송을 자연스레 발견하게 된다. 그 제품이 당장 필요하지 않더라도 시청자는 짧은 순간에 설득당하여 구매하는 경우가 꽤 있다고. 다시 말해, 충동구매로 물건을 구매하는 경우가 홈쇼핑에서는 더 많다고 했는데, 그래서 그런지 TV 홈쇼핑에서 종종 들리는 멘트가 바로 "이런 브랜드 몰랐죠?"라고 덧붙였다. 반면에 구매 매체가 모바일인 라이브커머스에서는 충동구매보다는 목적 구매인 경우가 잦다고 한다. 그 때문에 라이브커머스에서는 브랜딩만으로 소비자를 설득하기 힘들다고 그는 말한다. 라이브커머스에서 판매의 포커스(Focus)가 브랜딩보다는 혜택에 더 집중되어야 한다며. 그도 그럴 것이 목적을 가지고 보러 오는 시청자들에게 '이 브랜드는요….' 같은 회사 소개 방식보다는 '그래서 가격이요.', '혜택이요….' 가 구매 결정에 더 큰 힘을 실어 주는 것이다. 매체가 다른 만큼 설득의 방식에도 차이는 크다. TV는 청각과 시각, 즉 귀와 눈을 한곳에 집중하여 방송을 살핀다. 그러나 모바일은 하나의 창을 집중해 보기보다는 여러 창을 동시에 넘나들며 화면을 계속 오고 간다. 한마디로 집중의 정도가 다르다는 뜻이다. 그래서 모바일이 구매 매체가 되는 라이브커머스에서 브랜드의 가치부터 이 제품이 당신에게 왜 필요한가를 자세하게 설명한다면, 시청자들은 집중력을 잃어버리고 그에 따른 시간 로스(Loss)가 발생한다. 이러한 이유로 라이브커머스에서는 오늘 얼마나 저렴하게 살 수 있는지, 얼마나 큰 혜택이 있는지를 더 강조한다. 시청자들의 방송 이탈이 생기지 않도록 꾸준히 소통에 집중하는 이유가 바로 여기에 있다.

    홈쇼핑과 라이브커머스의 차이는 구매 방식에서도 드러난다. 지금 당장 TV를 켜 홈쇼핑을 확인한 다음, 휴대폰을 열어 라이브커머스 방송을 살펴보아라. TV 홈쇼핑 화면에는 전화번호가 적혀 있어 상담사 연결 후 구매가 완료되지만, 라이브커머스는 시청자가 스스로 결제 과정을 모두 거친다. 이게 바로 구매 방식의 차이점이다. 요즘 홈쇼핑은 상담원 비용이나 주문 대기 때문에 발생하는 구매 불발의 이유 등으로 모바일 어플 주문 유도 또는 QR코드 생성 후 온라인 구매 전환에 힘쓰고 있으나 불과 몇 년 전만 해도 자동 전화 주문 혹은 상담원 연결 방식이 거의 100%였다. 그럼에도 여전히 TV 홈쇼핑은 전화 주문이 대표적이다. "지금 바로 전화 주세요.", "주문 전화 폭주입니다."는 홈쇼핑의 유구한 단골 멘트이다. 전화를 걸면 해당 제품을 확인하고 카드 번호를 불러 주거나 등록된 카드의 비밀번호를 눌러 결제하는 게 전형적이다. 나 또한 엄마를 대신해 홈쇼핑 전화 구매를 해 본 적이 있다. 여름 티셔츠 3벌 세트 제품 판매 방송이었는데 TV 채널을 돌리다 우연히 보게 되었고, 방송이 종료되기 직전이라 바로 전화를 걸었다. 나처럼 방송 종료 직전에 전화한 사람들이 많았는지 대기량이 많아 기다려 달라는 음성 메시지가 꽤 오래 이어졌다. 그런 와중에 방송은 종료되었고, 이후 몇 분가량이 더 지나서야 상담원과 통화 연결이 되었다. 사이즈와 컬러를 확인하고 주소와 카드 번호를 불러 준 후 비밀번호 앞 두 자리를 누르고서야 구매가 완료되었다. 통화 음성이 또렷하지 못해 상담원과 몇 차례 같은 정보를 반복적으로 말하며 확인을 거쳐야 했다. 이번에는 라이브커머스를 들여다보자. 모바일 라이브커머스의 결제 과정은 어떨까? 방송 또한 모바일로 시청하듯 결제도 모바일로 진행된다. 누군가와 상담하지 않아도 클릭 몇 번만으로 결제가 완료된다. 2025년 현시대, 우리에게 모바일 주문이 결코 낯선 일은 아니다. 생필품을 사기 위해 쿠팡 앱을 열고 야식을 시켜 먹기 위해 배달의 민족 어플을 켜며, 필요한 물건을 찾기 위해 네이버에서 최저가를 검색하듯 우리에게는 이러한 모바일 결제가 흔한 일이 되었다.

라이브커머스가 그렇다. 실시간 방송을 작은 화면으로 시청하는 일이 아직은 낯설 뿐, 그러다 마음에 드는 제품이 있다면 언제나 그렇듯 터치 한 번으로 결제하면 된다. 휴대폰으로 물건을 사는 것이 어려운 사람들도 여전히 있지만, 자주 쓰는 카드를 해당 사이트나 플랫폼에 등록만 해 둔다면 이후부터는 모바일로 제품을 사는 것쯤은 일도 아니다. 더 이상 상담원을 기다리지 않아도 되고, 번거로운 확인 절차를 거치지 않아도 된다.

시청자 연령층 차이

2022년 서울시 전자 상거래 센터에서 20~50대 소비자 4,000명을 대상으로 한 온라인 설문 조사 내용에 따르면, 소비자 10명 중 6명이 라이브커머스에서 물건을 산다고 응답했다. 이는 2020년 27.4% 대비 2021년 57.9%로 1년 사이에 약 2배 가까이 증가한 수치다. 성별로는 남성과 여성 각각이 57.9%, 58.2%로 거의 비슷했고, 연령대별로 30대가 가장 높은 66.2%, 40대가 다음으로 61.2%, 20대가 58.9%, 그리고 50대가 48.2%로 생각보다 높은 분포를 보이며 라이브커머스 이용 경험이 있다고 답했다. 이처럼 라이브커머스 이용자가 연령대별로 고른 현상은 홈쇼핑과 큰 차이를 보인다. 또한 아래는 최근 KB국민카드가 2024년 1분기 TV 홈쇼핑, 라이브 방송을 중심으로 신용이나 체크 카드 매출 데이터 등을 활용해 소비 패턴을 분석한 결과이다.

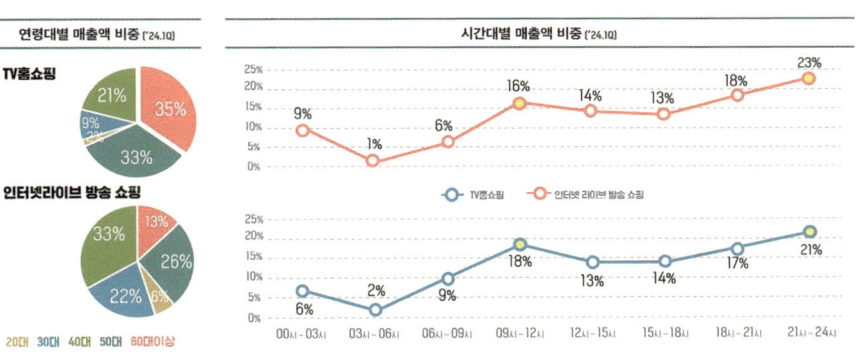

KB국민카드가 발표한 TV 홈쇼핑, 라이브 방송 이용 현황 설문 조사 및 소비 데이터 분석 결과

연령대별 매출 데이터를 보면 TV 홈쇼핑은 60대 이상이 가장 높았고, 라이브커머스는 40대가 매출액 비중이 가장 높았다. TV 홈쇼핑은 60대 이상이 35%, 50대가 33%, 40대가 21%, 30대가 9%, 20대 2% 순으로 50대와 60대 이상이 총 68%로 높게 나타났다고 전했다. 반면 라이브커머스 방송은 40대 33%, 50대 26%, 30대 22%, 60대 이상이 13%, 20대 6% 순으로 이용

연령대가 TV 홈쇼핑보다 낮았다. 방송 통신 위원회의 연령별 필수 매체 인식 조사 2023년 결과에서도 TV를 꼭 필요한 매체로 생각하는 비율이 60대 50.8%, 70대 이상 78.9%로 60대 이상만이 50%를 넘겼을 뿐 나머지 연령대는 40대가 12.6%, 30대 7.9%, 20대 3.9%로 모두 10%를 겨우 넘기거나 밑도는 수치다. 또한 2024년 7월 한국 TV 홈쇼핑 협회가 발간한 '2023 홈쇼핑 산업 현황' 자료에 따르면 TV 홈쇼핑 7개 법인(CJ온스타일, 롯데홈쇼핑, 현대홈쇼핑, GS샵, NS홈쇼핑, 홈앤쇼핑, 공영쇼핑)의 지난해 방송 매출액은 2조 7,290억 원으로 전년 2조 8,998억 원보다 5.9% 감소했다고 한다. 코로나19 전인 2019년 3조 1,462억 원보다는 13.3%나 줄어든 수치이며, 전체 매출액에서 방송이 차지하는 비중 또한 매년 내리막길을 걷다가 2022년 처음으로 50% 아래로 떨어지면서 2년 연속 50% 언저리를 밑돌았다고 밝힌 바 있다. 이러한 홈쇼핑 방송 매출액의 감소는 이용 연령층과도 밀접한 관계가 있는데, 홈쇼핑을 이용하던 중장년층의 이탈로 시청자 연령층에 변화가 발생한 것이다. 사실 이러한 변화는 우리도 실제로 체감하고 있다. 당장 오프라인 매장에서 물건을 구매하는 모습만 보아도 그렇다. 음식점이나 카페에서는 키오스크가 도입되고는 사람이 주문받는 수가 적어지고 있다. 그에 따라 40대 이상의 소비자들도 기기 주문에 점점 익숙해지면서 그와 비슷한 형태인 라이브커머스 시장에 중장년층도 자연스럽게 스며들고 있다. 이렇듯 모바일이나 전자 기기를 다루기 힘들어했던 노년층들 사이에서도 변화가 빠르게 일어나고 있다. 전화로 주문하는 것이 익숙하거나 혹은 유일했던 엄마·아빠 세대들도 모바일 주문이 자연스러워졌고, 이러한 변화는 TV 홈쇼핑 시장에도 크고 작은 변화를 불러일으킨다.

쇼호스트와 시청자 간의 소통 방식

라이브커머스 쇼호스트로서 내가 느끼는 TV 홈쇼핑과 모바일 라이브커머스의 가장 큰 차이점은 바로 시청자들과의 소통 유무다. TV 홈쇼핑 방송은 여느 TV 프로그램들처럼 쇼호스트들의 제품 소개나 진행을 일방적으로 시청하는 형태이다. 쇼호스트는 준비한 멘트와 제품 설명을 진행하는 동시에 실시간 소비자 구매 반응 및 매출 추이를 계속 확인하는데, 이는 특정 제품의 구매 수량이 높아지면 해당 물건이 인기가 많다는 것을 알 수 있다. 라이브커머스처럼 시청자들과의 직접적인 소통은 없지만, 구매량에 따른 시청자들의 제품 관심도를 간접적으로 파악할 수 있다.

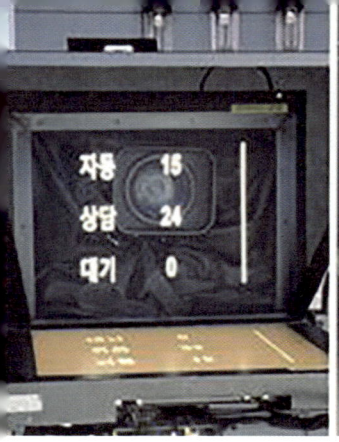  

| TV 홈쇼핑 쇼호스트가 방송 중 실시간으로 확인하는 고객 반응 및 판매량 화면

물론 요즘 TV 홈쇼핑은 예전과는 조금 달라져서 애플리케이션을 통해 댓글을 남기는 경우도 있으나 모든 홈쇼핑사가 시청자들의 댓글을 화면으로 공유하지는 않는다. 또한 그것이 주된 방식은 아니기에 댓글이 방송의 흐름, 쇼호스트의 진행을 좌우할 정도로 큰 영향을 주지 않는다. 실제로 TV 홈쇼핑 방송 중 남겨지는 시청자들의 댓글은 쇼호스트가 보지 못하는 경우도 있고, 선택적으로 댓글을 노출할 때도 있다. 반면에 라이브커머스는 시청자들이 댓글을 통해 쇼호스트들에게 질문하고 답변하는 것이 진행에 상당한 부분을 차지한다. '라이브커머스는 소통이 반이다.'라는 말이 있을 정도로 방송 중 시청자들과의 소통은 너무나도 자연스럽고 익숙하다. 만약 라이브커머스 방송 중 쇼호스트가 시청자들의 댓글에 답변하지 않거나 일방적인 진행을 이어 간다면 시청자들은 당황해하기도 한다. 라이브커머스는

Part 1. 라이브커머스 제대로 파악하기

실시간으로 즉각적인 소통을 할 수 있기에 쇼호스트는 시청자들이 무엇을 원하고 어떤 걸 궁금해하는지, 어떤 제품에 관심을 보이는지 등을 직접적으로 알 수 있다.

    댓글은 단순히 제품 질문뿐만 아니라 쇼호스트와 다양한 방식으로 소통하게 만든다. '방송 너무 재미있어요~.', '와 저 이벤트 당첨됐어요!' 등 쇼호스트와 마주 앉아 이야기하는 소통도 자주 볼 수 있다. 이것이 라이브커머스의 특징이자 큰 장점이다. 다양한 형태의 댓글 소통으로 인해 제품 정보 전달이 모두 이루어지지 않을 때도 있지만, 그럼에도 시청자들은 궁금한 내용을 곧바로 묻고 원하는 답변을 빠르게 얻을 수 있어 판매에는 훨씬 긍정적인 효과를 준다. 한번은 나도 집에 쓰던 베개를 바꿀 때가 되어 인터넷으로 제품을 검색한 적이 있다. 평소 좋아하던 침구 브랜드에서 며칠 후 라이브 방송을 진행한다고 하기에 알림을 설정해 두고 당일 방송을 기다렸다. 그걸 잊고 있던 나에게 알림이 방송 시작을 알렸고, 덕분에 제시간에 라이브를 시청할 수 있었다. 나는 여느 시청자들처럼 베개의 사이즈와 부피 정도 등 궁금한 사항을 질문했고, 방송을 진행하는 쇼호스트들은 나의 아이디와 문의 사항을 읽어 주며 바로 답해 주었다. 그리고 베개를 베고 누웠을 때의 꺼짐 정도와 커버를 씌웠을 때 지퍼는 어느 방향에 달려 있는지 등을 자세하게 보여 주었다. 궁금했던 부분들을 바로 알고 나니 구매하지 않을 이유가 없었고, 내 아이디를 불러 주며 질문에 답변해 주어서 그런지 쇼호스트에게 친근한 마음마저 들었다. 나는 결제 후 주문 번호를 댓글에 남겨 구매 인증 이벤트에 참여했고, 결국 당첨이 되어 베개 커버를 사은품으로 받았다. 어찌나 신이 나던지. 당시 긴장한 채 '제발….'이라며 속으로 당첨되기를 바랐던 내 모습을 생각하면 아직도 웃음이 난다. 그 베개 커버가 뭐라고 손에 땀을 쥐면서 당첨자 발표 카운트 5초를 함께 외쳤다. 시청자의 입장에서 보니 쇼호스트가 불러 주는 나의 아이디와 질문, 그리고 그에 친절하게 답변해 주던 그들의 모습이 참 기분 좋았다. 평소에 쇼호스트로서 방송 진행만 하다가 실제 시청자의 입장이 되어 보니 그제야 라이브커머스를 제대로 공부한 것 같은 느낌이 들었다. 그날 이후 라이브커머스를 진행하는 나의 태도는 달라졌다. 제품에 관한 문의를 최대한 놓치지 않고 응답해 줘야겠다는 의지와 시청자들과의 소통을 더 중요하게 여겨야겠다는 마음을 더욱 다지게 되었다. 라이브커머스에서 댓글은 요리에 뿌려지는 소스가 아니라 그 자체로 메인과 같다.

방송 심의 차이: 법의 테두리

TV 홈쇼핑의 경우, 한국 방송 광고 진흥 공사(Korea Broadcast Advertising Corporation, 약칭 KOBACO)에서 만든 심의 규정을 따른다. 심지어 방송 통신 위원회와 과학 기술 정보 통신부의 촘촘한 규제를 모두 지켜야 면허를 유지할 수 있다. 이 코바코(KOBACO)의 심의 규정은 계속해서 업데이트되며 홈쇼핑뿐 아니라 TV 방송들을 모니터링하면서 심의에 어긋나거나 규정을 지키지 않은 부분이 발견되면 과태료나 과징금을 부과한다. 위반한 사실이 지속해서 드러난다면 심한 경우 방송 정지 명령을 내리기도 한다.

실제로 2023년에 한 홈쇼핑이 6개월간 일정 시간대에 방송 송출이 중단되기도 했다. 코바코의 심의 규정 기준은 생각보다 높은데, 하나 예를 들겠다. 홈쇼핑에서 '세일(Sale)'이라는 단어를 사용한 경우, 다음 날 연속으로 세일 방송을 할 수 없다. 20일 동안 가격을 올려 원상 복구를 시켜놓은 다음에야 다시 '세일'이라는 단어를 사용할 수 있다. 또한 '가격 인하'라는 단어를 쓰면 가격을 절대 다시 올릴 수 없다. 영원히 가격을 내리겠다고 마음먹었을 때 '인하'라는 단어를 쓸 수 있다. 그래서 순서상 세일 방송을 먼저 진행한 이후 나중에 값을 낮추어 방송하는 경우가 빈번하다. '세일'과 '인하'의 의미를 잘 알아 두면 홈쇼핑에서 물건을 구매할 때 지갑을 사수할 수 있다. '최저가'는 가장 저렴할 때만 붙일 수 있는 단어이며 카드사 혜택은 계속해서 업데이트되어 만약 최저가가 달라지면 '최저가'라는 단어 대신 '최저가 찬스'라는 단어를 사용한다. 또 홈쇼핑에서는 방송 중 한정된 사은품의 수량을 갑자기 늘릴 수 없다. 그래서 '한정 수량'이라는 표현을 조심스럽게 사용한다. 이는 방송 중 갑자기 사은품을 추가할 경우, 고객 오인을 불러일으키고 과장 광고로 인식될 수 있기 때문이다. 비슷한 이유로 홈쇼핑에서는 갑자기 방송 중 혜택을 자정까지 연장하는 일 또한 없다. 또 다른 예로, 홈쇼핑 방송 중 '프리미엄'이라는 단어를 쓰지 않는다. 심의 규정에 '프리미엄'에 대한 특정 기준이 있는 것은 아니나 과장 광고의 우려나 소비자 보호 등의 이유로 사용하지 않는다고 한다. 또한 '오늘 사면 후회 안 하실 겁니다.'와 같이 최저가에 대한 개인적인 의견을 담는 표현이나 '우리 집 이모님' 등 여성 특정 단어를 제한하고 '우리 집 도우미'라고 대신 표현하는 것도 같은 맥락이다. 홈쇼핑은 그만큼 소비자를 보호하는 법의 체계가 훨씬 엄격하여 만약 홈쇼핑에서 본 제품이 실물과 다를 때에 소비자 보호원에 신고를 하면 심의 위원회가 열린다. 그렇게 되면 해당 방송의 모든 담당자는 그 일에 대한 소명을 해야 한다.

  이에 반해, 라이브커머스는 전자 상거래 소비자 보호법(이하, 전자 상거래법)을 따른다. TV 홈쇼핑과 비교할 때 라이브커머스 방송을 모니터링하는 기관이 따로 있지 않아 누군가 고소하지 않는 이상 엄격하게 제재하는 주체가 없는 것이 현실이다. 그러한 이유 때문에 시청자들의 반응에 따라 방송의 분위기, 흐름이 자유롭게 바뀌기도 하며 홈쇼핑에서는 규정 때문에 하지 못하는 멘트를 라이브커머스에서는 자유롭게 하는 편이다. 시청자로서는 라이브커머스 방송의 표현이 더 자유롭고 와닿는다고 느껴질 수도 있겠다. 심의 규정이 홈쇼핑보다 엄격하지 않기 때문에 라이브커머스 방송 중에는 혜택의 수량이 추가되거나 시간 연장이 종종 발생하는데, 이는 시청자의 유입수나 고객 반응에 따라 담당자들이 해당 사항들을 자유롭게 결정하기 때문이다. 소비자로서는 이런 결정이 '판매로 보나 시청자 입장으로 보나 둘 다 좋은 거 아니야?'라고 생각할 수 있지만, 심의 규제가 엄격한 TV 홈쇼핑에서는 있을 수 없는 일이다. 이것이 법의 테두리가 달라서 생기는 두 매체의 아주 큰 차이다. 내가 2년 동안 몸담았던 삼성전자는 매체들만큼이나 이러한 허위 사실이나 과장 광고, 혹은 여성 특정 단어로 오해의 소지가 될 수 있는 부분을 사전에 철저하게 관리했다. 규제가 심하지 않은 라이브커머스 방송이라 할지라도 방송 제목이나 광고 문구 하나하나도 자체 검열을 통해 엄격하게 다루었지만, 그러지 않는 곳이 훨씬 많은 게 라이브커머스에서는 일반적이다. 그래서인지 최근 몇 년 전부터 전자 상거래의 보호 규제 법안을 좀 더 마련해야 한다는 목소리가 나오고 있다.

TV 홈쇼핑과 라이브커머스의 이런 규제의 차이 때문에 생기는 웃픈(웃기고 슬픈) 상황도 있다. 라이브커머스에서 활동했던 쇼호스트가 TV 홈쇼핑에서 방송하게 됐을 때 입을 꾹 다무는 모습을 적지 않게 볼 수 있다고 하는데, 그 이유는 방송이 긴장되어서가 아니라 워낙 엄격한 심의나 제재로 인해 라이브커머스 방송에서처럼 말하지 못하기 때문이라고. 심의에 걸리지 않도록 조심하다 보니 할 말이 없어지는 것이다. 이는 실제로 TV 홈쇼핑 출신의 한 피디님이 나에게 직접 들려준 이야기다.

수수료 차이

홈쇼핑과 라이브커머스의 큰 차이 중 하나로 송출 수수료도 빼놓을 수 없다. 먼저 TV 홈쇼핑부터 살펴보자. 위에서 언급한 대로 홈쇼핑 이용 연령층의 변화나 매출액의 감소 등과 같은 상황에서 송출 수수료는 홈쇼핑을 이용하는 많은 업계의 고민거리라고 한다. 송출 수수료는 TV 홈쇼핑사가 케이블, 위성, IPTV 등 유료 방송 사업자로부터 채널을 배정받는 대가로 매년 지불하는 비용을 말하는데, 일종의 채널 자릿세이다. 채널 20번 이하의 지상파 및 종합 편성, 황금 채널에 인접한 번호일수록 수수료가 높다. TV 홈쇼핑 협회가 분석한 '2023년도 TV 홈쇼핑 산업 현황'에 따르면 7개 채널(CJ온스타일, 롯데홈쇼핑, 현대홈쇼핑, GS샵, NS홈쇼핑, 홈앤쇼핑, 공영쇼핑)이 낸 송출 수수료가 당해 역대 최고치를 기록했다고 한다. 그 비용만 1조 9,375억 원으로 방송 매출액의 71.0%에 이른다고 한다. 이는 2019년 49.3%, 2020년 54.2%, 2021년 60.0%, 2022년 65.7%만 보아도 5년간 꾸준히 상승한 수치다. 송출 수수료가 늘면서 성장률 둔화가 지속하는 모습을 자연스럽게 발견할 수 있다. 매출 비중은 매년 내림세를 보이며 지난해 50%로 떨어졌으나 송출 수수료의 연평균 증가율은 지속 상승세다. 방송 통신 위원회가 발간한 '2023 회계연도 방송 사업자 재산 상황'에 따르면 지난해 방송 사업 매출액 중 홈쇼핑 송출 수수료 비중이 케이블 TV는 42.2%, 위성 방송이 36%, IPTV 30.8%로 세 방송 분야 모두 매년 늘어나고 있다고 한다. 이러한 상황이 계속되자 일부 홈쇼핑 업체는 유료 방송 사업자에게 '블랙아웃(방송 송출 중단)'을 통보하기도 했다.

　반면 라이브커머스의 판매 수수료는 홈쇼핑에서 부과되는 송출 수수료와 비교할 때 큰 차이가 있다. (뒤에 설명되는 판매 수수료 정책과 비율은 각 플랫폼 내에서도 카테고리별, 판매자 등급별, 기획 라이브별 등으로 구체적인 수치는 모두 다르며, 평균적인 수수료 비율로 작성하였다) 대표적인 네이버 쇼핑라이브의 경우 송출 수수료가 아닌 판매 수수료로 매출의 약 3%가 측정되어 있으며, 네이버페이 주문 관리 수수료나 유입 수수료가 추가로 발생한다. 이는 매출 규모나 등급별로 상이하다. 11번가의 판매 수수료는 대부분의 카테고리에서 평균 7~13% 수준인데 선결제 배송비 수수료나 제휴 사이트 수수료, 서버 이용료가 별도로 구분된다. G마켓과 옥션의 경우에는 7~15% 사이로 평균 9%대의 판매 수수료가 적용된다. 여기에서 선결제 배송비 수수료는 별도이다. 카카오 쇼핑라이브의 경우에는 일반적으로 판매액의 약 7.7%가 기본 수수료라고 알려져 있다. 쿠팡은 7.8%를 기준으로 카테고리별 최대 11%를 넘지 않으나 쿠팡 풀필먼트 서비스 요금과 판매자 서비스 이용료가 구분되어 추가된다. 이 중 어느 플랫폼과 비교해 보아도 TV 홈쇼핑의 송출 수수료의 수치가 더 크다는 걸 알 수 있다.

2024년 7월 발표한 '연도별 홈쇼핑 송출 수수료 및 전년 비 증가율'
출처: 한국 TV 홈쇼핑 협회

      만약 당신이 판매자라고 가정해 보자. 홈쇼핑의 송출 수수료와 라이브커머스의 판매 수수료를 예로 비교하면 아래와 같다. TV 홈쇼핑의 경우 송출 수수료가 역대 최고치를 기록했던 가장 최근의 71%로 계산해 볼 때, 100만 원의 매출이 생긴다면 송출 수수료로만 71만 원을 줘야 한다. 여기에 판매 수수료는 또 별도로 지불해야 한다. 이와 반대로 라이브커머스의 경우에는 판매 수수료를 최대 20%로 예를 들어도 100만 원의 매출이 발생할 때 판매 수수료를 빼도 80만 원이라는 금액이 남는 셈이다. 여러분이 판매자라면 어느 매체를 선택하겠는가. TV 홈쇼핑의 높은 송출 수수료를 감당하기 힘든 중소기업 대부분에게는 이미 정해진 게임일 수 있다. 그러나 광고 효과, 브랜드 이미지, 공신력 있는 매체 등 어디에 더 큰 가치를 두느냐에 따라 선호하는 채널은 달라질 수 있다.

홈쇼핑과 라이브커머스에 대한 오해와 진실

홈쇼핑 수수료가 높음에도 TV를 고수하는 이유

위에서 말한 대로 TV 홈쇼핑의 수수료가 라이브커머스에 비해 월등히 높다면, 브랜드는 무조건 수수료가 낮은 라이브커머스를 선호할 거라고 생각할 수 있다. 하지만 그럼에도 여전히 TV 홈쇼핑을 고수하는 브랜드들이 존재한다. 그 이유가 무엇일까? 위에서 언급했듯이 홈쇼핑과 라이브커머스의 각 시청자 연령층 간격은 점점 더 벌어지고 있고, 20~30대들이 주로 이용했던 라이브커머스는 20~50대까지 그 연령층을 계속해서 늘려 가고 있다. 그러나 확실한 것은 TV 홈쇼핑 매체를 신뢰하는 중장년층 즉, 40~60대의 특징은 구매력이 높다는 점이다. 쉽게 말해 돈을 더 확실하게, 더 많이 쓴다는 뜻이다. 그들은 20~30대보다 훨씬 경제적 여유가 있고, TV에서 필요한 물건이 보이면 주저 없이 구매한다는 게 사실이다. 여러 창을 넘나들며 가격이나 혜택을 비교하여 저렴한 곳을 찾아다니는 이들과 반대되는 모습이다. 한 예로, 홈쇼핑에서 뷰티 브랜드인 'TIRTIR' 방송을 진행하면 첫인사를 하자마자 매진된다고 한다. 특히 홈쇼핑에서 강세를 보이는 카테고리가 있는데, 바로 패션이다. 시중에 판매하지 않는 제품 구성으로 최저가를 맞추는 식이라고 보면 된다. 한 사례로 올리브영에서는 제품을 1개씩 판매하지만, 홈쇼핑에서는 10개로 묶어 1개 가격을 최저가로 만드는 방식이다. 특히나 최저가라고 말하는 순간 매출이 껑충 뛰는데, 이는 홈쇼핑에서 제품을 묶음으로 판매한다는 사실을 뒷받침한다. 삼성전자 같은 경우에는 TV 홈쇼핑을 포함해 인터넷 광고, 자사 TV 홈쇼핑인 라이브커머스 등 다양한 매체를 통해 판매 활동을 한다.

라이브커머스에서는 가격이나 혜택 비교를 중요하게 생각하는 시청자들을 위해 혜택 위주의 방송을 진행한다면 홈쇼핑은 삼성이냐, LG냐만 구분되면 괜찮다. 만약 홈쇼핑에서 '18년 연속 글로벌 TV 판매 1위, 삼성전자입니다. 그만큼 공신력 있는 브랜드잖아요. 여러분이 보신 곳 중에서 가장 저렴한 가격으로 삼성 TV를 구매할 수 있습니다.'라고 한다면? TV가 필요한 사람들은 방송을 보게 될 것이고, 그다음의 고민이 구매를 위한 여러 조건이 된다. 가격이 좋아졌는지, 내 주머니 사정이 여의치 않은데 무이자 할부가 60개월이 되는지 또는 48개월이 되는지. 그러한 조건이 구매를 결정하는 큰 전환점이 된다. 그랬을 때 한 달마다 내는 가격이 내려간다면 'TV를 한번 바꿔 볼까? 한 달에 5만 원 정도면 85인치 TV를 살 수 있다니.'라고 생각하게 되는 것이다. 반면 라이브커머스를 보는 시청자들은 이러한 조건을 따지는 대신, 바로 가격과 혜택을 따진다. 오늘 할인 쿠폰이 몇 프로인지, 사은품으로 무엇을 주는지를 훨씬 더 중요하게 여긴다. 이것이 바로 목적 구매인 증거다. TV 패널이 고장 났는데 패널 교체 비용만 50~60만 원이 든다면 차라리 새로 구매하는 편이 더 낫기에 구매하게 되는 것이다. 이런 부분에서 홈쇼핑과 라이브커머스는 구매까지 가는 방식 자체가 다르다고 볼 수 있다. 물론 중장년층 중에서도 백화점에서 물건을 사는 분들도 있겠지만, 집에서 편하게 쇼핑하기를 원하시는 분들도 있으니까. 굳이 여러 인터넷 포털사이트에서 가격을 비교하지 않고 필요로 하는 물건을 발견하면 홈쇼핑에서 구입하게 되는 것이다. 그리고 중장년층이 많이 찾는 브랜드들은 광고 매체로서 라이브커머스보다는 TV를 선호한다. 여전히 신문 광고 아래에는 '소가죽 39,000원 부츠'와 같은 광고가 아직도 존재한다. 신문을 보는 사람 중 중장년층이 많다는 의미이며, 그들이 필요로 하는 상품을 판매하는 브랜드에서 신문으로 광고하는 것은 매우 자연스러운 일이다.

홈쇼핑도 마찬가지다. 홈쇼핑의 주 시청자는 50~70대 여성 고객들이다. 구매력이 높은 그들이 가장 많이 찾는 물건들과 가장 필요한 제품을 판매하는 브랜드라면 수수료가 높다 하더라도 매체의 파워가 높은 홈쇼핑을 선호할 터다. 브랜드를 광고하거나 제품의 신뢰도를 높이는 데에도 TV 매체가 훨씬 좋다고 여기기 때문이다. 이 같은 차이가 발생하는 이유는 바로 정보의 창구가 다르다는 데에서 나온다. 홈쇼핑의 주 시청자인 중장년층은 정보에 대한 출처가 상대적으로 적은데, 이러한 이유로 그들의 TV 홈쇼핑 의존도는 매우 높다. 물론 모든 사람에게 해당하는 것은 아니나 실제 두 매체의 소비 패턴 자체가 다름은 분명하다. 홈쇼핑과 라이브커머스의 이용자 수는 판이하지만, 전체 매출을 견인하는 것은 또 다른 문제이기 때문이다.

라이브커머스는 까불고 재미있으면 그만이다?

대체로 라이브커머스 방송이 TV 홈쇼핑 방송과 비교하면 훨씬 자유분방하게 느껴지며 쇼호스트의 역할에서도 비교적 높은 자유도를 느낄 수 있다. 라이브커머스는 시청자가 단순히 화면을 보는 데에 그치지 않는다. 댓글을 통해 쇼호스트와 소통하며 쇼호스트의 말에 맞장구를 치거나 쇼호스트들에게 제안이나 요청을 하기도 한다. 그래서 라이브커머스 방송 중 쇼호스트가 춤을 추거나 노래를 부르고, 끼를 한없이 발산하며 장난스러운 모습을 보이는 경우도 종종 볼 수 있다. 홈쇼핑이 좀 더 격식을 갖춘 듯하다면 라이브커머스가 친숙한 느낌이 드는 건 아마도 이러한 이유 때문일 테다. 그래서 누군가는 라이브커머스를 '까불고 재미있으면 그만이다.'라고 생각할 수 있다. 하지만 이런 생각은 너무나 큰 오산이다.

라이브커머스의 쇼호스트는 매우 전문적인 영역이다. 방송 내내 시청자들은 제품에 대해 다양한 방향으로 질문하고 쇼호스트의 답변과 대응에 구매 의사를 결정한다. 이 때문에 다각적으로 제품과 브랜드를 공부해야 하고 깊이 파악한 상태여야 한다. 홈쇼핑과 라이브커머스 모두 제품을 판매하는 매체이지만 방송 진행의 성격이 워낙 다르다 보니 분위기에서는 확연한 차이가 난다.

요즘에는 연예인들이 유튜브 개인 채널을 통해 방송하는 경우가 많은데, 같은 연예인이 TV 프로그램과 유튜브에서 보이는 모습에 차이가 있는 것과 비슷하다고 볼 수 있다. 먼저, 위에서 언급했던 홈쇼핑과 라이브커머스의 방송 심의에 대한 차이 때문에 생기는 영향이기도 할 터다. 위의 예시들*을 다시 한번 봐도 좋다. 멘트의 자유는 쇼호스트들을 좀 더 자유분방하게 만들고, 시청자와의 소통을 더욱더 원활하게 한다. 다음으로 TV 홈쇼핑에는 없는 '시청자들과의 소통'이 라이브커머스에는 존재한다. TV 홈쇼핑은 화면 너머의 시청자들에게 일방적으로 설명을 전달하는 한 방향(One-Way) 소통 방식이기 때문에 준비한 멘트나 행동의 선을 잘 넘지 않는다. 하지만 라이브커머스는 소통하는 양방향(Two-Way) 방식의 주고받는 대화를 하기에 제품 정보뿐만 아니라 쇼호스트와의 일상적인 이야기들이 오가기도 한다. 그러니 방송의 흐름이 예상과 다르게 흘러갈 수 있고 그 흐름에는 시청자들의 효과도 있을 수 있다. 그런 상황들이 지속해서 발생하다 보니 시청자들은 편안한 분위기에서 쇼호스트와 수다

---

* 〈Part 1. 라이브커머스 제대로 파악하기 – TV 홈쇼핑 vs 모바일 라이브커머스 차이 파악하기〉 중 '방송 심의 차이: 법의 테두리'

를 떠는 느낌의 라이브커머스를 점점 선호하게 되는 듯하다. 라이브커머스를 진행하다 보면 댓글에 '제 댓글 좀 읽어 주세요.', '제 아이디 한번 불러 주세요.' 등의 소통을 원하는 댓글이 실제로 많다. 시청자들의 댓글은 안중에도 없는 듯 제품 얘기만 늘어놓다가는 쇼호스트에게 서운한 마음이 생기는 시청자가 생길 만큼 라이브커머스는 소통이 큰 역할을 차지한다. '이거 녹화 방송이에요?', '이럴 거면 왜 방송해요?', '제 질문 좀 봐 주세요.'라는 댓글은 소통을 잘한다고 생각하는 나에게도 종종 달리곤 한다.

    시청자들의 반응은 방송 진행에도 영향을 주는데, 시청자들과의 원활한 호흡은 고객의 방송 이탈을 막고 오랜 시간 동안 시청하게 만든다. 그러므로 쇼호스트는 시청자들의 유입을 위해 꾸준히 재미 요소를 고민하게 된다. 시청자들의 시청 유지 시간이 늘어나면 새로운 이들이 추가로 유입된다. 좋은 소통은 그들에게 즐거운 기억으로 남게 되고 유대감이 생성되면 해당 브랜드의 이미지에도 긍정적으로 다가갈 터다. 그래서 쇼호스트가 춤을 추고 재미있는 옷을 입어 예능처럼 유쾌한 자막도 만드는 새로운 시도들이 계속 생겨나는 것이다. 이런 과정들을 모른 채로 모바일 라이브커머스를 본다면 '여기는 까불고 재미있으면 그만이다.'라고 생각할지도 모르겠다. 그러나 이는 아마 지금까지 모바일 라이브커머스가 이어 온 자연스러운 발전이기도 하다.

왜 시청자들은 TV에서 모바일로 넘어오는가

내가 삼성전자에 입사한 초반에 든 생각은 이랬다. '과연 100만 원이 넘어가는 고가의 상품들을 온라인상에서, 그것도 라이브커머스를 시청하다가 사람들이 구매할까?' 실제로 중저가를 포함해 고가의 상품, 심지어 수천만 원대의 명품을 라이브커머스로 방송한 바 있다.

유명 고가 브랜드를 라이브커머스로 판매 중인 방송 장면
출처: 11번가

그 예시로 지난 2022년 올라온 매일경제 기사를 발췌해 보았다. 그 기사는 '11번가에서는 중고 명품 전문 플랫폼 '구구스'와 손잡고 에르메스, 샤넬, 크리스찬 디올, 롤렉스 등 고가 명품을 라이브로 방송을 선보였다. 1,700만 원대 에르메스 켈리 백, 1,600만 원대 롤렉스 시계 등 초고가 제품이 판매되기도 했다.*'라고 전했다. 나 또한 삼성전자 쇼호스트로 활동하면서 직접 방송했던 제품 중 절반 이상이 100만 원을 훌쩍 넘었는데, 그런데도 방송할 때마다 수천만 원, 수억 원의 방송 매출이 나오는 것은 전혀 놀라운 일이 아니다. 지금까지 내가 진행했던

---

* 매일경제 최아영 기자. 〈'새벽 오픈런' 필요 없겠네… 이젠 명품도 집에서 산다.〉 2022년. https://www.mk.co.kr/news/business/10474547

Part 1. 라이브커머스 제대로 파악하기

라이브 중 최고 매출을 기록한 삼성전자 라이브커머스 방송의 판매 금액은 약 132억이었으며, 해당 금액은 당시 라이브커머스 매출 기네스에 올랐다.*

라이브커머스 매출 기네스, 132억 매출을 기록한 방송

14일 11번가에 따르면 이날 자정부터 2시간 동안 진행한 해당 쇼핑몰 '갤럭시 S22' 시리즈 자급제 모델 사전예약 라이브방송의 거래액은 총 132억원을 기록했다. 해당 라이브방송을 시작한 후 첫 100억원대 거래액을 기록하며 역대 최대 거래액을 경신했다. 라이브 방송 시청자수는 124만명에 달한 것으로 전해졌다.

출처: 11번가

그리고 이후 새로운 갤럭시 신제품 방송이 해당 기네스 매출 금액을 경신하기도 했다. 브랜드 파워와 신제품 론칭이라는 특수한 시점 그 2가지가 어마어마한 매출 달성에 큰 영향을 준 것도 분명하다. 그러나 라이브커머스에서 짧으면 60분 또는 길어야 120분이라는 제한된 시간 동안 몇십만 명을 넘어 누적 백만 명 이상의 시청자가 방송을 보고 제품을 결제했다는 사실이 나는 아직도 얼떨떨하기만 하다. 론칭이라는 특수한 시기가 아니더라도 여전히 방송을 끝내고 나면 말 그대로 '억' 소

---

* 한국경제 오정민 기자, 〈'한밤의 라방'서 132억 어치 팔렸다… 갤럭시 S22 인기 '후끈'.〉 2022년. https://www.hankyung.com/it/article/202202141693g

리가 나는 실적이 눈앞에 찍혀 있다. 제품군의 특성상 개당 가격이 비교적 높은 것이 매출에 영향을 준다는 데에 동의한다. 하나 홈쇼핑과 라이브커머스 두 매체에서 모두 판매되고 있다는 점만 비교해 보더라도 라이브커머스 시장이 그만큼 거대해졌다는 점 또한 맞는 말이다. CJ온스타일의 한 관계자는 라이브커머스의 가격이 높은 상품들을 두고 "고가의 제품일수록 더 상세한 설명이 필요한 데다가 실시간으로 궁금한 점을 쇼호스트에게도 물어볼 수 있어 고가임에도 판매 실적이 좋은 편."이라고 설명했다.

아주 우연히 스마트폰을 열어 방송을 보다가 "엇! 좋다!" 하고 고민 없이 몇백만 원을 결제하기는 쉽지 않다. 이것이 라이브커머스가 홈쇼핑과 달리 목적 구매로 더 많은 결제가 이루어짐을 증명하는 셈이다. 라이브커머스를 주로 시청하는 소비자들은 가격 비교가 구매 결정에 가장 중요한 요소로 작용한다. 여러 온라인 사이트의 가격을 전부 저울질하고 어느 플랫폼에서 어떤 사은품을 주는지, 적립금을 얼마나 받을 수 있는지, 그래서 결과적으로 내가 얼마나 더 많은 혜택을 받을 수 있는지, 내가 어디서 사는 편이 더 이득인지를 꼼꼼하게 따져 구매한다. 그리고 라이브커머스의 특성을 잘 아는 시청자들이라면 방송 알림 신청을 해 두었다가 일정을 놓치지 않고 제시간에 들어와 물건을 구입한다. 제품의 가격이 높으면 높을수록 사전에 더 비교를 많이 하고 결제할 테다. 고가이긴 하지만 사려고 마음먹었던 제품의 할인율이 꽤 높다면 기다림과 동시에 과감히 카드를 사용할 수 있다. 쏟아지는 소비자들의 리뷰를 간편하게 훑고, 혜택에 민감한 소비자들이 점점 많아지는 시대다. 손가락만 움직여도 최저가 비교와 실사용자 리뷰를 한 눈에 볼 수 있는데 왜 피곤하게 시간 들여 발품을 파냐는 심리가 적용되는 듯도 싶다. 눈으로 꼭 확인하고 싶거나 제품의 자세한 부분들을 보고자 한다면 방송에서 쇼호스트에게 요청하면 된다. 혹은 결정하기 전 오프라인 매장에 가서 실물을 본 다음 라이브 방송 알림 설정을 해 두어 방송에서 가격과 혜택을 비교해도 좋다. 온라인 구매가 더욱더 간편해진 요즘 세상에서 인터넷으로 제품을 구매하는 이용 연령층의 폭은 더 넓어졌다. 그러니 그들이 목적 구매를 통해 플랫폼을 비교해 가며 라이브커머스에서 물건을 구매하는 것은 어찌 보면 너무나도 당연한 흐름이다.

라이브커머스 시장이 안 좋다는 소문, 과연 사실일까?

현재 라이브커머스 쇼호스트로 활동하고 있는 사람들 사이에서 심심치 않게 들리는 말이 있다. "요즘 라이브커머스 시장이 별로 안 좋다더라.", "라이브커머스 방송이 점점 줄고 있다고 하던데." 등이다. 모두가 공감하는지는 모르겠으나 나 또한 주변 프리랜서 쇼호스트들로부터 이 이야기를 꽤 많이 들었다. 대부분의 쇼호스트가 비슷하게 느끼는 이 질문에 답을 얻기 위해 나는 직접 라이브커머스 프로덕션 회사 웬디미디어의 김정모 대표님을 찾아가 물었다.아래 내용은 라이브커머스 방송 제작사 현업에 있는 개인의 견해

일 수 있으나 참고할 만한 현업 종사자의 생생한 의견이다). 라이브커머스 쇼호스트들 사이에서는 라이브커머스 시장이 안 좋다는 이야기가 종종 들리는데 실제로 라이브커머스 방송을 제작하는 사람으로서 어떻게 느끼는지, 진짜 라이브커머스 시장이 어려운지 말이다. 라이브커머스가 처음 등장하며 방송들이 쏟아지던 당시에는 라이브커머스를 진행하는 쇼호스트에 대한 의존도가 높았다고 한다. 라이브커머스의 시장에서 연출과 제작을 제대로 할 수 있는 기반이 없었기 때문이라고. 그래서 부족한 방송 환경이라도 제품과 브랜드를 조금이나마 잘 표현하고 촬영을 잘 끌고 갈 수 있는 사람 즉, TV 홈쇼핑을 진행했거나 경험이 많은 쇼호스트들에게 방송을 기댈 수밖에 없는 상황이었다고 한다. 그렇게 방송 연출은 쇼호스트의 진행 분위기에 맞추게 되었고, 이 때문에 쇼호스트들의 몸값이 높아지는 현상이 일어났다고 했다.

    이러한 상황이다 보니 아이러니하게도 라이브커머스 방송 제작시장이 축소되고 과열되는 상황이 최근 약 3~4년간 반복되었다고 한다. 반면에 TV 홈쇼핑은 오랫동안 누적된 제작 체계가 있었기에 관습과 노하우가 축적된 연출진의 지휘 아래 진행하는 구조였단다. TV 홈쇼핑과 현격히 다른 라이브커머스 방송 체계는 당시 생겨난 지 얼마 되지 않은 형태라서 쇼호스트에 대한 의존도가 높을 수밖에 없었던 것이다. 즉, 예전에는 쇼호스트들에게 100만 원의 방송 진행 금액을 지불한다고 가정할 때 제작사에는 그 절반인 50만 원만 주어지는 상황이었다(언급한 비용은 쉽게 이해하도록 예를 든 것

Part 1. 라이브커머스 제대로 파악하기

이며, 실제 비용과는 다르다). 하지만 시간이 지나며 라이브커머스 방송의 연출과 제작 노하우가 빠르게 축적된 지금은 제작과 연출의 역량에 더 많이 투자하면서 쇼호스트에게 기대었던 의존도가 점차 낮아지게 됐다. 이는 라이브커머스 방송 제작사들의 제작과 연출 퀄리티가 점점 높아지며 라이브커머스 쇼호스트의 수익에 적신호가 켜졌다고 볼 수 있다. 또한, 소비자들에게 라이브커머스 방송은 누가(쇼호스트) 진행하느냐보다는 혜택과 가격(방송의 의도와 기획)이 더 중요함을 방증한다. 물론 라이브커머스 방송 제작 및 연출진의 제작 역량과 쇼호스트에 대한 의존도 둘 다 나아지면 아주 좋겠지만, 안타깝게도 둘의 균형은 이루어지지 않는다고. 예를 들어 라이브커머스 방송을 통해 떼돈 벌었다는 브랜드사가 없다. 쇼호스트를 잘 골라서 '대박이 터졌어.', '매출이 열 배를 넘었어.' 하는 경우는 더욱이 없고 말이다. 브랜드(기업)는 라이브커머스 방송에 모든 화력을 집중하거나 매출 구조를 의존하지 않는다. 더욱더 큰 프레임의 기획전을 구성하고 그 한 꼭지로 라이브커머스 방송을 이용한다. 기획한 혜택이 얼마나 좋은지에 따라 소비자가 움직이고 그를 더욱 효과적으로 소비자에게 전하기 위해서 라이브커머스와 쇼호스트를 사용한다. 이것은 시장(고객)이 자신의 구매 의사를 결정하기 위한 순서와 관련이 깊다. 고객 대부분은 구매(의사 결정)의 실패를 두려워한다. 그래서 가장 먼저 신뢰할 수 있는 브랜드를 선택한다. 그다음은 믿을 수 있는 플랫폼을 선택한다. 마지막으로 같은 제품이라도 더 나은 혜택과 가치를 고를 수 있는 대안을 선택한다.

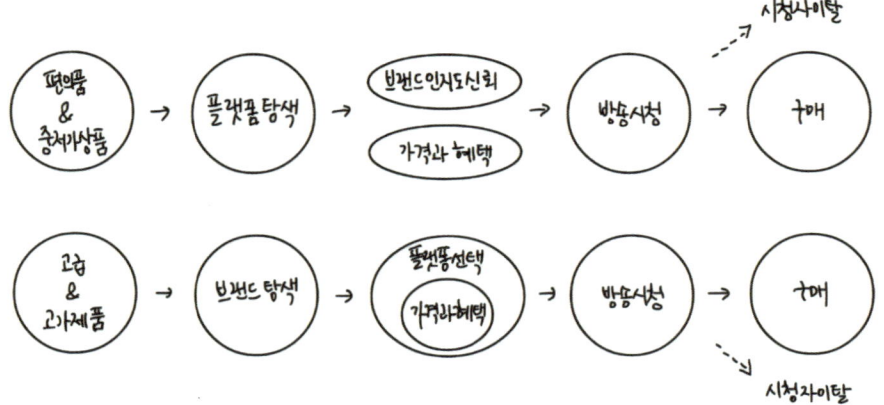

| 고객이 자신의 구매 의사를 결정하기 위한 선택의 순서

이 과정에서 안타깝게도 특정 쇼호스트가 방송하는 제품이라서 구매하는 경우의 수는 매우 적다(이것은 한국 라이브커머스 시장의 이야기이다. 중국에서는 유명한 '왕홍'과 같은 인플루언서가 소개하는 제품을 따져 보지 않고 구매하는 경향이 강한 사례가 있다). 라이브커머스 시장에서 고객이 브랜드와 플랫폼을 우선시하는 과정에 대형 플랫폼 사의 영향이 컸다. 불과 4년 전만 해도 스마트폰만 있으면 누구나 라이브커머스 채널로 방송해 물건을 팔 수 있었다. 당시 라이브커머스는 큰 붐(Boom)을 일으키며 작고 큰 브랜드들이 난립하였다. 플랫폼 사들이 이런 라이브커머스의 인기를 가만히 둘 리가 없었다. 수많은 라이브커머스 방송이 상위 노출이 되기 위해서는 더 많은 광고비를 사용해야 했다. 결국 작은 노출과 소량의 매출로도 생

존이 가능한 소기업들과 막대한 광고비를 지출하면서 더 큰 시장 장악력을 원하는 큰 브랜드들만이 라이브커머스 시장에 남게 되었다. 즉, 시장이 완전히 양극화되어 버린 셈이다. 플랫폼 입점과 제작, 연출에 막대한 자금을 집행하는 브랜드 또는 홈방[*]처럼 극단적인 가성비를 추구하는 개인 또는 소기업에게 쇼호스트의 몸값은 저저익선이 되었고 높은 연봉을 자랑하던 쇼호스트들도 이제는 시장이 요구하는 낮은 몸값에 순응할 수밖에 없어졌다. 게다가 쇼호스트를 꿈꾸며 이 업계에 발을 들이는 신인 쇼호스트는 많은데 그만두는 사람은 없으니 포화 상태가 되어 출혈 경쟁까지 생긴 마당이다.

제작사 입장에서 바라보는 라이브커머스 쇼호스트 전망?

쇼호스트 그리고 쇼호스트가 되기를 희망하는 사람들이라면 직전 글에서 라이브커머스 방송에 대해 잠시 불안감을 조성할 만한 이야기를 했다. 앞서 고객의 대부분은 라이브커머스 방송을 시청하기 전에 차별화된 가격과 혜택을 주는 플랫폼이 어디인지 탐색하거나 자신의 취향과 기호에 알맞은 브랜드의 방송을 선택한다고 했다. 여기까지 보면 라이브커머스 쇼호스트의 입지와 역할이 매우 좁아 보일 수 있다. 실제로 과거보다는 입지가 좁아진 게 사실이지만 쇼호스트의 역할은 여전히 중요하다. 설

---

*   Home Live: 집에서 하는 라이브 방송

령 고객이 좋아하는 브랜드의 라이브 방송이나 혜택이 좋은 기획의 방송, 혹은 신뢰할 만한 플랫폼이라도 그것이 반드시 구매 의사 결정으로 이어지진 않는다. 브랜드 파워와 플랫폼 파워로 고객을 모았다 해도 이들이 구매할 때까지 치밀하고 끈질기게 고객을 붙잡는 힘은 바로 쇼호스트에게서 나온다. 라이브 방송의 클라이언트인 브랜드와 제작 그리고 연출, 방송 송출을 담당하는 방송 대행사들 모두 이 점을 잘 알고 있어 쇼호스트 섭외에 많은 공력을 들인다.

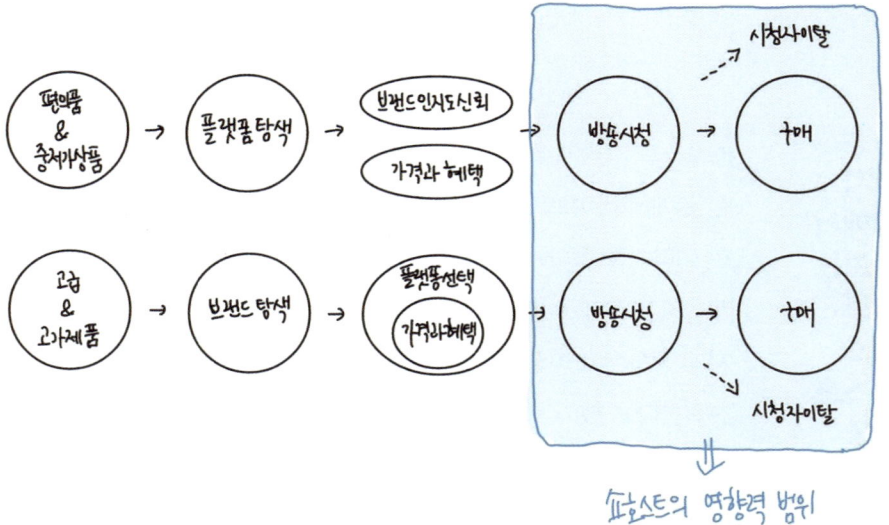

| 라이브커머스 방송 고객의 구매 프로세스에서 쇼호스트가 미치는 영향력 범위

TV 홈쇼핑 출신 피디님 한 분은 홈쇼핑은 앞으로 약 5년간 절대 망하지 않을 것이라고 단언했다. 현재 TV 홈쇼핑 회사들도 TV 채널로 송출되는 생방송뿐만 아니라 녹화 방송이나 자체 라이브 방송을 라이브커머스 채널에 송출한다. TV 홈쇼핑 방송에서 판매했던 상품을 녹화 방송으로도 사용하고 TV 방송으로도 사용하고 있다. 그 반대인 경우도 있는데, 신규 브랜드가 TV 홈쇼핑에서 방송하고자 할 때에 곧바로 TV 홈쇼핑으로 방송되는 건 아니다. 먼저 홈쇼핑이 가지고 있는 자체 모바일 라이브커머스 채널에서 시작해 반응을 본 뒤 괜찮다면 녹화 방송을 진행하고 그 이후 TV 홈쇼핑으로 방영하기도 한다. 이는 라이브커머스 방송이 판매에 중요한 요소로 자리 잡고 있다는 증거다.

또한, 아무리 고객이 브랜드와 플랫폼, 혜택 등을 중요시한다고 하지만 제아무리 그런 부분을 뒷받침해 준다고 해도 실력 없는 쇼호스트가 방송 핸들을 잡는 순간 모두 수포로 돌아간다.

어찌 되었든 현재 TV 홈쇼핑 시장에서는 지금도 여전히 매년 30~40명 정도를 채용한다. 그러나 10년 전과 분위기는 꽤 다르다. 불과 10년 전만 해도 홈쇼핑에서 채용 공고가 뜨면 1,000명의 지원자 중 10명의 쇼호스트가 합격했다고 한다. 하나 요즘은 200~300명의 지원자만이 존재하며 그중 합격자는 50명이라고 한다. 심지어 50명 모두가 온전히 합격하는 것도 아니다. 요즘의 홈쇼핑 회사들은 인턴 제도를 시행하고 있는데, 실제 필요 인원의 2~3배 합격자를 선발한 후 약 3개월간의 교육 프로그램을 거쳐 정식 계약 여부를 판단한다고 한다. 그래서 실제로 합격한 사람들의 절반 이상이 인턴 기간 후 계약이 해지되어 정식 입사를 할 수 없게 된다고. 이 인턴 제도는 모바일이 생겨나면서 자연스럽게 도입되었다고 한다. 이러한 인턴 제도가 조금은 냉정해 보이고 경쟁을 부추기는 것처럼 보이기는 하나, 반대로 체계적인 교육을 통해 안정적인 성장이 가능하도록 도와준다는 점에서 양날의 검이 될 수도 있다. 반면에 라이브커머스는 비교적 젊은 소비자들과 소통하면서 자유롭고 창의적인 프레젠테이션(Presentation) 즉, 그러한 방송 진행이 가능하며 또한 앞으로 시장의 성장 가능성도 높다. 그러나 이 시장에 얼마나 빠르게 적응을 하느냐가 관건일 거라 그는 전망했다.

또 다른 이야기로, 요즘 뉴스에는 AI가 주제로 자주 등장한다. AI가 수많은 기술에 접목되면서 앞으로 쇼호스트도 AI가 대체하게 되지 않을까 하는 이야기도 종종 들리지만, 아무리 그래도 사람과 같아질 수는 없는 노릇이다. 사람이 사람에게 전하는 감정적인 요소를 AI가 따라잡으려면 꽤 오랜 시간이 걸릴 것이며, 당분간 사람을 대체하기는 힘들다고 전망했다. 그러면서 그는 현 쇼호스트가 정말로 경계하거나 준비해야 하는 부분은 AI가 아니라 소비자들을 매료하는 새로운 매체들이라고 말했다. 홈쇼핑이나 라이브커머스 모두 구매자들을 설득하는 일이다. 그러나 요즘의 숏폼*, SNS 광고 등이 소비자들을 짧은 시간에 설득하고 매료시키면서 오히려 이들이 쇼호스트를 대체할 아주 위협적인 존재가 될 거라 설명했다. 그는 공구(공동 구매)와 인플루언서가 쇼호스트와 크게 다르지 않다는 말도 함께 덧붙였다. 이와 같은 이유로 쇼호스트를 지망하는 사람들이라면 단순히 쇼호스트가 되는 데에만 몰두하지 말고 이런 힘을 함께 기르는 게 좋겠다고 조언한다.

그는 쇼호스트로 활동하고 있거나 지망하는 사람들이 무엇을 중요하게 생각해야 하고 준비해야 하는지 묻는 말에 다음과 같이 대답했다. 그는 먼저 인격을 갖추어야 한다고 말했다. 권선징악을 이야기하고자 하는 것이 아니다. 실제로 쇼호스트를 섭외하는 많은 제작사 대표나 피디들도 쇼호스트의 인성을 매우 중요하게 여기며 그다음으로 실력을 중요하게 본다고 했다. 이후로는 매력을 꼽았다. 과열된 생방송 레드 오션** 시장에서 결국에는 눈에 띄는 무언가가 있어야 한다는 뜻이다. 그리고 다음으로 순발력과 센스를 꼽았다. 상대방의 말을 잘 받아치거나 호응하는 소통의 기술을 높여야 모바일 시장에서는 훨씬 더 유리하다고 덧붙여 설명했다. 즉문즉답해야 하는 쇼호스트에게는 순발력이 중요하니까 말이다. 창의성도 언급했는데 어디에서도 항

---

* Short-Form: 15초~10분 이내의 짧은 영상으로 제작한 콘텐츠
** Red Ocean: 많은 경쟁자가 비슷한 전략과 상품으로 경쟁하는 시장. 경쟁이 치열하여 핏빛으로 물든다는 의미에서 레드 오션이라 한다.

상 적극 손을 들고 나서 주었으면 좋겠다고 그는 소박하게 바랐다. 쇼호스트라는 직업 특성상 많은 사람이 모이는 곳에서의 노출을 두려워하지 말고 먼저 자신 있게 나서는 자세가 필요하다고. 인성, 실력, 매력, 순발력과 센스, 창의적인 아이디어 등 중요도는 다를지 모르나 쇼호스트가 갖추어야 하는 부분임은 부정할 수 없다. 오랫동안 홈쇼핑 세계에 몸담아 오면서 수많은 쇼호스트를 봐 온 그는 오래가는 쇼호스트들은 위에서 언급한 전부를 지니고 있었다고 했다. 현재 쇼호스트로 활동 중이거나 쇼호스트를 지망하는 사람들이라면 위 내용을 꼭 명심하길 바란다.

플랫폼별 특징 파악하기

라이브커머스는 '기획 라이브'와 '오픈 라이브'로 구분되는데, 기획 라이브는 라이브커머스 플랫폼과 정식 제휴한 후 일정과 상품 그리고 할인 구성 등 방송 내용을 합의하여 진행되는 것을 말하며, 오픈 라이브는 플랫폼과 제휴 없이 판매자가 원하는 일정에 원하는 장소에서 원하는 방식으로 자유롭게 방송하는 것을 말한다. 이처럼 라이브커머스를 진행하는 플랫폼마다 차별화된 성격과 특징들이 있다. 플랫폼 명을 내건 빅 프로모션 (Big Promotion: 큰 혜택을 내건 기획의 이벤트) 행사나 방송 진행 횟수의 차이, 또는 라이브커머스 진행 방향도 다르다. 이러한 차이점을 통해 각 플랫폼이 추구하는 라이브커머스의 성격을 알 수 있고, 각 프로모션으로 유용한 정보를 얻어 효율적인 구매를 할 수도 있다. 특히 각각 진행되는 빅 프로모션 행사들은 고객을 확보함에 있어 아주 중요한 요소가 된다. 아래는 플랫폼을 구분 지어

서로의 큰 특징을 기재하였으며, 대표적인 연중 빅 프로모션 행사들과 그에 대한 정보를 나열하였다.

네이버, 11번가

- 네이버

'네이버 쇼핑라이브'가 네이버 라이브커머스의 정식 명칭이다. 줄여서 '네쇼라'라고 불린다. 네이버 쇼핑라이브는 우리나라의 대표적인 오픈 라이브 플랫폼이다. 스마트스토어 새싹 등급 이상부터 라이브커머스를 진행할 수 있고, 최근 3개월간의 판매 건수와 금액 누적 데이터를 기준으로 등급이 나뉜다. 네이버는 우리나라의 가장 큰 포털 사이트인 만큼, 유입량과 노출 비율이 타 플랫폼과 비교할 때 월등히 높다. 시청자들은 별도의 로그인 없이 라이브커머스 방송 시청 중 댓글을 남길 수 있어 구매 결정 절차의 간편함도 큰 강점이다.

네이버 쇼핑 페스타: '네쇼페'라고 불리는 이는 네이버 쇼핑라이브에서 진행하는 가장 큰 기획전 행사다. 1년에 단 한 번 진행하는데, 네이버 쇼핑 자체에서 진행하는 것으로 이 기간에 맞추어 많은 브랜드에서 라이브커머스 혜택과 함께 방송을 진행한다.

디지털 어워즈: 네이버에서 판매하고 있는 전자 기기와 가전 브랜드들을 대상으로 진행하는 프로모션이다. 상반기, 하반기에 각 인기 제품들을 추려 라이브를 진행하기도 한다. 2023년 11월과 2024년 6월 '네이버 가전 & 디지털 상반기 결산'을 통해 전자 제품을 판매하는 브랜드들이 디지털 어워즈를 행했다.

블루밍 데이즈: 매달 진행하는 네이버 쇼핑라이브 라이브커머스 기획전이다. 브랜드들은 매월 초에 다음 달의 기획전 신청 접수를 통해 참여할 수 있다.

강세일: 2024년 6월을 첫 시작으로 2025년 1월까지 총 4차례 진행했으며, 8,500여 판매사가 참여했다. 검증된 스테디셀러부터 카테고리별 가장 많이 팔린 우수 인기 상품을 높은 할인가에 판매한다. 매일 그날 가장 높은 할인율의 상품을 소개하는 '최강 세일', 리뷰와 별점 등 데이터를 통한 인기 상품을 모아 둔 '랭킹 TAG', 네이버 쇼핑에서 지난달 가장 많이 팔린 상품들을 전시하는 '1위의 품격' 등 소비자들이 눈여겨볼 만한 제품들을 여러 코너로 소개한다.

이 외에도 네쇼라 푸드위크, 네쇼라 뷰티위크, 네쇼라 패션위크, 네쇼라의 보물상자, 숏클립데이, 도전 숏클립 등 다양한 프로모션 및 프로그램이 있다.

'네이버 쇼핑라이브'에서 진행한 '네이버 쇼핑 페스타', '디지털 어워즈', '블루밍 데이즈', '강세일' 온라인 홍보 배너
출처: 네이버

- **11번가**

'LIVE11(라이브11)'이 라이브커머스의 정식 명칭이다. 11번가는 '11'이라는 상징적인 숫자를 내세워 매해 11월이나 11일을 활용한 빅 프로모션 행사를 꾸준히 진행하는데, 대표적으로 '그랜드 십일절'이 있다. 11번가의 기획전 중 하나인 '쇼킹딜'은 제한 시간 안에 저렴한 가격으로 구매할 수 있는데 매일매일 다른 제품들이 특가 찬스로 올라온다.

그랜드 십일절: 1년에 단 한 번 진행된다. 2020년 11번가가 라이브커머스 플랫폼 'LIVE11'을 오픈한 이후 2021년부터 매해 진행하는 '그랜드 십일절'은 11번가의 연중 최대 쇼핑 축제이다. '십일 쩔어.'라는 이름을 내세운 이 축제는 11월 1일부터 11일까지 총 11일간 이어진다. 기간 동안 쇼핑 지원금을 제공하기도 하고 공동 구매, 럭키 박스 등 각종 이벤트와 쿠폰 혜택을 통

한 저렴한 구매 기회가 주어진다. 실제로 2023년 그랜드 십일절 기간 중 진행한 '구글 플레이 × 삼성전자' 라이브 방송은 90분간 누적 시청 수 360만 명을 돌파하며 2020년 'LIVE11' 라이브커머스 시작 이후 최고 실적을 기록하기도 했다.

월간 십일절: 2019년 2월 론칭 이후 총 72차례(25년 1월 기준) 진행됐다. 론칭 직후인 2019년 2월 1일부터 2월 11일까지는 매일 오전 11시마다 득템 기회 이벤트를 제공했으며 최근에는 매달 11일에 맞추어 '월간 십일절' 행사를 오픈했다. 1+1 스페셜 딜, 오전 11시부터 오후 11시까지 매 시각 진행하는 타임딜, 1,100원 구매 찬스 등 110이라는 숫자와 관련된 이벤트를 꾸준히 진행하며 11번가를 대표하는 빅 프로모션의 이미지를 지금까지 잘 유지하고 있다. 누적 6,200만 명이 넘는 고객들이(24년 8월 기준) 월간 십일절 행사 동안 제품을 구매했다. 최근에는 아마존과 협업하여 해외 직구 상품들을 판매하는 '아마존 월간 십일절' 행사도 함께 진행해 인기를 끈 바 있다.

디지털 십일절: 2025년 3월에 신설되었다. 평소 월간 십일절을 통해 여러 카테고리에서 합리적인 구매 기회를 제공해 왔으나, 디지털 제품에 집중된 혜택을 모아 대규모 전자 제품 특별전을 진행한다. 3월 4일부터 총 11일간 진행되는 첫 번째 '디지털 십일절'에는 삼성전자, LG전자, 로보락 등 대표 브랜드를

비롯해 약 30여 곳의 디지털, 가전 브랜드가 이 행사에 참여한다고 밝혔다.

썸머 블랙 프라이데이: 여름철 진행되는 해외 직구 쇼핑 축제이다. 아마존과 협업한 빅 프로모션 행사이며, 국내에서 찾아보기 힘든 상품들을 국내가 대비 합리적인 가격으로 구매할 수 있다. 2022년 7월 처음 선보였고 행사 기간 동안 수십만 개의 '핫딜' 상품을 한정 수량으로 저렴하게 제공하기도 한다.

십일절 페스타: 5월 가정의 달을 맞아 2024년 상반기 최대 프로모션 '십일절 페스타'를 개최한 바 있다. 4월 29일부터 5월 11일까지 기획전을 진행하였고 '반값딜', '100원 딜', '타임딜', '오늘의 초특가' 등으로 소비자들에게 다양한 혜택을 제공했다.

LIVE11의 '그랜드 십일절', '월간 십일절', '썸머 블랙 프라이데이', '십일절 페스타'의 온라인 홍보 배너
출처: 11번가

G마켓, 카카오

- G마켓

'G Live(G 라이브)'가 라이브커머스의 정식 명칭이다. 설날과 추석 기간을 포함해 1년 중 4회 정도 큰 할인 행사를 한다. 특히 랭킹 순위를 통해 전체 또는 카테고리별 현재 인기 품목을 한눈에 볼 수 있는 것이 특징이다. 간편 결제 시스템인 스마일페이를 도입하여 사용자들에게는 더 다양한 혜택을 증정하며 이 덕분에 플랫폼에 대한 충성 고객 수가 높다.

빅 스마일 데이: 매년 5월, 11월에 진행하는 최대 프로모션 행사이다. 상반기, 하반기 각각 한 번씩 진행하며 지금까지(25년 1월 기준) 총 14회 진행되었다. 2023년 5월에는 총 12일간 진행된 '빅 스마일 데이' 기간 동안 총 2,135만 개의 상품이 판매됐다고 밝힌 바 있다.

디지털 빅 세일: 매년 2월 진행하는 대규모 할인 행사. 2023년에는 '디지털 가전 빅 세일'이라는 이름으로, 2024년에는 '디지털 라이프 빅 세일'이라는 명칭으로 진행됐다. 노트북 등 신학기 필수템부터 패션, 뷰티, 건강식품 등 시즌별 관련 상품을 다양한 혜택으로 구매할 수 있는 행사다.

설 빅 세일, 한가위 빅 세일: 매년 설날과 추석에 열리는 연례행사다.

G마켓의 '빅 스마일 데이', '디지털, 가전 빅 세일', '한가위 빅 세일' 온라인 홍보 배너
출처: G마켓

- **카카오**

'카카오 쇼핑라이브'가 정식 명칭이다. 줄여서 '카쇼라'라고 불린다. 카카오는 기획 라이브 중심으로 운영되는 대표적인 플랫폼이다(다만, 2023년 4월 '파트너스 라이브'를 신설하고 오픈 라이브 플랫폼으로의 전환을 선언하며 변화 중이다). 국민 메신저인 카카오톡의 이용자 수는 무려 4,500만 명(24년 12월 기준)이며, 애플리케이션과의 연동성을 통해 카카오톡 메시지로 알림을 받을 수 있다. 그 때문에 라이브커머스 방송에 손쉽게 접근할 수 있다는 게 장점이기도 하다. 기획 라이브로 진행되는 만큼 라이브커머스 방송 송출에 대한 진입 장벽이 높고 1일 평균 방송 횟수가 타 플랫폼에 비해 적은 편이지만, 고객의 집중도가 높다. 카카오 쇼핑라이브는 기획 라

이브 플랫폼이기 때문에 모든 방송 하나하나가 말 그대로 모두 기획전이다. 그중 진행됐던 몇 가지 시즌 프로모션 행사를 소개한다.

카쇼라 뷰티 위크: 2023년 2월 진행했던 프로모션 행사로, 기초 화장품이나 색조 메이크업, 바디 케어 제품 등 뷰티 브랜드들과 함께했다.

카쇼라 위크: 유명 브랜드 업체들의 라이브커머스를 진행하며 시장에서 자리매김하고 있는 '카카오 쇼핑라이브'의 프로모션 행사이다. 딥티크, 버거킹, 내셔널지오그래픽 & 지프, 달바, 오프화이트, 하기스 등과 함께 라이브를 진행했으며, 당시 버거킹 방송은 20만 개 이상의 교환권이 판매되며 라이브커머스 시장 내 최다 판매를 기록하기도 했다. 2024년 5월에는 가정의 달을 맞이한 '카쇼라 위크'를 열기도 했다.

강추 위크: 추석 시즌을 앞두고 '카카오톡 쇼핑하기'와 '카카오 쇼핑라이브'가 특별 페이지로 오픈한 프로모션 행사다. 강추 위크 기간인 2024년 8월 26일부터 9월 8일까지 총 79개 브랜드의 라이브를 방송했다.

카카오의 '카쇼라 뷰티 위크', '카쇼라 위크', '강추 위크'의 온라인 홍보 배너
출처: 카카오

쿠팡, SSG

- 쿠팡

'쿠팡 라이브'가 정식 명칭이다. 쿠팡의 대표 서비스인 '로켓배송' 덕분에 빠른 배송을 기대할 수 있다는 것이 다른 플랫폼과 크게 차별화되는 부분이다. 또한 쿠팡 와우 회원에게 주어지는 추가 혜택은 라이브커머스 이용자들에게도 동일하게 적용시켜 고객 유입을 극대화시킨다. 쿠팡 라이브는 종료된 라이브 영상을 지속적으로 띄워 두거나 제품 이미지에 '라이브 소개 제품'이라는 문구를 함께 달아 두는데, 이는 방송 이후 수익률도 기대할 수 있도록 한다. 라이브커머스 방송 중 수익보다 재방송을 위한 라이브를 연속적으로 계획하고 있는 것 또한 이곳만의 큰 전략이다.

추석 페스타: 추석을 맞이한 쿠팡의 프로모션 행사로, 전체 상품 카테고리에서 진행되며 라이브커머스 방송 중 주어지는

특별 혜택도 있다.

파워풀 위크: 월간 기획전으로, 가전 & 디지털 카테고리 상품을 합리적인 가격으로 판매하는 행사이다. 2025년 1월에는 쿠팡 와우 회원을 대상으로 가전, 디지털 상품과 함께 얼리버드 설 선물로 적합한 아이템들을 중심으로 진행했다.

쿠가세: '쿠팡 최대 가전디지털 세일'을 줄인말이다. 2025년 5월 7일 첫 시작을 알리며, 최대 80% 할인을 진행한다고 밝혔다. 와우회원을 위한 혜택으로 로켓배송, 내일도착, 무료배송 등을 제공한다. 또한 매일 '100원 초특가', '나이트딜', '원데이 특가', '쿠팡이츠 쿠폰' 등 새로운 이벤트도 주어진다.

쿠팡에서 진행한 '추석 페스타', '파워풀 위크', '쿠팡 최대 가전디지털'의 온라인 홍보 배너
출처: 쿠팡

- SSG

'SSG LIVE(쓱 라이브)'가 SSG닷컴의 자체 라이브커머스 채널

정식 명칭이다. '쓱 라이브'는 '쓱세일'이라는 이름으로 여러 카테고리에서 빅 프로모션을 진행하는데 '푸드 쓱세일', '뷰티 쓱세일', '리빙 쓱세일', '패션 쓱세일', '디지털 쓱세일' 등이 있다. 아래 다양한 쓱세일 제작물과 함께 쓱 라이브의 최대 행사인 쓱데이도 소개한다.

쓱세일: 식품에 집중한 '푸드 쓱세일', 이사 용품이나 인테리어 가구 등 이사 & 혼수에 집중한 '리빙 쓱세일', 여러 패션 브랜드와 함께하는 '패션 쓱세일', 전자 제품이나 가전에 집중한 '디지털 쓱세일' 등 쓱세일이라는 이름을 활용한 여러 카테고리 세일 행사를 진행한다.

쓱데이: 매년 10월 4번째 주쯤 진행하는 행사로, SSG닷컴의 가장 큰 규모인 빅 프로모션 행사이다.

SSG닷컴에서 '쓱세일'과 '쓱데이'를 활용한 온라인 홍보배너 일부
출처: SSG닷컴

Part 2.

나도 라이브커머스 쇼호스트다

쇼호스트는
어떻게 되는 거예요?

**나는
어떻게
시작하게
되었나?**

내 어릴 적 이야기로 잠깐 거슬러 올라가야겠다. 나는 어릴 때 지금처럼 카메라 앞에 서는 직업을 가지게 될 거라고 상상조차 못 했다. 카메라만 봐도 식은땀이 났으니까. 장난기 많고 밝은 성격에 호기심도 있었다. 하고 싶은 게 넘쳤으나 사람들 앞에 나서는 일은 언제나 부끄러웠고 그럴 때마다 가슴이 두근거렸다. 나 혼자 주목받는 건 싫었지만 친구들 사이에 묻혀 있으면 그나마 괜찮았다. 대학생이 되기 전까지 그랬다. 팀 대표를 자처하거나 나서서 발표하지 않았으며 자리에서 손을 들고 선생님께 질문하는 것은 괜찮았지만, 교탁 앞에서 모두의 집중을 받으며 말하는 건 버거웠다. 그랬기에 카메라는 바라만 보아도 나에게 심리적 두려움을 주는 존재였고, 무대는 언제나 근육을 경직시키게 만드는 곳이었다. 그럼에도 당시 이런저런 활동을 자주 해서 어릴 적의 나를 기억하는 이들은 의아해할지도 모르겠다. 나는 언제나 떨리는 목소리와 손을 숨기기에 급급했다. 누구도 눈치채지 못하도록. 초등학교 입학 전에는 피아노 콩쿠르 대회와 바이올린 대회에 나가 무대에 서기도 했으며, 상도 여럿 받을 만큼 무대가 무섭다고 느낀 적은 없었다. 그러나 초등학교 입학 이후부터 무대 공포증, 카메라 울렁증은 줄곧 나를 따라다녔다. 고등학교 재학 중, 밴드 동아리를 할 적에는 건반을 맡은 내게 최대한 조명이 덜 오기를 바랐고, 내 파트가 중요한 곡을 연주할 때는 긴장한 탓에 손가락이 말을 듣지 않을까 봐 초조하기도 했다. 실제로 한번은 무대에서 너무 긴장한 나머지 연주하던 도중 목에 근육 경련이 와서 곡이 끝날 때까지 제대로 목을 가누지 못했다. 참 아이러니한 이야기지만, 20대 초반에 나는 좋은 기회로 지역의 한 미인 대회에 참가하게 되었는데, 이 사건이 그동안의 내 울렁증들을 극복하기 시작한 계기가 되었다. 그럼에도 불구하고 여전히 잔존해 있던 울렁증 때문에 순간순간 용기와 극복으로 잠재워야 했다. 이후 시간이 흘러 20대 중반이 되었을 때, 내 인생에 가장 큰 전환점이 될 만한 사건이 있었다. 바로 미스코리아 경남 대회에 참가한 일이다. 나는 그 대회에서 너무 감사하게도 작은 상을 받았다. 그때를 계기로 자연스럽게 모델 활동을 이어 갈 수 있었고, 동시에 아나운서의 꿈을 가지고 방송국 입사를 목표로 공부하며 인생의 전환점을 맞이했다.

    나는 TBN경남교통방송 라디오 방송국의 캐스터로 합격한

Part 2. 나도 라이브커머스 쇼호스트다

후 매일 부산에서 창원까지 출퇴근하며 교통 캐스터와 기상 캐스터로 경력을 쌓았다. 그렇게 바쁜 20대 중반을 보내던 중, 한 사람의 도움으로 또 한 번 큰 기회를 잡게 되었다. 라디오 방송국에서 만난 나보다 3살 많은 오빠이자 직속 후배였던 동료의 조언으로 생애 첫 서울 생활을 시작할 기회를 얻었다. 국비 지원이 되는 서울의 한 기상 캐스터 학원에 인터뷰를 본 후 최종 합격 통지를 받자마자 방송국을 퇴사했다. 그렇게 곧장 서울로 달려왔고, 그것은 나의 첫 독립이자 홀로서기를 시작한 계기가 되었다. 합격 2주 만에 겁 없이 짐 싸 들고 올라온 무모한 용기는 지금의 내가 생활하는 데에 큰 발판이 되었다. 갑작스러운 타지 생활은 내 인생의 많은 부분을 변화시켰고 그 시발점이던 후배의 응원과 조언은 지금까지 내 적응의 원동력이 되어 주었다. 서울에 올라오자마자 학원을 다니며 기상 캐스터와 아나운서 시험을 준비했고, 전부터 쌓아 왔던 모델 일을 서울에서도 이어 갔다. 서울 생활에 금방 적응한 나는 3개월의 학원 수강이 끝난 이후에도 부산에 내려가지 않았다. 부모님 품을 벗어나니 돈도 어찌나 많이 들던지, 집세와 식비만으로도 나에게는 매우 부담스러운 지출이었다. 하지만 걱정할 부모님에게 염려를 끼치지 않기 위해서, 그리고 내 스스로도 즐거운 서울 생활을 하기 위해서는 더 열심히 돈을 벌어야 했다. 그래서 당장 할 수 있는 모델 활동을 통해 돈을 벌고자 서울에 있는 에이전시들에 이력서를 보냈고 섭외된 대부분의 촬영에 응했다. 그 당시에 웨딩드

레스, 화장품, 운동복, 삼성전자 CF 등 꽤 덩치 있는 섭외가 틈틈이 들어왔다. 그렇게 촬영 경험이 쌓일수록 카메라 앞에 서는 일이 익숙해졌고 울렁증도 점차 극복해 나갈 수 있었다. 자금적인 여유 또한 따라왔다. 우습게도 기상 캐스터와 아나운서 시험은 5번도 채 보지 않았으면서 촬영은 자주 나갔다. 그렇게 20대의 끝자락이 되었을 때, 나는 문득 생각했다. 지금 내가 하고 있는 일이 나에게 정말 잘 맞는 길인지, 내가 정말 잘하는 일은 무엇인지 말이다. 그 고민을 할 당시 내 나이 30살이 막 됐을 무렵이었다. 하고 싶은 것도 많고 할 것도 많았던 나에게 서울은 천국과 같았다. 내 20대의 후반을 열정으로 쏟아붓게 만들었고, 나는 그게 커리어(Career)든 쾌락이든 사랑이든 가리지 않았다. 그렇게 한참 시간을 보내다 보니 어느샌가 20대의 끝에 다다라 있었다. 30대가 되니 인생을 이대로 계속 살아도 되나 싶었다. 결국 인생의 모든 선택은 내 몫이고 거기에 단 한 번도 후회한 적 없는데 말이다. 여태 하고 싶은 것만 고집했는데, 그제야 한발 물러나 다른 이들의 객관적인 평가가 듣고 싶었다. 30살의 내가 앞으로 무엇을 하면 잘 어울릴지 가족과 가까운 지인들에게 던진 질문에 돌아온 대답은 쇼호스트였다. 나는 쇼호스트를 잘할 수 있을 거라는 자신도 없었고, 나의 재능이 쇼호스트와는 거리가 멀다고 느끼기까지 했다. 지금 생각하면 조금 생뚱맞은 결정이었을지 모르겠으나 나는 그런 의심 속에서 쇼호스트를 준비했다. 나는 쇼호스트 학원이 있는 줄도 몰랐고, 학원을 몇 군데

알아보지도 않았다. 학원이 다 비슷하겠거니 싶어 홈쇼핑에 이미 입사한 쇼호스트 친구가 알려 준 곳으로 상담받으러 간 첫날 수강을 결정했다. 그렇게 약 3개월가량 수업을 들으며 이후 같은 반 학생들과 스터디도 자주 했다.

    학원을 다니는 동안 나는 몇 차례 홈쇼핑 공채 시험에 지원했지만, 번번이 1차 자기소개 영상 테스트에서 탈락했기에 나의 쇼호스팅 실력을 뽐낼 대면 면접의 기회조차 없었다. 그러다 점점 의욕을 잃어 갈 때쯤 삼성전자 라이브커머스 쇼호스트 채용 소식을 듣게 되었고, 그로부터 약 4개월 뒤 모든 면접 과정을 거친 후에야 합격 연락을 받을 수 있었다. 그때가 학원 정규 수강이 끝난 후 무려 1년이 지난 후였다. 그것이 나의 라이브커머스 쇼호스트로서 큰 커리어를 가지게 해 준 출발점이었다. 생각해 보면 그간 경험해 왔던 모든 일들이 연결고리가 되어 쇼호스트로서 나를 빠르게 성장시키는 원동력이 되었다는 생각이 든다. 쇼호스트를 준비하고 활동하면서 많은 예비 또는 현직 쇼호스트들을 만났는데, 그들의 과거 경력을 보면 비슷한 길을 밟아 온 사람들이 별로 없었다. 배우를 꿈꾸었기에 발성과 발음 그리고 외모까지 출중한 친구도 있었고, 대학을 막 졸업한 20대 초반의 친구도 있었으며 심지어 홈쇼핑에서 1년간 일하다가 나와 학원을 다니며 다른 홈쇼핑 공채를 준비하는 친구도 있었다(나이와 관계없이 같이 준비하던 동기생들을 모두 친구라고 칭하였다). 방송과는 일절 연관 없이 살아왔던 사람이 공채 첫 지원 만에 최종 합격하는 모습도 보았고, 동기생 모두가 입을 모아 잘한다고 생각했던 친구가 매번 시험에서 떨어지는 모습도 보았다. 나도 그들 사이에서 또 다른 과거 경력을 가진 1명에 불과했다. 그러니 우리는 모두 같은 출발점에 있는 셈이다.

    쇼호스트를 하고 싶은데 뭘 대비하고 어떤 이력을 쌓아야 하나 묻는 이들이 있다. 위에서 언급했듯, 현재 라이브커머스 쇼호스트로 활동하고 있는 사람들의 경력들을 보면 매우 다양해서 정석이라고 할 만한 것이 존재하지 않는다. 다만, 쇼호스트로서 가져야 할 기본 덕목과 자세는 언제나 준비되어 있어야 한다. 나는 이전에 방송을 진행해 본 적도 있고 카메라 앞에서 촬영하는 것 또한 익숙한 사람이지만, 여전히 카메라 렌즈 앞에 서면 떨리고 많은 이들의 이목이 집중될 때 긴장된다. 이 말을 하는 이유는 이 책을 읽는 독자들도 도전을 아낌없이 시도하고 각자의 울렁증을 극복했으면 하는 바람 때문이다. 모델 촬영 중에 심장이 떨려 숨도 제대로 못 쉬고 광대가 부들거려 자연스레 웃지도 못했으며 손끝이 새파랗게 질려 차가운 냉동 인간처럼 손가락이 저렸던 게 한두 번의 일이 아니다. 그랬던 내가 수많은 경험 끝에 카메라 앞에 서는 것이 마냥 두렵지만은 않게 되었고, 생방송을 진행할 때 두근거리는 마음을 진정시키려 가슴을 토닥이는 횟수도 줄어들었다. 나에겐 여전히 무대 공포증과 카메라 울렁증이 존재한다. 하지만 언젠가 그것 또한 아무렇지 않을 날이 올 거라고 믿는다. 그러니 여러분이 지금 겪고 있는 어떠한 형태의 울렁증이라도 스스로가 이겨 내고 싶다면 순간의 부끄러움과 수치심이 가져올 심리적 공포를 주저하지 말자.

쇼호스트 준비, 학원만이 정답인가요?

소비자들의 모바일 매체를 활용한 제품 구매 이용량이 활발해지면서 여러 브랜드가 앞다투어 라이브커머스 방송에 뛰어들었다. 그 시작에는 전문적인 라이브커머스 쇼호스트가 있었다기보다 TV 홈쇼핑 쇼호스트가 모바일 라이브커머스를 같이 진행하거나 홈쇼핑 쇼호스트 준비생들이 자연스럽게 모바일 라이브커머스 방송을 하는 흐름이 되었다. 나 또한 라이브커머스 쇼호스트를 해야겠다고 다짐한 적은 없었고 내가 학원을 등록할 때도 홈쇼핑 회사 입사를 염두에 두고 공부했으니 말이다. 그래서 지금으로부터 5년 전인 2020년, 내가 학원에 다닐 당시만 해도 라이브커머스 쇼호스트에 대한 정보가 많지 않았다. 라이브커머스 쇼호스트라는 단어가 생소할 정도로 꿈꾸는 사람이 드물었고, 쇼호스트라고 하면 홈쇼핑 쇼호스트만 생각하지 라이브커머스 쇼호스트를 떠올리는 사람은 없었다. 그래서 라이브커머스 쇼호스트에 대한 정보가 부족함은 당연했다. 아마도 라이브커머스 방송은 홈쇼핑 쇼호스트가 되기 위한 연습 또는 수입을 위한 수단 정도로만 여겨졌던 듯하다.

내가 학원을 다닐 당시 수강생 중에도 라이브커머스 활동 경험이 있는 사람들이 몇몇 있었는데, 그들 또한 소위 말하는

'인맥을 쌓기 위한 길' 또는 '정보를 얻을 유일한 수단'으로 학원을 택했다고 했다. 학원은 방송 경험이 없는 사람들에게 좋은 학습의 기회를 제공해 주고 주변으로부터 정보 얻기가 막막한 사람들을 위해 빠르게 자료를 건네주기도 했다. 나 또한 놓치기 쉬운 여러 홈쇼핑사 공채 소식을 발 빠르게 들었고, 그로 인해 이력서 제출 시기를 제시간에 맞출 수 있었다. 나 또한 학원의 도움을 받은 수강생 중 1명으로서 학원의 장점을 적극 이용했다.

반가운 소식은 정보가 거의 없었던 5년 전과 비교해 지금은 라이브커머스 쇼호스트로 활동하는 사람이 굉장히 많아졌고, 그 수만큼이나 정보의 양도 무궁무진해졌다. 그래서 섭외나 준비 과정을 찾아볼 경로가 매우 많다는 점이다.

쉽게 말해, 쇼호스트 준비를 위한 옵션은 크게 2가지다. 첫 번째는 인터넷에 깔린 방대한 정보를 이용해 부지런히 정보를 수집하는 것이고 두 번째는 비용을 지불하여 정보 습득의 방법을 편리하게 얻어 내는 방법인데 이는 학원의 도움을 받는 것이다.

첫 번째 방법은 조금 귀찮더라도 준비 비용을 현저하게 줄일 수 있다. 내가 학원에 등록할 당시 지불한 학원비는 약 300만 원 가까이 되었는데(이는 5년 전으로 현재와 금액이 다를 수 있으며 학원마다도 비용이 상이할 수 있다), 그 비용은 대수롭지 않게 낼 금액이 결코 아니었다. 그러니 큰 부담이 되는 학원 비용이 쇼호스트 준비에 장벽이 된다면, 발품을 팔자. 조금만 더 부지런히 움직이면 된다. 쇼호스트 지망생들이 모여 각자의 정보를 공유하고 서로의 프레젠테이션을 피드백해 주는 스터디 모임도 쉽게 찾아볼 수 있는데, 모집원을 구하는 경로가 많아 조금만 검색해도 스터디에 참여할 기회는 많다. 넘쳐 나는 정보화의 시대에 인터넷을 적극 활용하면 얻을 수 있는 정보가 많다는 걸 꼭 인지하면 좋겠다. 나는 실제로 약 2년 전 삼성전자 라이브커머스 쇼호스트로 활동하던 중에 본인을 쇼호스트 지망생이라고 소개한 누군가로부터 SNS 메시지를 받은 적이 있다. 그녀는 라이브커머스 쇼호스트가 되고 싶은데 방법을 몰라 메시지를 했고, 적극적이고 열정 가득한 질문에 내가 알고 있던 정보와 실제 입사 배경과 과정을 아주 자세하게 공유해 주었다. 실제로 얼굴을 본 적도 없고 2년이 지난 지금 그분이 쇼호스트가 되었는지 다른 일을 찾았는지 알 수도 없지만, 나는 지금도 가끔 떠오르는 기억에 그녀를 진심으로 응원한다. 그 이후에도 나는 지인의 지인을 통해 연락처를 받았다며 쇼호스트에 대한 정보를 물어보거나 방송을 보고 SNS를 찾았다며 메시지로 채용에 관한 질문을 해 온 사람이 여러 명 있었다. 그렇기에 학원만이 정답은 아니라고 꼭 전하고 싶다.

아래는 내가 인터넷 검색을 활용하여 섭외 제안을 받은 방법을 공유한다. 우선 첫 단계로 라이브커머스 제작사들의 공식 메일과 섭외 담당자의 이메일을 전부 수집했다. 인터넷 검색창에 '라이브커머스 제작사'라고 검색만 해도 현재 라이브커머스 방송을 진행 중인 제작사의 이름을 발견할 수 있는데, 홈페이지나 관련 글들을 통해 메일을 찾아내어 프로필을 보냈다. 또한 '라이브커머스 쇼호스트', '라이브커머스 섭외', '쇼호스트 섭외' 등을 검색해 나온 글을 찾아 기재된 연락처로 프로필을 전달했고 이 과정을 꾸준히 반복하며 새로운 제작사나 브랜드들의 섭외 요청을 받아 방송을 진행할 수 있었다.

준비 과정의 선택은 준비생의 몫이지만 먼저 넘쳐 나는 인터넷 자료들을 잘 활용한다면 얻을 수 있는 유익한 정보가 많으니 다양하게 검색해 준비를 시작해 보길 적극 권장한다. 그 소소한 검색이 라이브커머스 쇼호스트로서의 시작에 큰 밑거름이 될 수 있다.

노트북의 '노' 자도 몰랐던 내가 전문가가 되기까지

내가 삼성전자 쇼호스트로 입사했을 당시, 노트북의 '노' 자도 잘 모르는 전자 제품 문외한이었다. 노트북이 필요하면 친구 중에 기계를 좀 잘 다루던 누군가가 추천하는 제품을 망설임 없이 구매했고, 디자인이 마음에 들면 스펙을 꼼꼼하게 따져 보지도 않고 샀다. 누군가 그게 좋다고 하면 그저 좋은가 보다 했다. 그때는 누가 알려 줘도 잘 모르니, 질문할 생각도 못 했고 알아보려고 시도조차 하지 않았다. 그 정도로 테크나 전자 분야에서는 아무런 지식이 없던 나였기에 삼성전자 라이브커머스 쇼호스트 합격 소식을 들었을 때 기쁜 마음 뒤에는 한편으로 걱정도 가득했다. 삼성전자의 여러 제품들 중에서도 나에게 가장 어렵게 느껴졌던 것은 노트북과 휴대폰이었다. 가장 일상적이지만 내가 가장 지식의 폭이 좁은 제품이 바로 그 2가지였다. 삼성 노트북을 방송하는 TV 홈쇼핑 채널을 찾아 습관적으로 틀어 두었고, 예능과 영화 소개 영상들로 가득했던 나의 유튜브 알고리즘(Algorithm)은 테크 리뷰 영상들로 도배되었다. 머릿속에 갑작스럽게 입력되는 수많은 정보는 나를 헷갈리게만 했고 어려운 용어들이 무엇을 뜻하는지 이해하지 못해 답답했다. 그렇게 시간이 흘렀지만 나는 여전히 전자 제품 '왕초보' 상태로 입사했다.

교육 기간 동안 내 인생에서 노트북과 휴대폰을 그렇게 유심히 들여다본 건 그때가 처음이었다. 심지어 램(Ram)은 또 뭐고 SSD와 HDD는 무슨 차이인지 도통 알아들을 수 없는 용어들만 가득했다. 내가 가장 먼저 선택한 공부법은 아주 기본적이고 기초적인 방법이었다. 인터넷에 모르는 용어를 모두 검색하는 것이었는데, 단어를 검색하면 그것을 설명하는 말 안에 또 모르는 단어와 이해할 수 없는 설명이 끊임없이 나왔다. 나는 검색하고 또 검색했다. 모르는 단어가 하나도 존재하지 않을 때까지 질리도록 검색했다. 처음 보는 외국어를 공부하는 기분이었고 한 번에 이해하는 게 전무했다. 살면서 본 적도, 들은 적도 없는 영화 〈아바타〉 현실판 미지의 세계에 혼자 떨어진 기분이었다. 완벽하게 이해되는 게 없어 매일 회사 책상 앞에 앉아 모르는 용어를 정리하고 해당 용어의 역할, 숫자 크기의 의미 등 기초의 기초부터 알아 갔다. 인터넷으로 찾아보아도 어려운 내용이나 헷갈리는 말들은 정리해 두었다가 다른 직원들에게 물어보며 답을 알아냈다. 그렇게 시간이 지나 제품 상세 설명서를 보고 다른 누구에게 막힘없이 모든 용어와 표현을 설명할 수 있을 정도로 정리가 잘 되었다. 용어의 이해뿐만 아니라 내가 스스로 노트북 뒷면을 분해해 SSD를 교체하고 업그레이드할 정도가 되어서야 드디어 자신감이 생겼다.

여기에서 한 단계 더 나아가 좀 더 고차원적인 정보 습득이 필요했다. '영상 편집을 전문적으로 하려고 하는데, CPU나 메모리 몇 이상이 적당할까요?', '노트북 좀 더 빠른 것으로 바꾸려는데 칩셋이나 램 중 뭘 더 중요하게 보는 게 좋을까요?' 등 시청자들의 생활과 접목한 것들이었는데, 이는 내 기준에 단순한 제품 용어의 이해보다 더 고차원적으로 느껴졌기 때문이다.

이에 대한 해답을 찾기 위해 IT나 전자 기기, 컴퓨터와 관련한 정보를 주고받는 커뮤니티 사이트를 찾아 사용자들의 질문과 답변을 모았다. 그 질문들은 매우 실제적이고 세밀한 부분을 담고 있었으며 사소한 부분까지 구체적이고 직접적이었다. 그래서 나에게는 기기를 좀 더 깊이 이해하는 데에 아주 유익한 자료실이 되어 주었다. 비슷한 방법으로, 제품 판매 사이트에 달리는 구매자들의 상품평이나 Q&A를 최대한 많이 찾아보았고 이 또한 알고 있던 지식을 더욱더 탄탄하게 만들어 주는 좋은 자료가 되었다.

Part 2. 나도 라이브커머스 쇼호스트다

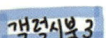 갤럭시북3

GALAXY BOOK3
GALAXY BOOK3 / GALAXY BOOK 3 PRO
GALAXY BOOK 3 PRO 360 / GALAXY BOOK 3 ULTRA

갤럭시북2

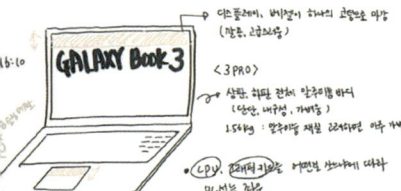

- 더욱 풍성해, 비행기 하나의 고급진 이미지
  (갤럭시, 그라파이트)

< 3 PRO >
- 상단, 하단 전체 알루미늄 바디
  (디자인, 내구성, 가벼움)
- 1.56kg : 휴대하며 쓰일 22인치 이하 가벼워짐

- LPX, 캐패시터의 낮추어 생산에 따라
  PL모델 차용

- 13세대 i5/i7 프로세서
   Iris Xe 내장그래픽

"IT 전문가가 올해 가장 좋아하는 노트북" 선정 (2022.11.24)
- ✓ 갤럭시북2 프로 360 > 맥북프로 13인치, 맥북에어 M2 9 정호한의 열 이끄는 시선집중
  ✓ 가벼움과 강력한 보안 中 1. 여전히 뛰어나다. 없으며 벚꽃 뒤꽃 어지러워..

"수리비용 미지급 등 A/S 불만, 해외브랜드 노트북 피해 국내 2배"
- 제품불량 (흡집, 다른물품) 피해자 지장 中
  종합분석관 여호 수리시 과다 청구 등 (A/S 불만) 2위.

  (M)AW : A/S 설치하지, 서비스센터 접근성 문제 등 → A/S 왱구 불충分 !
  but : SAMSUNG) 2022년 고객만족도 34위 (GCGE) 18년 연속 (1위)
  8AM ~ 12AM 채팅상담, 원격상담 * (6배의 이유로)

[방금 中 사면]
- 듀얼슬롯 NVMe SSD 내장 → 확장가능
- AKG 튜닝 이어피스 스피커 4개
- 배터리 16시간 갈 19시간
- '멀티컨트롤' → 탭, 폰으로 마우스 사용可
- '퀵쉐어' → 기가간 파일 공유 쓰는 사면
- '세컨드스크린' → PC & 태블릿 듀얼연결, 듀얼모니

Galaxy Watch 5

Watch 5   Watch 5 Pro
                 ⊕ GPX. 트레킹, 전문 스포츠 (예비군 교려시)

게속적은 생각 강함
(센서 + 검색의 문을 추천하는 사용 타깃!!)
테블릿 中 전문가용 비싼게 DO시점 가격하고. (Hut 당당한 모바 유지 가능 ↓↓)
 → 상념호 고객님은 더 좋아나야.

(A/S도 포함!!)
M/S부 최장점 "전문 기기만은 분은 진화로" 추 여주 논문서 검증 (2022. 11.23)
- 일반기기 대비를 추정하는점(CP×A), 생태공이 전등 활동전림 (B/A) 로 측정되게 결과 있음.
- 메추상 (허리통증, 치부통, 우철통증, 견통통. 채권통통 후 9가지) 훨씬 낮음음증.
- 미관눈의 감소, 예방 good.
  (사용자가 실험은 위 60% 사용자손 스스로 된다 이유 여주

Bespoke 김치냉장고 (키친핏)

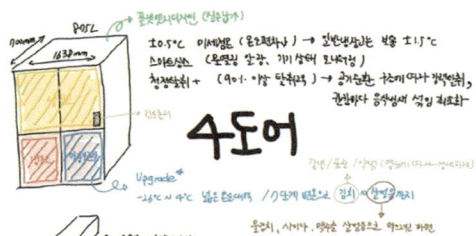

4도어

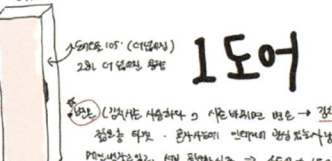

1도어

- 메탈쿨링
- 오토프로즌
- 인어(냉동시스템)

입사 후 제품 공부를 위해 직접 그리고 메모한 내용 중 일부

유튜브로도 도움을 많이 받았다. 테크 유튜버들의 제품 설명 영상은 쉽게 찾아볼 수 있었는데, 우리나라 유튜버들뿐 아니라 해외 유튜버들의 영상까지 폭넓게 시청했다. 특정 제품을 직접 검색하거나 관련 영상을 이어 보며 틈틈이 공부하기에 좋았다.

마지막은 내가 직접 제품의 정보를 글로 써 보는 것이다. 이 방법은 머릿속에 잘 정리된 자료들이 금방 잊히지 않도록 다시 한번 꺼내어 확인하는 작업과도 같았다. 내가 직접 쓴 자료는 나중에 비슷한 방송을 또 진행할 때 다시 꺼내어 보기 편리했다.

나는 회사에서 나를 채용했다는 것을 후회하지 않게 만들고 싶었다. 그러한 노력 끝에 나는 지금 전자 제품 분야에서 누구보다도 밀도 있고 확실한 경력을 가진 쇼호스트로 재탄생했다. 예전에는 노트북 하나를 사더라도 누군가의 도움이 꼭 필요했는데, 지금은 그 반대다. 내 주변 누구든 전자 기기를 구매하기 전에 나를 찾는다. 제품의 사양을 질문하고 구체적으로 추천을 요청하면 나는 짜릿함을 느낀다. 나는 어떠한 상황과 예시를 들어 질문해도 누군가의 입장에 딱 맞는 제품을 아주 자세하게 설명하고 추천해 줄 수 있는 수준이 되었다. 삼성전자에 입사한 그 한 달의 답답했던 순간들을 나는 여전히 기억한다. 그 시절이 언제 있었느냐는 듯이 지금의 나는 전자 기기가 어렵거나 무섭지 않다. 전자 제품이라곤 문외한이었던 내가 테이블에 앉아 공부하면서 얻은 지식도 많지만, 실제로 방송을 진행하면서 업그레이드된 지식의 양도 대단히 많다.

Part 2. 나도 라이브커머스 쇼호스트다

촬영 후 내가 진행한 방송을 모니터링하면서 그때 생긴 궁금증에 대해 다시 골몰했고, 시청자들이 남긴 질문 중 헷갈렸던 정보를 다시 한번 확실하게 되뇌니 지식은 모래에 물을 부은 듯 단단하게 남았다. 사용해 보지 못한 제품군이 있어서 두렵거나 접해 보지 못한 제품이 있더라도 괜찮다. 지금부터 알아 가면 된다. 시작이 반이라는 말이 있지만, 이 단락에서만큼은 그 말을 하지 않겠다. 어설프게 시도하려는 '꼼수' 방식은 통하지 않는다. 꼬리에 꼬리를 무는 궁금증마저 남기지 않도록 제대로 공부해야 한다. 나 또한 애매한 지식으로 방송했던 부끄러운 상황이 한두 번이 아니니 말이다. 그때를 상기하면 아직도 얼굴이 붉어진다. 새로운 제품군이나 한 번도 방송하지 않았던 상품을 들여다보는 게 막막하다면 이전 방송들을 보며 참고하는 것도 추천한다. 나보다 먼저 공부한 그들의 멘트에 정보가 있고, 시청자들의 질문에 해답이 있다. 모른다고 걱정하지 마라. 공부하면 된다.

삼성전자 라이브 커머스 쇼호스트 채용 과정

내가 속했던 라이브커머스 팀(정확한 명칭으로는 '온라인 마케팅 그룹'의 'IMC' 파트로, 현재는 그룹명이 'E커머스 혁신 그룹'으로 바뀌었다)은 내가 입사하기 불과 몇 달 전 새롭게 꾸려진 팀이었고, 그 덕분에 내가 그곳의 1기 라이브커머스 쇼호스트로 채용될 수 있었다. 일반 직무와 다르기에 그 당시 나 또한 채용 과정이 매우 궁금했다. 1차는 어디에서나 그렇듯 서류 면접이었다. 일반적인 이력서 양식에 경력과 사진을 넣어 제출하는 게 아닌, 나의 방송 이력과 이전 경력을 자유롭게 나열한 개인 프로필 파일을 메일로 첨부하여 섭외 담당자에게 보내는 식이었다. 나는 기존 제작사에 꾸준히 보낸 프로필 파일을 준비했다. 다양한 각도로 촬영한 여러 장의 프로필과 이전 방송 화면을 캡처한 자료 사진을 짧은 설명과 함께 나열해 두었는데, 이는 나의 이미지를 다양하게 볼 수 있는 자료로 활용되었다. 그와 함께 사진 없이 경력을 글로만 나열한 PPT 파일도 추가로 첨부하여 총 2가지 파일을 1차 서류 면접용으로 제출했다. 2차 면접은 카메라 테스트였다. 아나운서, 기상 캐스터 등 방송 관련직은 대부분 카메라 테스트가 존재하는데, 삼성전자 라이브커머스 쇼호스트도 예외는 아니었다. 내가 면접 봤던 2021년은 코로나19가 심각할 때였는데, 모임 인원 제한 등의 정부 규제로 면접 또한 최소한으로 진행되던 때였다. 2차 카메라 테스트를 보러 갔을 때 나는 다른 지원자들과 마주치는 일조차 없었는데, 각 면접자가 전혀 겹치지 않도록 앉아서 대기하는 인원이 없게 면접 시간을 멀리 떨어뜨려 놓은 탓이었다.

Part 2. 나도 라이브커머스 쇼호스트다

심지어 면접도 화상으로 이루어졌다. 면접장에는 1명의 담당자가 나를 안내해 주었고, 5명의 면접관은 다른 공간에서 화면을 통해 나를 관찰했다. 그래서 나와 면접관들 즉, 직원분들과 상사들은 입사 첫날 처음으로 서로의 실물을 볼 수 있었다(코로나19 종식 이후 진행한 라이브커머스 쇼호스트 면접의 모든 과정은 대면으로 이루어졌다). 카메라 테스트는 삼성전자의 제품을 면접관들 앞에서 PT(Presentation)하는 방식이었다. 내가 PT할 제품은 무선 청소기였다. 면접장 중앙에 세팅된 무선 청소기 옆에 면접관들의 모습이 보이는 큰 모니터 하나가 눈에 띄었다. 나는 담당자가 쥐어 주는 마이크를 건네받아 착용한 후 모니터 속 면접관들과 인사했다. 그리고 몇 가지 사항을 전달받은 후 준비가 되면 시작하라는 말에 제품을 핸들링하며 입을 열었다. 라이브커머스 쇼호스트를 채용하는 면접답게 모니터에 면접관들이 남겨 주는 댓글이 보였고, 아이디와 댓글을 읽으며 실제 방송하는 기분으로 PT를 진행했다. 길지는 않았지만, 면접관들은 나의 PT를 보며 무언가를 메모했고 내 PT가 마무리될 때까지 기다려 주었다. 이후 PT 관련 질문과 1차에서 제출했던 프로필을 보며 질의응답의 시간을 가졌고, 그렇게 2차 면접이 끝났다. 여기에 작은 비하인드 스토리가 있다. 면접장에서 나를 유일하게 마주했던 담당자가 현장에서 나의 태도나 느낌을 면접관들에게 전달했다는 것을 나중에 알게 되었는데, 그것이 내 합격에 어떠한 영향을 미쳤을지는 그 누구도 모른다. 중요한 것은 회사에 들어가는 순간부터 마주하는 모든 이가 면접관이라고 생각하자는 것이다. 나는 기억도 나지 않는 작은 행동이 나를 어느 멋진 곳으로 데려다줄지 누가 감히 상상이나 할 수 있을까. 이후 3차 면접인 인적성 검사는 집에서 화상으로 진행됐다. 아마도 코로나19가 이유겠다. 3차 면접은 채용 담당자의 설명 아래 주어진 시간 내에 화면으로 문제를 푸는 방식이었는데, 말 그대로 인성과 직무 적합성을 알아보는 단계이므로 정답은 없었다. 그 2가지 검사에서 나의 인성이나 적성 점수가 몇 점이 나왔는지 알 수 없다. 인적성 검사가 끝나고 몇 시간 후 4차 임원 면접이 바로 이루어졌다. 이 또한 화상 면접이었다. 그 당시 라이브커머스 팀의 팀장님이 면접관으로 참여했으며 게임으로 비교하자면 끝판왕인 셈이었다. 나의 프로필을 이리저리 확인한 뒤 질문했다. 편안한 분위기를 만들어 준 면접관 덕분에 나 또한 대화하는 느낌으로 임했고, 나의 개인적인 의견을 물으면 솔직하게 답했다. 쇼호스트 직무 채용 면접이라 그런지 나의 이전 방송 경력과 관련된 질의가 주였는데, 고민하거나 기억을 더듬어야 했던 부분도 있었다. '전자 제품 방송 경험이 있는데, 해당 브랜드에서 잘하는 라이브커머스 방송 전략은 무엇이라고 생각하는가?'와 같은 것이다. 직무 이외에도 대학교 편입이 아닌 자퇴 후 재입학의 이유나 나의 성격에 대한 지인들의 평가, 이전 경력에 대한 궁금증을 표하기도 했다. 약 30분간의 임원 면접을 끝으로 중요한 테스트는 모두 마무리되었다. 이제 남은 마지막 5차 면접은 건강 검진이었으므로 그리

부담 가지지 않아도 되었다. 5차까지 모든 단계가 끝나고 추가 과정이 하나 더 남아 있었는데, 그건 바로 '평판 조회'였다. 레퍼런스 체크(Reference Check)라고도 하는 이 과정은 전/현 직장 또는 대학교/대학원 동료 또는 선후배 혹은 지도 교수 등 주변 지인 중 3명을 선정하여 나에 대한 평판을 조회하는 일이었다. 제출해야 하는 연락처는 총 5개였다. 내가 캐스터로 활동할 당시 라디오 방송국 국장님을 포함해 5명의 전화번호를 기재했고, 명단 속 모두에게 연락해 소식을 전했다. 그 과정은 나의 과거와 지난 삶을 잠시나마 돌아보게 했다. 앞으로 주변인들에게 더 잘하고 착하게 살아갈 것을 다짐하게 하기 위한 고도의 전략은 아닐지. 어쨌든 그렇게 약 4개월간 총 5단계의 길고 긴 입사 면접이 모두 끝난 후에야 최종 합격을 통보받을 수 있었다. 그때 주체할 수 없던 감격이 아직도 생생하다. '삼성에 다닌다고? 내가?'

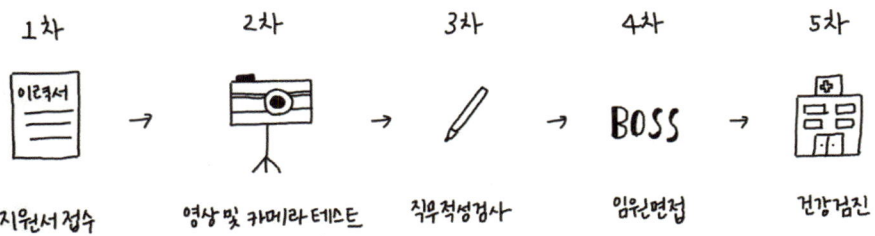

내가 실제로 진행했던 삼성전자 온라인 마케팅 그룹 라이브커머스 쇼호스트 입사 전형, 2021년

사투리 써도 괜찮나요?

나는 26년간 부산에서 태어나고 자란 부산 토박이였다. 부산에 사는 동안 서울말을 익혔으니 제대로 고쳐질 리가 있나. 드라마를 보면서 주인공들의 대사를 어설프게 따라 했고, 사투리의 높낮이를 없애기 위해 아나운서처럼 말하는 연습도 했다. 캐스터로 라디오 방송국에서 일하는 동안 서울말을 어느 정도 구사했지만, 집으로 돌아가면 나의 표준어 습득 능력이 다시 현저히 떨어졌다. 일하는 데에는 크게 문제가 되지 않았지만, 방송국 피디님과 작가님들은 중간중간 튀어나오는 사투리 덕분에 내가 부산 사람이라는 것을 단번에 알아챘다. 좀 더 완벽해야 했다. 굳이 그럴 필요가 있나 싶지만 지금 생각해 보면 장애물을 없애고 싶었던 듯하다. 말투 때문에 내가 섭외 대상에서 제외된다면 얼마나 억울할까. "혁빈아, 나 부탁이 하나 있는데…." 나는 대뜸 서울 태생인 친한 동생에게 연락해 전화 영어 회화 공부처럼 전화 서울말 공부를 부탁했다. 매일 그날 있었던 일을 수다 떨듯 이야기하면서 내 말투에 어색한 부분이 있으면 고쳐 달라고. 그리고 그 방법은 정말 도움이 많이 됐다. 나는 아직도 내 당황스러운 부탁을 흔쾌히 들어준 그 동생에게 고맙다. 표준어는 방송인에게 필수적인 요소다. 특히나 수많은 관중을 대상으로 내용을 전달하는 직업이 꿈이라면 표준어 구사는 불가피하다. 꼭 사투리를 고쳐야 하냐고 묻는다면 나는 사투리로 방송해도 괜찮다고 하는 방송만 골라서 할 자신이 있냐고 반문하고 싶다. 경쟁자들과 실력을 겨루어 이길 시간도 없는데 나는 신발 끈이

풀린 채 그들과 나란히 출발선에 서는 꼴이다. 이 책을 읽는 여러분은 호불호가 나뉘는 사람이 되지 말고, 언제든지 거리낌 없이 섭외될 수 있는 쇼호스트가 되길 바란다.

쇼호스트는 예뻐야 해요?

누군가 나에게 SNS로 메시지를 보내온 적이 있다. '제가 예쁘지는 않은데요, 쇼호스트는 하고 싶은데 할 수 있을까요?' 그 메시지를 보자마자 의문이 들었다. 당신이 예쁘지 않은 걸 누가 정의했을까?

여러 홈쇼핑사나 수많은 브랜드는 각 채널이나 회사의 이미지와 잘 어울리고 그들이 원하는 분위기나 느낌을 잘 표현할 수 있는 쇼호스트를 선호한다. 자신들의 제품을 들고 소개하는 사람이니 쇼호스트의 이미지를 중요하게 여기는 건 어쩌면 아주 당연한 얘기다. 다른 말로 표현하면 쇼호스트의 세계에서는 이미지 싸움이 아주아주 중요하다는 뜻이다. 여기서 말하는 이미지는 외모뿐만이 아니라 말투와 행동에 더해져 풍기는 그 사람의 전체적인 아우라(Aura)다. 나는 현재는 라이브커머스 쇼호스트로 활동 중이나 TV 프로그램 방송의 진행자이기도 했었고, 외부 행사의 사회자이기도 했다. 일할 때마다 매 상황에 어울리는 의상과 그에 맞는 메이크업 스타일을 항상 고민했고, 각 장소나 활동 환경에 따라 자세나 말투 또한 다르게 하려 애썼다. 내가 만약 태블릿 앞에 앉아 이 책을 쓰고 있는 지금의 모습 그대로 부스스한 머리에 화장기 없는 얼굴로 방송한다는 건 상상할 수도 없다. 나는 5년 전 여러 관객 앞에서 사회를 보던 그때에도, 라이브커머스 쇼호스트로 모바일 너머의 수많은 시청자를 마주하는 현재도, 매 상황에 가장 적절한 모습을 위해 열심히 나를 꾸민다. 그것도 온 힘을 다해서. 나의 가족이자 34년 동안 끊임없이 내 최고와 최악의 모습을 마주하고 있는 나의 오빠. 그는 지금도 여전히 방송에서의 화려한 내 모습과 이틀간 씻지 않고 두꺼운 안경 때문에 작아진 눈, 꾀죄죄한 몰골의 나를 번갈아 보며 그들이 동일 인물임에 신기해하곤 한다. 가끔은 "어떻게 네가 방송을 하지?"라고 말하기도 한다.

TV 광고에서 브랜드가 광고 모델을 쓸 때 브랜드가 추구하는 분위기와 가장 잘 어울리는 모델을 섭외하고, 그 모델을 보면서 시청자는 모델이 풍기는 분위기로 해당 브랜드를 기억한다. 정확히 말하면 기억되는 것이다. 커피 브랜드 KANU(카누)를 생각하면 가장 먼저 배우 공유가 떠오르고, 학습지 광고하면 국민 MC 유재석이 떠오르며 공인 중개사 에듀윌 광고를 생각하면 개그맨 서경석이 떠오르는 연유가 브랜드 이미지와 연관이 깊다는 증거이기도 하다.

쇼호스트가 스스로를 잘 가꾸고 꾸며야 하는 이유를 위에서 찾을 수 있다. 브랜드는 방송에서 자사 제품을 소개하고 판매하는 사람이 회사의 이미지가 된다고 생각하기 때문에 추구하는 분위기의 사람을 선호하게 되고, 이는 브랜드와 이미지가 잘 어울리는 대상의 섭외로 이어진다. 그러니 만약 당신이 쇼호스트를 준비하고 있거나 다른 브랜드의 섭외를 기대하고 있다면 조금 더 똑똑하게 준비하기를 바란다. '이미지 메이킹'이라는 단어가 있듯이, 이미지는 변화하고 달라질 수 있다. 아주 간단한 노력만으로도 분위기를 바꿀 수 있는데, 미소가 될 수도 있고 헤어스타일의 변화가 될 수도 있다. 표정을 달리하는 것만으로도 사람의 이미지는 크게 변한다. 미소가 예쁜 사람이라면 많이 웃고, 웃음소리가 듣기 좋다는 얘기를 많이 듣는다면 더 많이 들려주어라. 손이 예쁜 사람이라면 손을 자주 보여 주고 어깨선이 예쁘다면 어깨가 드러나는 옷을 입어 보자. 장점을 최대한 부각해 나의 이미지를 더 긍정적으로 만드는 것이다. 반대로 콤플렉스가 있다면? 아랫니가 많이 보여 고민이라면 덜 보이게 웃는 방법을 연습하고 카메라 응시가 힘들다면 한곳을 오랫동안 응시하는 습관을 길러라. 웃는 것도 목소리도 연습하면 달라질 수 있다. 나는 이전에 스피치 학원 강사로 일한 적 있는데, 여러 학생을 가르치며 직접 경험했다. 물론 시간은 더딜 수 있으나 분명 효과가 있다. 목소리가 아이 같은 사람도, 말이 너무 빠른 사람도, 잦게 흔들리는 눈동자로 인해 불안해 보인다는 사람도. 그렇게 점점 나아지는 모습을 보며 그들도 나도 희망을 얻었다. 그들을 보면서 오히려 외모를 가꾸는 일이 더 쉽게 느껴지기도 했다. 자신의 옷 스타일이 마음에 들지 않는다면 매장 마네킹이 입은 옷을 그대로 사서 입어 보고, 손이 예쁘지 않다면 네일 아트를 받아서 시선을 분산시켜 보자. 피부가 좋지 않다면 매일 밤 마스크 팩을 해 보거나 음식을 조절해도 좋다. 그것도 아니라면 커버력 좋은 화장품을 찾아 화장법을 터득하기라도 하자. 방법은 많다. "쇼호스트는 꼭 예뻐야 해요?"라는 질문에 여전히 고개가 갸우뚱거려진다는 당신에게 나는 꼭 이 말을 해 주고 싶다. 더 나은 나는 분명히 있다고. 지금보다 더 나은 나의 모습을 찾기 위한 노력을 멈추지 말라고 말이다. 같은 '나'이더라도 다양한 내 모습은 언제나 존재한다. 나는 카메라 화면에 나오는 내가 조금이라도 더 멋져 보일 수 있도록 언제나 새로운 시도를 한다. 메이크업에 변화를 주기도, 평소에 입지 않던 스타일의 옷을 입기도, 시도해 보지 않았던 헤어스타일도 도전한다. 생각하지 못했던 스타일이 당신에게 잘 어울릴지도 모른다. 지금의 스타일이 본인 최선의 모습이 아닐 수도 있다. 나의 스타일에 스스로 제한을 두지 말고 더 멋진 당신을 발견해 다채로운 스타일을 찾아라.

결국 외적인 모습은 매우 중요하다. 이는 외모뿐만 아니라 목소리, 말투, 표정, 눈빛 전부가 포함된다. 태생적인 얼굴의 골격과 눈, 코, 입의 위치와 신체의 길이를 바꾸기는 힘들다. 그러나 표정과 말투, 옷 스타일과 화장법 등 노력하여 바꿀 수 있는 부분은 생각보다 많다. 그러니 이미 가지고 태어난 외모에 너무 집착하지 말자. 좀 더 구체적인 내용은 다음 장 〈방송인으로서 갖추어야 하는 기본기〉 중 '외모 가꾸기'에서 이야기하겠다.

방송인으로서
갖추어야 하는 기본기

**목소리,
발음, 발성
그리고
호흡과 감정**

목소리와 발음, 발성은 쇼호스트에게 특히나 더 크게 요구되는 아주 기본적인 요소이며 매우 중요한 주제다. 아나운서만큼의 정확성이 요구되는 것은 아니지만, 방송인으로서 갖추어야 하는 기본이 무엇이냐고 묻는다면 빠지지 않는 주제이다. 그러나 이 분야에 관한 전문 서적이나 영상은 주변에서 흔히 찾아볼 수 있어 이 책에서 특히 부각해 다루지는 않았다. 다만, 이와 관련된 나의 경험에 호흡과 감정을 더한 이야기를 해 보려 한다.

나는 이 책을 보고 있는 독자들에게 쇼호스트를 준비하는 사람이 아니더라도 발음과 목소리를 가꾸는 데에는 시간을 아끼지 말라고 말하고 싶다. 인생을 살면서 참 많은 순간을 마주하는데, 목소리가 좋지 않아서 또는 발음이 명확하지 않아서 나에게 실이 되는 상황은 딱히 없을지 모른다. 그럼에도 목소리나 발음이 좋아서 나에게 오는 긍정적인 영향과 효과는 꽤 크다.

타인에게 호감을 주거나 신뢰를 줄 수 있는 수단으로 항상 거론되는 것. 바로 목소리다. 특히나 제품을 소개하고 판매하는 쇼호스트라면 언제나 신경 쓰는 부분이기도 하다. 아주 간단한 예를 들어 보자. 1시간 동안 끊임없이 말하는 쇼호스트의 목소리가 듣기 불편하거나 발음이 좋지 않아 이해가 어렵다면? 정보 전달에 오류가 생길 수도 있으며 불편함으로 인해 방송을 이탈하고 싶은 순간이 올 테다. 이러한 기본적인 문제만큼은 피해야 한다. 반대로 목소리를 더 듣고 싶게 만들어야 하고 어떠한 요소라도 방송을 시청하는 데에 불편함을 느끼지 못하게 해야 한다는 의미이다. 학교나 회사 또는 행사장에서 발표자의 목소리 덕분에 좀 더 집중했던 적은 없는가? 스쳐 지나가는 수많은 사람 속에서 매력적인 목소리에 자동 반사적으로 고개가 돌아갔던 경험은 없는가? TV 속 연예인의 음성에 매료되어 그 배우를 좋아하게 된 적은? 여러분의 지금 목소리는 어떤가. 바꾸고 싶다고 생각해 본 적 있다면, 고쳐야 할 필요성이 든다면, 당장 실행하자. 발음이 좋지 않다고 판단되거나 상대방이 내 말을 제대로 알아듣지 못할 때가 많다면 볼펜이라도 물고 연습해라. 발음 교정과 목소리를 바꾸는 일이 지금까지 살아온 오랜 습관 혹은 나의 구강 구조 때문에 결코 쉬운 일은 아니지만, 그래도 가능하다. 위에서 잠깐 언급한 바 있지만 내가 스피치 학원 강사로 일하던 당시 많은 수강생의 발음과 발성이 개선되는 과정을 경험했다. 또 방송 준비생 시절 함께 공부하면서 목소리가 확연히 바뀐 친구들을 보았으며 심지어 아기 같은 목소리를 가진 한 친구는 음성과 말투 교정을 통해 아나운서가 됐다.

    목소리와 발음, 발성이 방송인에게 중요한 기본 소양이라면 쇼호스트에게 필요한 역량으로 나는 하나를 더 꼽고 싶다. 바로 호흡과 감정이다. 쇼호스트와 아나운서의 가장 큰 차이점이 있다면 바로 저 2가지라고 생각한다. 아나운서는 사실 전달에 더 큰 중요성이 요구되기에 개인적인 감정을 드러내지 않으려 하지만, 쇼호스트는 제품에 대한 정보 전달과 더불어 나의 개인적인 경험이나 감정을 솔직하게 내보여 공감을 불러일으킨다. 그래서 강약 조절을 위한 호흡과 감정이 말에 고스란히 담겨 시청자들에게 전달된다. 목소리를 크게 내어 시청자들을 집중시키기도 했다가 반대로 속삭이듯 아주 작은 목소리로 이야기도 하며, 강조하고 싶은 부분이 있으면 이야기를 꺼내기 전 갑자기 말의 속도를 늦추기도 한다. 격앙된 톤과 함께 흥분하여 호흡이 가빠지기도 하고, 어떨 때는 호흡을 아예 멈추어 몇 초간 쉬기도 한다. 쇼호스트는 자신의 경험담을 시청자들과 나누고 솔직하게 감정을 전달해서 많은 시간 동안 말에 정서가 실린다. 라이브커머스는 단순한 정보 전달에 그치지 않고 시청자들과 마음을 교류하고 소통하기를 원한다. 그래서 호흡과 감정은 중요하다. 라이브커머스 방송을 진행하다 보면 자연스럽게 호흡과 감정이 변화되는 순간들을 마주한다. 구매 인증 이벤트는 라이브커머스에서 흔하게 볼 수 있다. 방송 시간 동안 제품을 구매한 뒤 주문 번호를 댓글에 남겨 인증하면 추첨을 통해 선물을 증정하는 이벤트이다. 어떤 시청자들은 왜 이 제품을 사게 되었는지 각자만의 이유를 함께 남기기도 한다. 내가 휴대폰 방송을 진행할 때였는데 한 시청자가 '남편의 오래된 스마트폰을 바꿔 주기 위해 구매했어요~.'라며 주문 번호와 함께 댓글을 달았다. 본인 것이 아닌 누군가를 위해 선물한다는 게 마음을 따뜻하게 만들었고, 다른 시청자들도 '남편 부럽다.'라는 댓글을 남기며 함께 공감했다. 한창 방송을 진행하고 있는데 또 다른 아이디의 시청자가 '아내가 제 스마트폰을 사고 구매 인증을 남겨 저도 아내를 위해 선물합니다. 구매 인증합니다.'라며 주문 번호와 함께 댓글을 남겼다. '아까 남편을 위해 샀던 분이랑 부부인 거 아니에요?'라고 장난스럽게 남긴 한 시청자의 질문에, '저희 부부 맞아요.'라고 답변이 달리며 현장의 분위기와 댓글 반응이 아주 뜨거워졌다. 누적 시청자 수가 10만 명이 넘는 방송에서 이러한 상황이 너무 신기한 쇼호스트와 시청자들 모두 흥분을 감추지 못했다. 자초지종을 물으니, 남편은 회사에 아내는 집에 있는데 아내가 휴대폰 방송을 보기 위해 사전에 알림 신청해 둔 것을 남편은 알고 있었고, 일하다 스마트폰을 켰는데 마침 방송을 하고 있길래 들어왔더니 익숙한 아이디가 눈에 띄었다고 한다. 그러고 남편을 위해 샀다고 구매 인증을 남긴 것을 보고 아내에게 전화를 걸어 확인했는데, 본인의 아내가 맞았다고. 전화를 끊자마자 아내를 위해 남편도 새 휴대폰을 구매했다고 한다. 너무 로맨틱하고 따뜻해서 두 분 중 누구라도 이벤트에 당첨되면 좋겠다며 진심으로 이야기했고, 시청자분들도 함께 기원해 주었다. 그리고 방송이 끝날 무렵 아내분의 아이디가 당첨자 명단에 올라오며 시청자분들과 쇼호스트 모두 너도나도 기쁜 마음으로 축하해 주었다. 이후에 해당 방송을 모니터링해 보니 거의 축제 분위기였던 게 기억난다. 시청자들과 감정을 나누고 아낌없는 호응이 계속되는 곳. 라이브커머스 방송이 그렇다. 쇼호스트와 시청자가 같은 마음으로 슬퍼하고 기뻐하며 방송을 함께 이끌어 가는 것이며, 그렇기에 감정과 호흡은 빼놓을 수 없다. 하나의 노하우나 전략으로 생각할 수도 있겠지만, 일부러 계획하지 않아도 방송하다 보면 진심이 자연스럽게 담기고, 그러다 보면 호흡도 감정과 섞인다. 그래서 라이브커머스는 재미있다.

카메라 시선 처리

패션쇼의 무대 뒤 모습은 모델들이 무대를 멋지게 걸어 나오는 모습과는 정반대로 전쟁터와 같다. 입고 있던 옷을 던져 버리고 빠르게 다른 옷으로 갈아입은 후 자세를 고쳐 잡기 위해 뒤엉켜 있는 모델들의 모습은 라이브커머스 방송 현장과 크게 다를 바 없다.

하루는 여느 때처럼 방송하던 도중 내가 보는 모니터가 블랙아웃(Blackout)됐을 때 피디님과 카메라 감독님들께 모니터가 나오지 않는다는 사인(Sign)을 전달하기 위해 격렬하게 마임을 해야 했다.

라이브커머스 현장에는 여러 대의 모니터가 존재한다. 실시간 모니터 즉, 실시간으로 송출되는 화면을 즉각 모니터링할 수 있는 화면을 말한다. 쇼호스트에게 가장 필요하며 제일 중요하게 여겨진다. 실시간 송출 화면이 중요한 이유는 영상 속 화면이 시청자들의 모바일로 송출되기까지 약 5초의 시간 간격이 생기기 때문인데, 시청자들의 질문을 엉뚱한 상황에 대답하거나 쇼호스트의 말과 행동의 싱크(Sync)가 어긋나는 상황을 막기 위해서다. 그리고 그 옆에는 프리뷰(Preview) 모니터가 있다. 현재 보이는 화면의 바로 다음에 비칠 장면을 미리 볼 수 있도록 띄워 주는 것으로, 앞으로 나올 화면을 예측하고 멘트를 자연스럽게 이어 갈 수 있도록 도와주는 역할을 한다. 그리고 마지막으로 필요한 또 하나의 모니터로는 시청자의 댓글과 큐시트, 그리고 피디님의 지시 사항을 전달받는 모니터이다. 이는 보통 하나의 모니터 안에 여러 개의 창을 동시에 켜 쇼호스트가 확인한다. 보통 실시간 모니터와 프리뷰(Preview) 모니터는 세로로 배치하여 모바일을 사용하는 라이브커머스의 환경을 동일하게 반영한다.

방송 경험이 많지 않던 시절, 나는 시청자들이 쇼호스트들에게 삐치거나 서운해하는 상황을 경험한 적 있다. '자기네들끼리 노네.', '우리는 신경 안 쓰네.', '쇼호스트들끼리 방송할 거면 왜

하느냐.' 등. 아차 싶었다. 댓글을 남길 수 있고 쇼호스트와 대화할 수 있는 라이브커머스의 큰 특성을 절대 간과해서는 안 되겠다는 걸 그때 느꼈다.

라이브커머스가 모바일로 시청하는 방송이라고 해서 현장의 퀄리티를 절대 무시하면 안 된다. 물론 다양한 브랜드들이 각자의 방식으로 방송을 진행하다 보니 휴대폰 하나로 가볍게 진행하는 곳도 있다. 하지만 TV 프로그램처럼 제대로 된 장비들을 갖춘 현장을 가 보면 1대당 몇백만 원을 호가하는 전문 카메라 장비가 3~4대는 기본이고 모니터링용 화면이 3~5대, 카메라 감독님과 피디님을 포함한 스태프가 6~8명이나 되는 방송들도 많다.

카메라가 기본적으로 4대인 경우를 예를 들어 보자. 어디를 봐야 할까. 시청자들은 실제로 화면 속 쇼호스트의 눈을 마주 보며 이야기하는 느낌으로 시청한다. 친구를 만나서 얘기할 때를 떠올려 보자. 분명 나와 대화하는데 내 눈은 한 번도 쳐다보지 않고 다른 곳만 응시하며 이야기한다면 대화의 집중도가 현저히 떨어지고 대화의 주제에 흥미를 잃게 되며, 다른 생각을 하는 것은 아닌지 의문이 들겠다. 오랫동안 대화가 제대로 이루어지지 않을 가능성이 높다.

방송을 보는 시청자도 크게 다르지 않다. 쇼호스트가 카메라 건너 시청자의 눈을 보지 않으면 시청자의 집중도와 흥미는 없어진다. 그래서 시선 처리가 중요하다. 또 쇼호스트들끼리만 이야기한다면 시청자는 소외를 느낄 수도 있다. 그러면 방송 자체에 대한 흥미뿐만 아니라 제품에 대한 관심도도 떨어지게 된다. 그러므로 카메라를 자주 응시하고 대화에 시청자들을 끼워 줘야 한다.

라이브커머스 방송 중에 종종 보이는 댓글들이 있다. '저도 아이디 불러 줘요.', '제 댓글도 읽어 줘요.' 등등. 하지만 이외에도 '저도 그런 적 있어요.', '완전 공감이에요!!' 등 맞장구를 치거나 쇼호스트가 묻는 말에 바로바로 대답을 남기는 경우가 많다. 이런 이유 때문에 나는 방송 진행자가 2명이라고 생각하지 않는다. 시청자를 포함한 3명의 진행자가 방송한다고 인식한다. 실질적으로 따지자면 시청자 수만큼을 포함해야겠지만, 그들의 눈을 하나의 카메라로 인식하면 된다.

그래서 사람의 눈을 보고 대화하듯이, 쇼호스트들은 화면 너머의 시청자를 보기 위해 카메라를 응시해야 한다. 그리고 시선 처리는 꽤 신경을 집중해야 하는 부분 중 하나이다.

위에 언급했듯이 방송 현장에는 여러 대의 카메라와 모니터링용 화면이 있는데, 쇼호스트는 이 모든 것을 동시에 보아야 한다. 현재 송출되는 화면이 어떤 것을 비추고 있는지 확인하는 동시에 프리뷰 화면도 체크하며 카메라 전환과 함께 시선을 옮겨야 한다. 생방송이라고 해서 실수 없이 해내야만 한다는 의미가 아니라 그것이 방송의 흐름을 원활하게 할 수 있고 카메라 감독님과 하나의 티키타카*가 될 수도 있으며 시청자들에게는 재미 요소가 될 수도 있다.

  기억하자. 현장에는 보이지 않는 눈이 하나 더 있다. 바로 시청자의 눈이다.

제품 핸들링

방송에서 가장 신경 쓰는 부분 중 하나가 바로 핸들링(Handling)이다. 쇼호스트는 제품에 대한 설명을 위해 직접 손으로 들고 시연하거나 가리키며 설명하는데, 제품을 손으로 컨트롤하는 이러한 행위를 바로 핸들링이라고 말한다. 방송 중 핸들링은 자주 사용되기도 하지만 매우 중요한 역할을 하는데, 라이브커머스의 가장 도드라지는 점인 시청자들과의 소통을 위해 자주 필요하기 때문이다. 판매하는 제품에 대한 시청자들의 궁금증을 즉각 해결하기 위해 제품의 다양한 부분들을 여러 각도로 구경하게끔 해 주는 일이기도 하다. 카메라가 비추는 각도에 맞게 제품의 위치를 잘 잡아 주어야 하므로 결코 쉽지 않다. 제품의 크기 또한 달라서 크기가 작은 제품들은 어떻게 잡을 것인지, 크기가 큰 제품들은 어떻게 손짓하며 설명할 것인지, 또 색깔이 다채로운 제품은 어떻게 보여 줄지, 한 손으로 잡는 게 나은지 두 손을 다 사용하는 게 나은지도 고민해야 한다. 화장품 방송에서 핸드

---

* 티키타카(Tiqui-Taca): 짧은 패스를 빠르게 주고받는 축구 경기 전술로 스페인 축구에서 주로 쓰였다. 사람들 사이에 합이 잘 맞아 빠르게 주고받는 대화의 뜻으로도 쓰인다.

크림을 소개한다고 가정하자. 여러분이라면 제품을 어떻게 핸들링하겠는가? 방송에서는 평소 우리가 핸드크림을 바르는 것처럼 손에 크림을 짜 손바닥을 비비는 행위로 끝나지 않는다. 디자인을 확인시켜 주기 위해 로고가 가리지 않도록 신경 쓰고 질감이 잘 보이도록 손바닥보다는 손등을 드러낼 테다. 크림을 두 손으로 비벼 바를 때에도 손의 모양에 신경 쓰겠다.

내가 스마트워치 방송을 할 당시, 평소처럼 시계를 착용하고 리허설하던 중 제품의 화면을 카메라에 비추기 위해 팔을 접어 올렸다. 그런데 카메라에 비춘 시계가 거꾸로 보였다. 상대가 제대로 보게 하기 위해서는 반대로 착용해야 했다. 이후 스마트워치 방송을 하게 되면 반대로 착용하는 버릇이 생겼다. 또 하나의 예로 스마트워치든 노트북이든 화면을 터치할 때 중지를 사용하는 사람들이 있다. 만약 방송 중에 쇼호스트가 중지로 화면을 터치한다면? 일부러 욕을 한 것은 아니지만, 누군가에게는 불편하게 느껴질 수 있다. 쇼호스트들은 화면 너머의 시청자들이 제품을 보는 데에 불편함이 없도록 언제나 고민하고 연구한다. 시청자가 제품의 모습을 상세히 볼 수 있도록 하면서도 제품을 잘 컨트롤하는 것. 이 전부가 핸들링이다.

방송 중 제품을 핸들링하며 시연하는 장면

그렇다면 제품을 잘 핸들링하기 위해서는 어떻게 해야 할까? 나는 핸들링 고민을 할 때 제품의 강점을 먼저 파악하고자 했다. 방송하는 노트북의 장점 중 하나가 가벼움이라면 깃털 같은 무게와 휴대성을 함께 연결 짓는 동시에 노트북을 두 손가락으로 들거나 노트북으로 부채질하는 모습을 시각화한다. 양 손가락을 이용해 노트북을 잡는 것보다 두 손가락으로 집어 들면 특징 전달에 더 직관적이며 전달력이 높아지기 때문이다. 만약 휴대폰 방송이라면 휴대폰의 디자인을 보여 주려 할 때 평소 전화 받듯이 잡지 말고 살짝 아래를 향해 잡아 제품의 디자인이 조금 더 잘 보이도록 핸들링한다. 평소처럼 쥐면 손등이 휴대폰을 가려 제품의 디자인이나 색깔이 제대로 비치지 않기 때문이다. 이처럼 카메라 각도에 잘 맞추어 손의 위치나 모양을 지속해서 신경 쓴다.

핸들링을 위한 손의 모양은 시각적으로도 매우 긍정적인 효과를 준다. 제품이 더 예뻐 보이는 효과를 줄 때가 그러한데, 화장품 광고가 적절한 예다. 한 손에 쏙 들어오는 화장품의 경우 모델들의 유려한 손 곡선이나 모양새 덕분에 제품이 훨씬 더 고급스러워 보인다. 이러한 이유로 실제 손 모델이 전문 영역으로 존재한다. 그만큼 제품을 부각시키기 위하여 제품을 핸들링하는 손짓이 꽤 큰 효과가 있다는 것만큼은 확실한 듯하다.

나는 엄마 스카프를 구경하다가 점원의 핸들링에 매료되어 내 것까지 2개를 산 적이 있다. 점원의 손길이 어찌나 고급스러워 보이던지. 심지어 그 직원분은 장갑까지 끼고 있었다! 제품을 어떻게 드느냐 즉, 제품을 어떻게 핸들링하느냐에 따라 해당 물건이 10만 원짜리처럼 보이기도 하고 1만 원짜리처럼 보이기도 한다. 스카프를 손으로 마구 움켜쥐면서 보여 주었더라면 어땠을까? 그때의 내가 그 스카프를 구매했을지 확신할 수 없다. 우리는 이런 심리적인 효과를 핸들링으로 시청자들에게 공유해 줘야 한다.

같은 제품을 들고 있더라도 핸들링 방식에 따라 어떤 것은 가벼워 보일 수도, 어떤 것은 사용이 편리해 보일 수도 있으며 또 다른 제품은 그와 반대로 무겁거나 편리해 보이지 않을 수도 있다는 말이다.

손의 위치나 모양뿐만이 아니라 제품 컨트롤 또한 핸들링의 중요한 요소인데, 그러기 위해선 제품을 잘 다룰 줄도 알아야 한다. 세탁기 방송을 하는데 세탁기를 어떻게 작동하는지 몰라 갈팡질팡하는 쇼호스트의 손이 그대로 보인다면 어떻겠는가?

그런 일이 있어서도 안 되지만, 제품을 잘 알고 있다고 해서 번개처럼 제품을 컨트롤하는 것 또한 핸들링에 미숙한 사람이라고 할 수 있다. 그래서 제품을 처음 접하는 시청자들이 핸들링을 통해 제품을 잘 보고 이해할 수 있도록 해야 한다.

비슷한 맥락으로 쇼호스트에게 전달되는 큐시트에는 이와 관련된 당부가 적혀 있기도 하다. '시연에 대비하여 네일이나 손톱 정리 부탁드립니다.', '화려한 네일 컬러는 피해 주세요.'라는 식으로 안내가 온다. 보통 쇼호스트들은 제품을 잡고 핸들링하기 때문에 손톱이 자주 노출되는데, 이 때문에 제품의 특징과 방송 진행 환경에 따라서 누드 톤의 컬러 네일과 같은 특정 색깔을 요청하기도 하고, 크로마키[*] 스크린을 사용하는 방송에서는 '초록색, 파란색 네일/액세서리는 피해 주세요.'라는 요청을 하기도 한다. 손톱의 색깔이 너무 도드라져 제품으로부터 시선을 빼앗기는 것을 방지하고 제품이 다른 데로부터 시각적인 방해 없이 보이도록 하기 위함이다. 핸들링을 어떻게 하느냐에 따라 제품은 완전히 다르게 보일 수 있다. 핸들링의 중요성을 잘 이해한다면 앞으로 보는 라이브커머스 방송이 조금은 다르게 들어올 테다.

---

[*] Chroma-Key: 방송의 화면 합성 기술로, 색조의 차이를 이용하여 어떤 피사체만을 뽑아내어 다른 화면에 끼워 넣는 방법

외모 가꾸기

이전 장인 〈쇼호스트는 어떻게 되는 거예요?〉 중 '쇼호스트는 예뻐야 해요?' 부분과 이어지는 내용이다. 위에서도 언급했듯이 이 책에서 말하는 외모는 단순히 태생적 얼굴의 생김새를 뜻하는 것은 아니니 개인의 외모 형태에만 지나치게 매몰될 필요가 없다. 그러나 나를 가꾸는 일은 이 책에서 다루고자 하는 중요한 주제다. 노력으로 지금보다 더 나은 나의 모습들을 발견할 수 있다. 예쁘다는 말을 쉴 새 없이 들을 만큼 빼어난 미모를 가지고 태어난다면 얼마나 좋겠는가. 거기에 더해 자기 자신 또한 본인의 모습에 완벽히 만족한다면 너무나도 축복받은 일이다. 하지만 우리는 살면서 그런 사람을 생각보다 몇 명 만나지 못한다. 예쁘고 멋지다고 생각한 사람이 입을 열면 반전 말투 탓에 깬다고 생각한 적은 없는지. 우리가 누군가를 바라보는 눈은 그 사람의 눈빛과 자세에도 달려 있다. 바뀌지 않는 것에 고집스럽게 매달리지 말고 변화 가능한 부분에 공들여 보자. 평소에 입는 옷 스타일만 바꾸어도 그 사람의 분위기가 달라 보인다. 립스틱 색깔만 바꾸어도 "너 어딘가 좀 달라 보인다."라는 소리를 듣는다. 누군가 앞머리를 잘랐을 뿐인데 '세련되어 보인다.'라는 생각이 들기도 한다. 늘 입던 옷과 화장품, 헤어스타일만 바뀌어도 나의 외모는 완전히 다르게 비칠 수 있다. 평소에 눈을 잘 맞추지 못하고 부끄러움이 많던 친구가 어느 순간 눈을 똑바로 마주 보며 자신감 있게 말하면 다른 사람처럼 느껴진다. 외모를 가꾼다는 건 미(美)적인 모습과 심(心)적인 태도에서 나온다.

그러니 먼저 무엇을 시도해 볼지 스스로를 잘 살펴보아라. 그리고 과감하게 시도해 보자. 더는 '예뻐야 한다던데.'와 같은 말로 값진 시간을 낭비하지 말자. 그 대신 '나에게 어떤 컬러가 더 잘 어울릴까?', '나의 장점을 부각하는 데에 이런 스타일이 괜찮나?', '프로필에 넣을 사진으로 어떤 것이 더 적절할까?', '카메라만 보면 눈동자가 흔들리는데 어떻게 하면 개선할 수 있을까?' 등의 고민이 훨씬 도움될 것이다. 나는 매 방송 제품과 콘셉트에 따라 의상과 헤어스타일(Hairstyle), 메이크업(Makeup)을 바꾼다. 헤어스타일이나 의상은 시각적으로 보이는 차이가 크기 때문에 제품이나 스튜디오 환경에 잘 어우러지도록 변화를 준다. 만약 제작사의 요청 의상과 분위기가 오피스 룩(Office-Look)과 시크(Chic), 스튜디오 배경 컬러가 블랙이나 네이비라고 한다면 나는 회색 수트 셋업(=정장. 격식을 갖춘 포멀한 복장의 상하의 세트)에 스프레이를 잔뜩 뿌려 머리를 깔끔하게 고정시킨 포니테일로 방송할 것이다.

| 방송의 콘셉트와 제품을 고려하여 헤어스타일과 메이크업을 달리한 모습

요청 사항이 편안한 홈웨어에 스튜디오 배경이 화이트 컬러라면 나는 베이지나 아이보리 컬러의 캐주얼 원피스나 투피스 의상에 굵은 웨이브 헤어스타일을 떠올릴 것이다. 여기에 더해 신제품 론칭 방송이라면 전문적인 목소리 톤에 더 힘을 줄 테다. 셀럽이나 인플루언서 등 게스트를 초대한 방송이라면 인터뷰 형식처럼 농담 섞인 질문 또는 제품과 연결 지은 실생활 질문으로 시청자 호응을 더 끌어내겠다. 이러한 노력은 방송의 분위기를 달라지게 만들고 방송하는 제품에 색다른 시각을 주입하는 요소가 되기도 한다. 이처럼 매 방송의 콘셉트와 소개할 제품에 잘 어울리는 스타일을 고려하여 메이크업과 헤어스타일, 나의 자세를 점검한다. 원래 내 것이던 신체 골격이나 뼈대를 바꾸기는 힘들지만, 노력으로 바꿀 수 있는 것이 이렇게나 많다.

Part 2. 나도 라이브커머스 쇼호스트다

    이는 방송을 위한 것 그 이상으로 나 자신을 가꾸는 좋은 방법이 된다.

    쇼호스트가 매번 제품의 무드와 잘 어울리도록 외적으로 신경 쓰는 것에는 헤어스타일, 메이크업, 코디가 있다. 이 3가지를 고민하는 이유는 방송에서의 적절한 '헤.메.코'는 제품이 더 멋지게 보일 수 있는 큰 효과를 선사하기 때문이다. 하루는 무선이어폰 론칭 방송을 진행할 때였다. 제작사에서 전달해 준 방송 컨셉은 론칭에 어울리는 '파티'였고 요청 사항은 화이트 컬러의 화려한 의상이었다. 화이트 컬러를 꼬집어 요청한 이유를 따로 물어보지는 않았지만, 아마도 흰색과 검은색의 무채색 제품이 의상 컬러에 묻히지 않게 하기 위함이 아니었을까 싶다. 나는 반짝거리는 화이트 원피스에 길게 늘어뜨린 깔끔한 생머리,

눈을 깜빡일 때마다 의상과 함께 은은하게 빛나는 글리터 섀도우를 눈두덩이에 펴 발라 파티 느낌이 나도록 제대로 힘(?)을 줬다. 그날의 모습이 담긴 방송 중 화면을 이미지로 남긴다. 작은 제품일수록 시청자들의 시선이 다른 곳에 가지 않도록 눈에 띄는 강한 아이템도 되도록 하지 않는다. 물론 방송마다 분위기가 180도 달라지긴 힘들지만 적어도 이런 고민의 흔적은 내게도 꽤 만족스러운 결과물로 기록된다. 지금까지 500회가 훌쩍 넘는 라이브커머스 방송을 진행하면서 나 또한 매번 다른 분위기를 도전하기란 쉽지 않았다. 그러나 제품이 돋보이고 고급스러워 보이며 방송의 분위기가 달라짐을 체감하면서 새로운 시도를 포기할 수 없었다. 어떨 때는 평소에는 잘 입지도 않는 스타일의 의상을 시도하기도 한다. 방송하는 신제품이 보라색이라 같은 색의 상하의 세트 의상을 맞춰 입기도 했고, 방송용으로 착용할 반짝이는 귀걸이나 목걸이들도 평소에 잘 착용하지 않는 스타일이라도 그간 꽤 구매했다. 그러한 시도들은 나의 지난 경력들에 힘을 실어 이후 다른 제작사에서 방송 섭외 문의를 받을 때도 긍정적인 역할을 해 줬다. 결국, 내가 나를 가꾸었던 지난 노력이 모두 자양분이 되어 돌아와 주었다.

  이런 패션, 메이크업, 헤어스타일뿐만 아니라 표정과 말투로도 나를 가꿀 수 있다. 나는 미스코리아 대회를 준비할 적에 활짝 미소 짓는 법과 말하며 웃는 연습을 늘 했다. 미소 연습은 치아가 보이도록 입을 벌린 채 활짝 웃는 형태로 1시간 동안 유지하는 일이다. 당장 입꼬리를 올려 1분 정도 있어 보면 공감할 테다. 광대가 미친 듯이 떨리고 양쪽 입가로 침이 줄줄 흐를 터다. 나는 입을 다문 채 미소 지을 때 양쪽 입꼬리 끝이 벌어지는 것 때문에 특정 발음이 새곤 했는데, 명확하게 발음할 수 있도록 가로로 볼펜을 문 채 연습했었다. 미소 교정기를 착용해 생활하기도 했고, 혓바닥을 치아로 씹으며 혀의 근육을 깨워 주는 혓바닥 운동도 매일 했다. 광대가 부들거려도 끝까지 참았다. 근육은 정신력이 아니라 신체의 발달이라는 말을 끊임없이 되뇌었다. 그렇게 헬스장에서 근육을 키우듯 집에서 매일 웃음 근육을 키웠다. 평소 사용하지 않던 부분을 자주 움직여 주었더니 시간이 지나며 표정이 훨씬 자연스러워졌다. 스트레칭을 하면 찌뿌둥했던 몸이 유연해지고 시원해지는 것처럼 말이다. 나는 그 당시 하루도 빠지지 않고 했던 습관이 내 얼굴의 모양새를 바꾸었다고 생각한다. 실제로 얼굴에는 근육이 43개가 있다고 한다. 이 모든 근육이 움직이며 표정을 담당한다니. 그러니 밥 먹을 때만 쓰지 말기를. 웃고 말할 때도 얼굴의 근육들을 최대한 많이 써 보자. 이는 말할 때 표정을 짓는 데에도 도움을 주고 얼굴의 감정 표현을 훨씬 더 자유롭게 만들어 준다. 표정만 달리해도 그 사람의 감정이 풍부하게 느껴지고 말에 여유만 생겨도 상대에게 안정감을 주며, 눈빛만 달라져도 자신감을 풍길 수 있다. 돈이 드는 것도 아닌데 그 정도의 노력으로 사람이 달라질 수 있다면 충분히 해 볼 만한 가치가 있지 않은가. 나는 지금 이 책을 보는 여러분이 거울만 뚫어지게 바라보며 미모를 따지지 않았으면 한다. 그 시간에 다양한 도전을 해 보길 바란다. 가수 에일리의 노래 가사처럼 '보여줄게 완전히 달라진 나.'가 될 수 있다.

라이브커머스 소통법

**소통,
그거 어떻게
하는 건데**

하루는 TV 홈쇼핑에서 오랫동안 활동 중인 쇼호스트와 라이브커머스 방송을 진행한 적이 있다. 그의 능글맞은 성격과 유쾌한 입담에 팬도 많다고 알고 있었다. 대기실에서부터 사적인 수다가 끊이질 않았고, 홈쇼핑에서 오랫동안 생방송을 해 온 진정한 프로이기 때문에 오히려 내가 배운다는 마음으로 임해야겠다고 마음먹었다. 방송이 시작되고 역시나 즐거운 분위기가 뿌려졌다. 제품 소개에 이어 혜택 설명이 끝난 직후였는데 한 시청자가 '쿠폰이 어디 있는지 모르겠어요.', '안 보여요.'라는 댓글을 남겼다. 그래서 다시 한번 똑같이 쿠폰을 다운받아 적용하여 최대 혜택을 받는 방법을 모바일로 시연한 후 다시 설명하려던 찰나, 같은 댓글이 또 달렸다. 그때 장난스레 웃으며 "꼭 그런 사람들이 있어요. 엄마 양말 어딨어~ 하는. 찾아보세요. 거기 있어요~."라며 딸에게 잔소리하는 엄마처럼 답했다. 그리고 쿠폰이 어

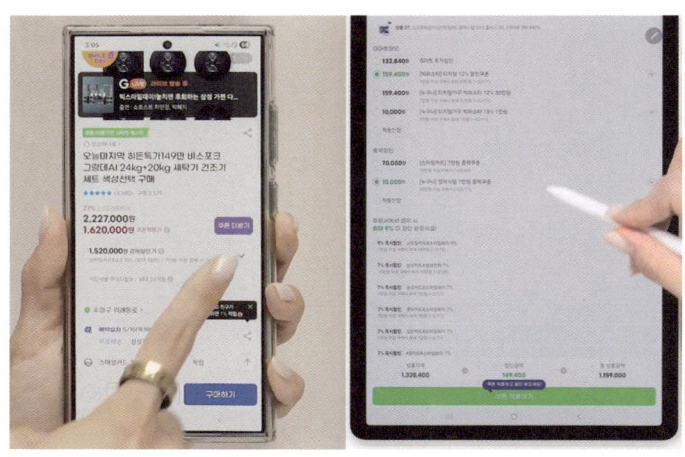

| 구매 방법을 질문하는 시청자들을 위해 휴대폰과 태블릿으로 결제 경로를 알려 주고 있다.

디 있는지 가볍게 짚어 주고 돌아갔다. 당시의 상황을 글로 쓰니 조금 무례하게 느껴질지 모르겠으나 장난기 어린 표정과 능글맞은 말투 덕분에 시청자들은 유쾌하다는 반응을 보였다. 방송 시작부터 끝까지 즐거운 분위기와 긍정적인 댓글로 방송이 이어졌다. 시청자의 댓글을 그냥 넘어갈 수도 있었겠지만, 오히려 시청자들 1명씩 소통하기 위해 놓치지 않으려 애썼다. 심지어 그냥 대답만 하는 게 아니라 평범한 댓글도 재미있게 이끌어 갔다. 많은 쇼호스트와 방송해 보았지만, 시청자들에게 잔소리(?)하면서도 기분 나쁘게 받아들이지 않도록 재치 있게 상황을 넘기는 사람은 없었다. 그 쇼호스트는 이미 홈쇼핑에서 오랫동안 활동한, 말 그대로 베테랑이었다. 또 본인의 매력과 장점을 아주 잘 알고

있는 사람이었기에 그런 소통이 가능했다고 생각한다.

또 다른 예로 식기세척기 방송을 준비할 때였다. 우리 집에는 식기세척기가 없었고, 그래서 사용 경험이 전무했다. 식기세척기를 사용하면서 좋은 점과 불편한 점, 구매하기 전에 고려하는 부분들이 무엇인지 몰랐다. 그 때문에 나는 주변 지인들에게 물었고 식기세척기를 구매하기 전 고려하는 사항들과 사용 장점, 쓰면서도 궁금한 사항을 리스트로 만들어 정리했다. 보통 식기세척기를 고민하는 사람들이 가지고 있는 궁금증은 손으로

정지선 셰프와 주방가전 방송을 진행하였다. 방송 중 중식 요리를 한 후 사용한 그릇을 식기세척기에 넣고 내부 세척 화면을 실시간으로 보여 주며 시청자들과 소통하고 있다.

세척하는 것보다 물 사용량이 더 많지 않을까 하는 수도세 걱정, 식기세척기에 넣기 전 애벌 세척 관련한 추가 과정의 우려, 과연 기름때가 잘 닦일까 하는 의구심, 그리고 옛날 집 구조에 설치가 될까 하는 궁금증 등이 있었다. 방송이 시작되고 정말 많은 시청자가 내가 정리했던 내용을 물었고, 나는 수도세 궁금증과 불림 세척으로 인한 애벌 세척의 불필요성, 고온의 물에서도 플라스틱이 변형되지 않는 적절한 온도에 대해 설명하며 차근차근 답했더니 구매에 고민이 많았는데 잘 알려 줘서 구매한다는 댓글이 끊임없이 올라왔다. 단순히 제품에 대한 기능을 나열하는 것이 아니라 실생활에서 소비자들의 우려를 풀어 주니 훨씬 많은 이들이 공감한다는 걸 느꼈다. 감자 구매를 위해 채소 가게에서 감자의 원산지와 상태를 물어보는데 사장님이 감자의 크기와 단단한 정도만 계속 강조한다면 '원산지와 상태가 별로라 다른 얘기만 계속하나?', '묻는 것 좀 알려 주지, 답답하네.'라는 생각에 그곳을 빠져나올지도 모른다. 구매자 1명을 잃는 셈이다. 진짜 소통은 눈앞에 시청자가 있다고 생각하는 순간 시작된다. 그들이 무엇을 원하는지, 어떤 걸 궁금해하는지, 어떤 이유로 같은 댓글을 지속해서 남기는지를 진짜 소통으로 해소시켜 줘야 한다. 하지만 모든 물음에 대답할 수 있는 것은 아니다. 방송 중에 시청자들이 남기는 댓글을 단 하나도 놓치지 않으면 좋겠지만, 방송을 진행하다 보면 댓글이 올라오는 속도와 질문의 다양함에 모든 질문을 빠짐없이 확인하기 힘들 때가 많다. 그럴 때는 어떤 댓글을 읽어야 할지, 어떤 댓글이 방송의 흐름에 더 유익할지를 순간의 판단으로 결정해야 한다. 댓글에 의해 방송의 흐름이 바뀌기도 하기 때문이다. 시청자의 질문에 의해 흐름의 순서가 A에서 B로 바뀌기도 하는데, 위에서 언급했던 '큐시트가 흐름 파악용'이라는 것이 여기에서도 다시 한번 증명되는 셈이다. 냉장고의 기능에 관해 이야기한 후 냉동실 기능으로 넘어가려다가도 시청자들이 컬러를 궁금해한다면 냉동실 이야기는 접어 두고 바로 컬러 이야기를 하게 된다. 시청자들이 원하는 부분을 계속 체크하고 답해 주기 위해 입은 쉬지 않는다. 다만 눈으로는 해당 댓글을 읽을지 말지 재빠르게 판단해야 한다. 유익한 댓글은 방송의 흐름에 적절하게 연결 지어 주고, 이는 진행을 매끄럽도록 돕는다. 시청자들이 남기는 댓글 중에는 제품 관련 질문 외에도 칭찬이나 응원, 인사말도 있는데 이런 인사들을 지나치지 말고 반갑게 맞이해 주면 좋겠다. 가벼운 소통이 방송의 전체적인 분위기를 업(Up)시켜 줄 때가 많다. 방송을 보러 들어왔는데 쇼호스트가 내 아이디를 불러 주며 반갑게 맞이하면 방송을 조금이라도 더 오랫동안 보고 싶은 마음이 생겨난다. 나도 시청자의 입장일 때 그랬으니. 어떠한 형태의 소통도 적극적일 때 실보다는 득을 더 얻을 테다. 그들과의 소통이 단절되는 순간 방송의 재미도 떨어진다.

부정 댓글에 대한 대처법

우리가 흔히 말하는 부정 댓글을 악플이라고 생각하기 쉽겠다. 악플은 악성 댓글을 뜻하며 타인을 악의적으로 비하할 목적의 댓글을 말한다. 이 책에서는 악플을 포함한 부정적인 댓글 모두를 '부정 댓글'로 통칭하겠다.

　칭찬에도 여러 종류가 있듯 부정 댓글에도 종류가 다양하다. 예를 들어, 제품에 대한 부정적인 글을 지속해서 남기는 경우나 타사 제품을 아무런 연관 없이 언급하며 방송의 흐름을 방해하는 경우, 또 제품과는 무관하게 쇼호스트를 단순히 비하하는 경우 등등이다. 만약 방송이나 제품과 전혀 관련이 없는 정치, 사회적 이슈나 쇼호스트에 대한 이유 없는 부정 댓글 등이 달리면 악플의 정도가 심하다고 판단하여 방송 관리 담당자가 해당 아이디를 퇴장시키거나 댓글을 달지 못하도록 제재할 수 있다.

　이러한 극단적인 상황들을 제외하고 방송 중 쇼호스트는 부정 댓글에 어떻게 대처해야 할까? 쇼호스트는 방송 중 끊임없이 올라오는 댓글들을 눈으로 훑은 후 소통할지 말지를 결정한다. 만약 '다른 (브랜드) 제품에는 (특정) 기능이 있는데 이 제품은 없죠?' 식의 타사 브랜드와의 비교성 댓글이 올라오면 오히려 내가 방송하고 있는 제품만이 가진 기능과 장점을 더 부각해 설명할 수 있다. 그랬을 때 단순히 제품에 대한 궁금증을 가지고 있었거나 타사 제품과의 구매를 고민하던 시청자 모두에게 장점을 각인시킬 기회가 된다. 제품에 대한 장점과 구매 필요성의 기준은 사람마다 달라서 어떤 제품이 더 좋다고 감히 정답처럼 표현할 수는 없다. 누군가에게는 가격이 중요할 수도, 누군가에게는 기능이 중요할 수도 있으며 또 누군가에게는 크기가 가장 중요할 수도 있기 때문이다. 이렇듯 각 소비자에게 구매의 결정적인 요소가 될 제품의 기능들을 댓글과 잘 연결해 전달하는 일이 라이브커머스 쇼호스트의 역할이자 카메라 앞에 서 있는 이유다. 만약 타제품과의 비교가 아닌 단순히 브랜드 비방이나 제품의 부정적인 댓글을 발견했다면 그냥 넘겨도 좋다. 제한된 방송 시간 중 올라오는 모든 댓글을 읽을 수 없다면 시청자들에게 유익한 내용을 캐치(Catch)하고 긍정적인 방향으로 흐름을 가져가는 게 좋다. 그러나 가끔은 무시할 수 없도록 복사하여 붙여 놓은 부정 댓글 때문에 속상할 때도 있다. '카드 혜택이 왜 이것밖에 없어요?', '사은품 별거 없네요.' 등의 질문을 눈에 띌 정도로 계속해서 남길 때가 그랬다. 시청자들이 좋은 혜택으로 제품을 살 수 있는 창구를 마련하기 위해 다양한 기회를 준비한 담당자들과 이를 열심히 설명하는 쇼호스트의 노력이 아무것도 아닌 것처럼 느끼게 해 마음이 무거웠다.

    그렇다고 해도 소수에 의해 감정이 상할 필요 없다. 감정을 잘 컨트롤하고 유연하게 넘어갈 수 있는 단단한 마음도 라이브커머스 쇼호스트가 가져야 할 자세다. 나 또한 이러한 자세를 잃지 않기 위해 꾸준히 노력 중이다.

    부정 댓글로 인해 방송의 흐름이 마비된 경험도 있다. 위의 경우와는 다르게 방송 자체의 흐름에 문제가 생긴 경우다. 한번은 신제품 론칭 방송을 할 때였다. 방송이 시작되자마자 수많은 시청자가 한꺼번에 모여들었고 방송 시작 몇 분도 채 되지 않아 시청자 수는 10만 명이 넘어가는 상황이었다. 빠르게 올라가는 시청자 수만큼 판매 속도의 진전이 빨랐고, 결제 대기 시간이 생기면서 댓글에는 결제되지 않는다며 불만을 토로했다. 결제가 안 된다는 댓글이 증폭하자 나는 확인을 위해 잠시 기다려 달라고 했다. 미소와 죄송하다는 문장은 덤이었다. 이후 방송 모니터링을 하고 있던 담당자분들의 키보드 소리와 분주하게 전화를 받는 모습이 눈에 들어왔다. 그래서 안심했는데, 댓글 상황은 그렇지 않았다. 오히려 불만 댓글이 점점 늘어났다. '어떻게 좀 해 주세요.', '결제도 안 되는데 제품 설명하는 게 무슨 소용이지.', '웃지 말고 해결 좀 해 주세요.' 등의 댓글이 화면을 가득 채웠고 제품 설명이 무의미할 정도로 반응이 거세졌다. 시청자들에게 정중히 사과하고 구체적인 현재 진행 상황을 전달하자는 방송 담당자의 의견에 따라 진행을 잠시 멈추었다. 그리고 좀 전의 가벼운 사과와는 달리 정중한 말투로 다시 이야기를 이어 갔다. 모든 담당자가 현재 결제 시스템의 오류를 인지하고 있으며 왜 결제 대기가 발생했는지 파악 중이라고. 복구를 위한 현재 처리 상황은 어떠한지, 그리고 조치 후 해결 상황을 바로 전달하겠다는 점과 함께 진심으로 사과를 전했다. 1초가 1분 같다는 말이 딱 그랬다. 그럼에도 상황이 진정되지 않으면 어떻게 해야 할지 걱정이 되었고, 시청자들의 마음이 조금이라도 누그러지길 바랐다. 진정성 있는 사과가 잘 전달되었는지 시청자 반응이 점점 달라지는 것이 눈에 보였다. '쇼호스트들 잘못이 아니에요.', '담당자들은 보고 있다면 빨리 해결해 주세요.', '얼른 구매하고 싶어요.', '기다리는 동안 제품 설명 듣고 있을게요.', '화이팅.' 등 쇼호스트를 위로하는 댓글들이 보였고, 답답함을 토로했던 시청자들의 불만도 점점 잦아들었다. 그렇게 제품 설명을 계속하던 중, 결제 상황이 정상적으로 돌아왔다는 소식을 담당자들로부터 전해 들었다. 나는 곧바로 시청자들에게 소식을 알렸는데, 그때 쇼호스트와 현장 스태프, 그리고 시청자 모두가 기뻐했다. 그날 결국 문제가 발생했던 시간만큼 방송을 연장하여 구매를 제대로 하지 못한 시청자들의 마음을 조금이나마 달래 주었고, 방송이 끝날 무렵에는 이를 작은 해프닝 정도로 마무리할 수 있었다.

이날의 사건은 나에게 아주 큰 교훈을 주었다. 내가 이런 상황을 겪기 전까지는 방송 중 시청자들에게 사과하는 것은 내 진행에 문제가 있거나 담당자들의 준비가 미흡했다는 사실을 드러내는 듯했다. 이후에는 방송 흐름에 역효과가 날 것도 같았고, 결국 사과는 좋지 않다고 판단했다. 그렇기에 문제를 인정하더라도 웃으며 재빨리 넘기면 잘 해결될 거라고 믿었다. 하지만 그 모든 것이 나의 착각이었다.

라이브커머스는 생방송이라는 특성상 예상치 못한 상황이 종종 발생한다. 물론 좋은 방향이라면 무슨 문제가 되겠느냐만, 그 반대의 상황에서 시청자의 불만 표현이 길어진다면 피하지 않고 그들의 이야기에 귀 기울이는 게 절대적으로 필요하다는 걸 깊이 깨달았다. 만약 그 순간 아무런 대처나 상황 언급 없이 눈과 귀를 닫은 채 방송을 이어 갔다면 끝이 좋지 않았을 것임이 분명하다. 다른 건 몰라도 시청자들의 반응이 아주 차가웠을 거라는 예상에는 반박할 수 없다. 그랬기에 우리는 상황을 회피하지 않고 정면 돌파했던 담당자의 대처가 현명했다고 판단한다. 그날 이후 작은 일에도 시청자가 불편을 겪는 일이 생기면 나는 주저 없이 웃음기 빼고 마음을 다해 공감하고 사과한다. 조순지 프로님에게서 배운 최고의 대처이자 소통의 방식이다. 나는 한동안 몇몇 스태프들 사이에서 장난스럽게 '프로 사과러(사과 잘하는 사람)'로 불렸다.

방송을 진행하다 보면 부정 댓글을 만날 때가 있겠지만, 나쁜 의도를 가진 댓글의 비율은 현저히 낮다. 이유 있는 부정 댓글과 불편함을 토로하는 경우가 나의 경험에서는 더 많았다. 거의 일어나지 않을 극소수의 악플을 대비하고 연습하기보다 사소한 댓글과 종종 일어날 수 있는 부정적인 상황을 예비하는 편이 훨씬 도움되겠다. 이러한 대처 자세가 유연해질수록 방송 진행에 더 자신감이 생기고, 시청자들의 부정적인 시선은 반전되어 나에게 큰 힘이 되어 돌아온다. 작은 부분부터 대비하면 나의 대처 방식은 점점 진정한 '프로'로 향해 갈 것이다.

절대 하면 안 되는 것들

쇼호스트로서 방송을 진행하면서 절대 해선 안 되는 일들이 있다. 그중 하나는 바로 제품의 명칭이나 브랜드의 이름을 틀리지 않고 제대로 언급하기다. 아주 당연하고 매우 기초적이지만, 절대 간과해서는 안 된다. 단순히 틀리는 것뿐만 아니라 타사 브랜드명이나 타 제품명 언급은 대단히 치명적이다. 누군가 나의 이름을 착각해 다른 사람 이름으로 잘못 부르기만 해도 기분이 영 유쾌하지 않은데, 많은 사람의 노고와 자본이 들어간 라이브커머스 방송에서 그것도 금액을 지불하고 섭외한 쇼호스트가 그러면 브랜드 입장에서 어찌 당황스럽고 서운하지 않을 수 있을까? 실수로 넘어가 줄 순 있지만 기분 좋을 리 만무하다.

고백하자면, 나는 라이브커머스 초반에 플랫폼 이름을 잘못 부른 적이 있다. 곧바로 정정하긴 했지만, 그 후로 한 5분 동안은 내가 무슨 이야기를 했는지 기억이 안 날 정도로 머리가 새하얘지고 식은땀이 났다. 매일매일 이곳저곳의 플랫폼에서 방송하다 보니 자주 진행하던 플랫폼 이름이 입에 붙어 튀어나와 버린 것이다. 아마도 그 현장에 있었던 플랫폼 담당자분들은 나의 말 한마디에 가슴이 철렁했을 터다. 눈에 보이지 않는 경쟁 중일지도 모르는 곳의 이름을 불러 버렸으니 말이다. 연세대 vs 고려대 각 두 학교의 자부심과 그들만의 기싸움이 얼마나 치열한지 아는 사람들이라면 연고전에서 연세대 학생이 "고려대 화이팅!"이라고 외치는 것과 다르지 않은 듯하다. 결혼식 사회자가 신랑 신부의 이름을 잘못 부른다고 생각해 보아라. 두 주인공에게 아주 인생 최악의 경험을 안겨 줄 터다. MBC 뉴스 종료 직전 아나운서가 "지금까지 시청해 주신 시청자 여러분 고맙습니다. 지금까지 KBS 뉴스였습니다."라고 한다면? 다음 날 그 자리에 다른 아나운서가 앉아 있을지도 모른다. 만약 여러분이 반역자나 배신자로 낙인찍히고 싶다면 이 방법만 한 게 없다. 다시 말해, 절대 있어서는 안 되는 일이다.

삼성전자 쇼호스트로 일하면서 직접 경험했던 예를 하나 들어 본다. 삼성전자에는 굉장히 다양한 상품들이 존재하는데, 특히나 가전제품을 소개할 때 디자인 이야기를 빼놓을 수 없다. 디자인이 실내 장식 소품처럼 예뻐서, 또는 잘 어우러진다는 이야기를 하고 싶어서 어떤 쇼호스트들은 "이 비스포크 제품 참 오브제 같죠?"라고 말할 때가 있다. 이 말은 브랜드 담당자들에게는 굉장히 불편하게 들린다. 하면 안 된다. 아니, 이상하다고 표현하는 게 맞겠다. 도대체 왜? 독자 중에서는 어떤 부분에서 잘못되었는지 모르는 사람들이 많을 것이다. '비스포크(Bespoke)'는 삼성전자의 특정 제품군에 사용되는 이름이다. 제품 외관에 활용되는 재질과 색상을 직접 선택하여 조합할 수 있다는 의미로, '말하는 대로 되다.'라는 뜻에서 탄생했다. 그리고 '오브제(Objet)'는 LG에서 만들어 낸 특정 컬렉션 제품들에 붙여진 명칭으로, '오브제 컬렉션'이라는 단어를 사용한다. 'Objet'는 원래 '물체, 사물'이라는 뜻의 프랑스 단어로 우리나라에서는 하나의 실내 장식같이 예쁘다는 칭찬의 의미로 '오브제 같다.'라고 표현해 왔다.

그러다 2019년 LG가 오브제 컬렉션을 출시한 것이다. 만약 이러한 사실을 알지 못한다면, 삼성 방송 중에 이 단어를 언급하는 것이 소비자들에게 LG 제품을 떠올리게 할 수도 있어 브랜드 담당자로서 영 반갑지 않다는 것을 까맣게 모를 수밖에 없다.

소비자들이야 LG 매장에 가서 비스포크 냉장고(삼성 제품)라고 말하든, 삼성 매장에서 스타일러(LG 제품. 삼성에는 에어드레서가 있다)라고 말하든 상관없겠다. 그러나 쇼호스트들에게는 허용되지 않는다. 제품을 소개하고 판매하는 쇼호스트가 몰라서는 안 되는 것. 꼭 정확한 정보를 전달해야 하는 것. 그것이 경쟁사 공부를 소홀히 해선 안 되는 이유이기도 하다. 방송할 제품을 정확히 공부하기 위해서는 경쟁사 정보들도 절대 놓치면 안 된다. 제품명과 브랜드명을 혼동하지 않기 위해서도 있지만, 시청자 중에는 타사 제품과 비교 후 구매를 고민하는 사람들도 많아서 제품의 특성을 타사와 비교하여 알고 있으면 그들의 질문 의도를 제대로 파악할 수 있다.

방송에서 절대 하지 말아야 할 행동은 또 있다. 방송 중 확실하지 않은 정보들로 에둘러 표현하는 "그럴걸요?"와 같은 말이다. 라이브커머스를 담당했던 한 영업 관리 직원분과 방송에 관한 이야기를 나누던 도중, 이전에 한 노트북 방송에서 물건을 구매한 시청자 중 꽤 많은 이들이 환불했다는 말을 들었다. 그에 이유를 물으니 방송 중 몇몇이 특정 게임과 프로그램 이름을 언급하며 해당 제품으로 원활하게 구동 가능한지 질문했다고 한다. 거기에 될 거라는 답을 해서 구매했더니 그 노트북은 시청자가 문의했던 프로그램을 돌리기에는 부족한 저사양 노트북이었다고.

 나는 그 시청자의 마음을 100% 이해한다. 노트북의 다양한 기능이 각각 무슨 역할을 하는지 도통 몰랐던 시절의 내가 있었으니 말이다. 소비자들에게 여러 노트북 중 단 하나를 선택하기란 여간 머리 아픈 일이 아닐 수 없다. 보통 노트북 방송에서는 단 1개의 제품만 판매하지 않는데, 외관은 다 똑같이 생겼더라도 내부 사양이 모두 다르다. 화면에 놓인 노트북은 3가지밖에 되지 않아도 선택할 수 있는 제품 옵션은 무려 10개가 되는 경우도 있다. 그래서 시청자들의 질문에는 "저 엑셀 쓰고 회사에 메일 보내는 용으로 노트북 살 건데 뭐 사면 될까요?", "저 게임하고 싶은데 뭐가 나아요?" 등도 많다. 그럼 나는 옵션 3번이 적합하겠다고 시청자별로 추천해 주며 방송을 진행한다. 엑셀이나 메일이야 워낙 기본 작업이기 때문에 요즘 나오는 노트북 중 이 2가지 작업이 버거운 제품은 거의 없다. 워낙 제품들이 잘 나와 아주 기본 사양이라도 웬만하면 잘 돌아간다. 하지만 "롤(League of Legend) 게임도 할 거고 영상 편집도 할 건데 옵션 1번이면 충분할까요?"라고 묻는다면 좀 더 구체적이고 정확하게 설명해 주어야 한다. 고사양의 프로그램을 돌리기 위해서는 CPU, RAM, SSD, 디스플레이, 주사율, 쿨링 시스템 모두 중요한 요소가 되기 때문이다.

Part 2. 나도 라이브커머스 쇼호스트다

게임을 한다고 해도 주로 할 것인지, 메인 PC를 놔두고 밖에서 잠깐 재미로 게임을 하는지, 디자인 업무나 영상 편집을 한다면 구체적으로 어떤 프로그램을 사용하는지, 어떤 부분을 더 중요하게 생각하는지, 옵션으로 무엇을 추가하면 더 좋을지도 제품 추천에 중요한 요건이 된다. 그래서 시청자들과 아주 상세하게 소통하기도 한다. 그렇기에 이런 전자 기기 방송에서 애매한 대답은 방송 사고가 될 수 있다. 시청자들이 구체적인 예시를 들며 제품 추천을 요청하는 경우라면 더더욱 잘 모르는 사실로 아는 척을 해선 안 된다. '에이, 몰라. 안 되면 그냥 아쉬운 대로 쓰고 말겠지!'라고 생각한다면 쇼호스트로서의 자격에 의심을 해 보아야 할 판이다. 적게는 몇십만 원에서 몇백만 원이 넘어가는 노트북을 누가 아쉬운 대로 쓰겠는가. 이러한 연유로 전자 기기 방송은 시청자들의 질문 하나하나를 제대로 이해하지 못하면 진행에 어려움을 겪을 수밖에 없고, 질문에 대답하는 것조차 불가능하다. 만약 그럴듯한 답변으로 방송이 잘 흘러갔다면 '그때 방송에서 쇼호스트가 이게 된다고 해서 샀는데, 안 되네요. 반품해 주세요.'와 같은 굴욕적인 결과를 맞이할 수도 있다. 그러므로 "그럴걸요?"와 같은 설명은 스스로를 구렁텅이로 밀어 넣는 것과 다를 바 없다.

차라리 모르면 확인해 보겠다고 솔직하게 얘기하는 편이 낫다. 잘못된 정보를 제공하는 것보다 정확한 내용을 알려 주는 게 더 중요하기 때문이다. 나는 종종 현장에서 담당자들에게 즉

석으로 물어보기도 한다. 라이브커머스의 소통 방식을 자유롭게 이용하면 그 또한 재미있고 유쾌한 방송이 될 수 있다.

심금을 울리는 멘트가 있다?

라이브커머스를 처음 시작했을 때 나는 준비한 멘트에 집착할 때가 있었다. '오프닝에 무슨 말로 시청자들의 마음을 사로잡지?', '심금을 울리는 멘트로 뭐가 있을까?', '방송이 끝날 때 뭐라고 말하면 사람들이 감동할까?' 등 매일 같이 멘트를 고민했고 좋은 문구가 떠오르면 유레카를 외치며 노트에 적었다. 멋진 문구와 감동적인 오프닝 멘트에 온 정성을 쏟았고 그 말을 꼭 방송에서 하고 싶었다. '오늘 꼭 이 멘트를 해야지.', '오프닝 할 때 꼭 이렇게 말해야지.'라고 말이다. 하지만 방송의 흐름이 내 예상과는 다르게 흘러갈 때가 잦았고, 큐시트의 순서가 수시로 바뀌며 강조하려던 중요한 내용이 다른 이유로 그 힘을 잃게 되기도 했다. 그러면 내가 준비한 멘트도 말하지 못하는 경우가 허다했다. 새 학기를 앞둔 시기에 태블릿 방송을 할 당시, 오프닝에서 말할 멋진 멘트를 준비해 둔 채였다. 하지만 방송이 시작되자마자 시청자 수가 급속도로 높아지며 최대 혜택을 받는 방법, 태블릿의 크기와 컬러를 자세하게 비교해 달라는 질문이 쏟아졌다. 나는 준비했던 모든 멘트를 머릿속에 지운 채 시청자 수를 언급하며 방송 시작을 알렸다.

이전의 나는 라이브커머스의 특성을 잘 이해하지 못했다. 준비한 멘트를 말하고 나면 만족스럽고 뿌듯했는데, 이는 나 스스로의 대견함 같은 것이었다. 준비한 것들을 제대로 하지 못한 날에는 방송 자체가 아쉽기도 했다. 그러나 시청자에게 좋은 방송과 좋은 멘트는 쇼호스트의 화려한 멘트가 아니라 그들이 진짜 필요로 하는 정보를 다양하고 세밀하게 전달하는 데에 있다.

　심금을 울리는 멘트는 없다. 우리는 대학교 졸업식 축사나 〈세.바.시(세상을 바꾸는 시간)〉 프로그램의 강연자가 아니다. 쇼호스트는 시청자들과 일상적이고 편안한 대화를 이어 가기에 잘 짜인 멘트는 오히려 어울리지 않는다. 만약 비장한 마음으로 고민했다 할지라도 상황을 제대로 파악하지 못한 채 내뱉는 말들은 전혀 영양가가 없다. 친구에게 고민을 털어놓았을 때, "힘들었겠다. 나도 전에 그런 경험이 있어서 네 맘 잘 알아…. 나는 어떻게 이겨 냈느냐면…."이라며 자기 이야기를 들려주는 친구가 있고, "옛말에 사필귀정이란 말이 있듯이 모든 일은 반드시 제자리로 돌아갈 거야. 힘내."라고 말하는 친구가 있다면 둘 중 누가 더 나의 마음을 잘 헤아린다고 느껴지나? 일상적인 대화에서 사람들의 마음을 울리는 것은 멋진 멘트가 아니라 자신의 경험과 진심에서 우러나오는 솔직함과 공감의 한마디다. 라이브커머스 시청자는 잘 짜인 각본의 드라마나 수차례 편집된 TV 프로그램을 보러 온 게 아니라 구매 고민을 당장 해결하러 오는 것이다. 그 속에서 이 제품이 왜 필요한지를 다시 한번 각인시켜 주고 제품의 장점을 통해 지금 구매하는 편이 좋다는 확신을 심어 주는 작업을 쇼호스트가 해 준다. 그러니 감동적인 멘트를 하기 전, 제품에 대한 나의 경험을 돌아보자. 그 경험이 시청자들의 마음속에 더 깊이 와닿을 것이다.

사회 경제 이슈도 공부해야 돼?

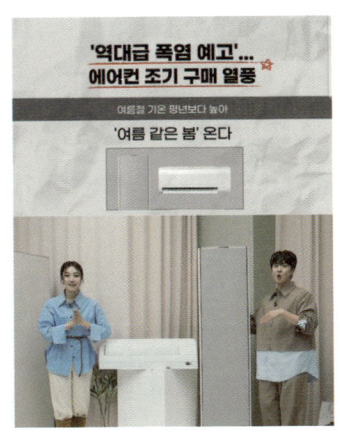

내가 삼성에 들어온 초반, 나와 오랜 시간을 공유하며 많은 도움을 줬던 스승이자 선배가 있었다. TV 홈쇼핑 피디 출신으로, 삼성전자 라이브커머스 담당자였으며 나에게 조언과 응원을 아끼지 않았고 내가 제대로 공부할 수 있도록 잘 리드해 주었다. 나의 공부법은 단순해서 세탁기 방송을 하면 해당 제품만 공부했고, 어떤 물건을 방송해도 공부 방식은 동일했다. 그 선배는 그런 나에게 방송을 준비할 때 제품 기능뿐만 아니라 뉴스나 역사, 사회 이슈에 대해서도 관심을 가지라고 첨언했다. 사회 이슈와 경제는 생활과 밀접해서 실제 사용하는 제품과 연결되며 그로 인해 밀도 높은 방송을 대비할 수 있다고. 실제로 뉴스를 보며 정리한 이후로 시청자들에게 전달하는 내용이 훨씬 더 풍성해졌고, 공감할 수 있는 이야기들이 다양해졌다.

언젠가 세탁기와 건조기 방송을 준비할 때였는데, 한창 뉴스에 빈대 확산 이슈로 세상이 떠들썩했었다. '21세기인 요즘에 이게 말이 돼?'라고 생각할 만큼 세계적으로 퍼지면서 많은 이들의 빈대 퇴치에 대한 관심과 우려가 컸다. 이전에도 동일한 제품으로 자주 방송한 바 있으나 빈대 이슈가 지속되자 사전 회의에서 빈대로 인한 고민이나 우려 사항을 기능과 연관 지어 설명하자는 의견이 나왔다. 비슷한 시기에 이를 실제 뉴스에서도 다루었는데, 질병 관리청에서 '빈대는 50~60도 이상의 고온에 20분 동안 노출될 경우 박멸된다.'라는 사실과 함께 '외부 노출된 의류를 건조기에 20~30분간 돌릴 것.'을 권고했다는 내용이다. 원래 있던 기능임에도 새로이 다루니 예비 구매자들의 공감을 살 수 있었고, 실제 라이브 판매 또한 큰 효과를 거두었다.

　이처럼 사회적인 이슈가 제품과 연결되는 경우는 생각보다 빈번했다. 반도체 가격이 전체적으로 인상되면서 전자 제품들의 가격이 일제히 올랐다는 기사가 나왔을 때도 그랬다. 새로 출시된 휴대폰의 금액이 전작과 동결됐다는 소식은 소비자들에게 긍정적인 인식을 심어 줄 수 있었다. 또, 정수기 방송 중에는 '세계 인구 8명 중 1명은 깨끗한 물 못 마셔 질병, 죽음에 상시노출'[*]이라는 기사와 2020년 말 이태원동 주택 녹물 사건을 언급하며 물의 중요성과 정수기 필터 기능을 자연스레 합쳐 소통하기도 했다. 또 주방 가전 제품 방송을 진행할 때는 코로나19의 격상으

---

[*] 기사 출처: 환경보건시민센터 최예용, 2013년(http://www.eco-health.org/bbs/board.php?bo_table=sub07_01&wr_id=24)

로 사람들이 식당을 가지 않고 집에서 밥을 해 먹는 상황이 늘어났다. 그래서 밀키트 전문 업체들의 다양한 제품 출시 발표 기사를 자료 화면으로 사용하여 시청자들의 호응을 얻기도 했다.

단순히 제품 이야기만 해도 정보를 전달하기에는 충분하나, 생활과 밀접한 소통은 시청자들에게 큰 공감이 되어 폭넓은 교류를 돕는다. 방송 전 최근 사회나 경제 뉴스, 제품의 기능과 연관성 있는 기사들을 찾다 보면 이어지는 부분이 생겨 멘트의 질이 달라진다. 같은 제품이라도 매번 똑같은 설명만 하기보다 시청자들에게 공감되는 사회 문제 담화는 시청자들과 공감대 형성을, 브랜드에는 신뢰감을, 스스로에게는 배움의 효과를 얻는다. 무려 1석 3조이다.

앞서 제품 공부가 쇼호스트의 기본 태도이자 필수 과정이라고 말한 바 있다. 여기에 더 설득력 있고 풍성한 표현을 하고 다양한 타깃에게 소구할 수 있는 쇼호스트가 되기 위해서 사회 경제 이슈 공부는 보조 역할이 된다. 필수는 아니지만 이러한 지식들이 우리를 더욱 매력적인 쇼호스트로 만들어 줄 것이다.

시청자들의 집중도를 높이는 방법

내가 방송을 진행하면서 느낀 시청자의 집중도를 높이는 방법에는 크게 2가지가 있다. 바로 말하는 방법과 소통의 방법이다.

먼저 말하는 방법으로 이야기해 보자. 말할 때에 집중도를 높이는 방법은 우리 주변에서도 찾기 쉽다. 이미 여러분도 해 보았던 방법일 것이며 당장 어제도 했을 수도 있고, 바로 책을 펼치기 직전 했을 수도 있다. 모두가 다 아는 방법이다. 친구들과 함께 카페에 있다고 가정해 보자. 내가 오랫동안 사귄 남자 친구와 결혼한다는 소식을 발표하려고 한다. 여러분이라면 친구들에게 어떻게 이야기를 꺼내겠는가? "얘들아. 있잖아, 나 할 말이 있는데…."라며 조심스럽게 첫마디를 꺼낼 수도 있다. 또 "아, 맞다! 얘들아 나 결혼해!!"라며 소리칠 수도 있고, "나 진짜 빅뉴스 있는데 그게 뭐게~?"라며 궁금증을 유발해서 이목을 한꺼번에 집중시킬 수도 있다.

서점이나 인터넷 도서에서 말 잘하는 법이나 올바른 대화법과 같은 책을 본 적 있는가. 질문을 많이 하라든가 잘 들으라든가, 나의 경험을 예로 그들의 마음을 끌어내라든가. 또는 눈을 맞추며 또박또박 얘기하고 예시를 많이 활용하라는 등의 내용이 항상 등장한다. 이 모든 방식을 라이브커머스 쇼호스트의 말하는 방식에 적용하면 된다. 바라보는 상대가 손에 닿는 사람이냐, 카메라 렌즈냐의 차이일 뿐이다.

그렇다면 시청자들을 집중시키는 방법도 일상생활에서의 방법과 별 차이가 없겠다. 먼저 내용을 강조하기 위한 행동으로는 말의 강약 조절과 빠르기, 그리고 쉼이 있다. 가격이 저렴하다는 걸 강조하고 싶을 때, 없던 혜택이 갑자기 추가되었을 때, 선착순 쿠폰이 곧 소진될 때, 방송 시간이 얼마 남지 않았을 때, 이벤트 당첨자 발표를 하기 직전 등등의 경우가 그렇다. 이런 상황을 이해하기 좋은 예가 바로 연말 시상식이다. 수상자를 발표할 즈음, 관객들과 시청자들의 집중도를 최대로 끌어올린다. "수상자는요…. 2024년 연예 대상, 대상을 수상할 그 대망의 주인공은요…. 바로…. ○○○입니다! 축하드립니다!" 이 한 문장에 모든 집중의 방법이 다 들어 있다. 목소리의 크기가 점점 커지고 말의 속도는 점점 빨라지며, 중간중간 쉼을 추가해 긴장감마저 준다.

    라이브커머스 방송 경험이 별로 없을 당시 나는 1시간 방송을 끝내고 나면 목이 아파 소리를 제대로 내지 못할 만큼 목에 힘을 주어 방송을 하곤 했다. 이후 모니터링을 하면 '왜 저렇게 내내 격양되어 있지?'라는 생각이 들었다. 그렇다고 듣는 사람 입장에서 쭉 집중되는 것도 아니었다. 한창 타 방송 모니터링으로 공부할 적 우연히 한 쇼호스트를 보게 되었는데, 방송 내내 큰 소리를 내지 않고 조곤조곤 수다를 떠는 듯했다. 하지만 그녀의 말에 집중이 되고 방송 마지막까지 지루할 틈이 없었다. 자연스럽게 그녀의 방송을 끝까지 보게 되었는데, 충격적이었던 건 그분은 방송 시간 동안 목소리를 한 번도 높인 적이 없었다는 사실이다. 나는 그때 알았다. 시청자들의 이목을 집중시키고 강조하는 건 무조건 크고 빠른 게 답이 아니라는 사실을. 말을 빨리하면 짧은 시간 안에 무수한 내용을 뱉을 수 있겠지만, 시청자들이 집중해서 들을 준비가 되어 있지 않거나 쇼호스트의 전달력이 대단히 좋은 경우가 아니라면 그걸 온전히 받아들이기 힘들다. 시청자들은 쇼미더머니 심사 위원이 아니므로.

Part 2. 나도 라이브커머스 쇼호스트다

위의 방법들이 모두에게 다 잘 맞을 수는 없다. 여러 방식을 시도해 본 다음 나에게 어울리는 건을 적용해 보자. 이것만 바꾸어도 개성 강한 쇼호스트가 될 수 있을 터다.

시청자들을 집중하게 하는 또 다른 방법은 소통의 방법이다. 이 책에서 소통에 관한 이야기를 지겹도록 다루어도 이해해 주길 바란다. 라이브커머스에서는 반 이상이 소통으로 움직인다. '댓글을 보아라. 그러면 길이 열릴 것이다.' 좀 웃길 수 있지만 내가 종종 주문처럼 머릿속에 되뇌는 문장이다.

라이브커머스에서의 소통은 단순한 재미보다는 집중도를 높이는 아주 중요한 요소이다. 시청자들의 목소리 즉, 댓글 소통을 하지 않는다면 그 방송은 그저 잘 준비한 방송으로 끝날지도 모른다. 녹화 방송과 차이가 없는 것이다. 아이디를 불러 주고 댓글을 읽는 행위 자체만으로도 몰입도를 높일 수 있다. 한번은 무선이어폰 방송을 할 때였는데 한 시청자가 '화면에서 보이는 제품의 색이 실제 컬러와 비슷한가요? 컬러 실물 비교 좀 해 주세요.'라는 댓글을 남겼다. 그걸 확인하자마자 아이디를 부르며 댓글을 읽었고, 부감샷*을 이용하여 제품의 실물 색과 가장 가까운 모습으로 색을 비교했다. 그리고 질문을 남긴 시청자는 '자세히 설명해 주셔서 감사합니다.'라는 댓글과 함께 주문 번호를 남기며 구매 인증을 하였다. 이렇듯 지속적인 소통은 시청자들의

---

*　　High Angle Shot: '하이 앵글 숏'이라고도 부르며 높은 곳에 카메라를 올려놓고 카메라 각도가 위에서 아래, 수직 방향으로 찍는 것을 말한다.

방송 이탈률을 낮추고 방송에 몰두하게 만든다.

| 저자의 방송 중 부감샷(High Angle Shot)의 예시 사진

　　　　라이브커머스는 현장에 있는 어떠한 사람도 상황을 예측할 수 없고, 방송이 끝난 후에는 내용을 뒤집을 수 없다. 방송이 시작되면 이는 오롯이 쇼호스트의 몫이 되기에 필요한 순간순간에 갖가지 방법들로 시청자들을 집중시켜야 한다. 시청자가 눈앞에 있다고 생각하는 순간 우리가 댓글을 대하는 마음가짐도 달라질 것이다. 옷 가게에 들어가 "이 옷 입어 볼 수 있나요?", "가격이 얼마예요?"라고 물었는데 점원이 아무런 대꾸도 하지 않고 심지어 내 말을 들은 체 만 체 다른 직원들과 수다를 떨고 있다면? 우리는 그곳에서 옷을 사지 않고 나올 확률이 매우 높다. 내 눈앞에 있는 친구가 그랬다면 손목이라도 붙잡고 다시 집중시킬 수 있지만, 방송을 보는 시청자들은 상단에 있는 나가기 표시로 방송을 종료하면 그만이다. 이름을 불러 주고 질문에 적극 대답해 주며 나에게 열중할 때 상대방도 덩달아 내 말을 경청하게 된다.

Part 2. 나도 라이브커머스 쇼호스트다

사람들을 집중시키는 방법이 무대에 올라가 춤을 추는 것도 아니고 고함을 질러야 하는 것도 아닌, 잘 불러 주고 잘 들어 주는 일이라면 얼마나 쉬운가. 시청자들의 언어에 관심을 가지고 적극 소통하자. 그러면 방송을 진행하는 우리도 훨씬 즐거워진다.

진짜는
현장에 있다

준비한 대로 되는 게 하나도 없네?

래퍼 겸 방송인 넉살 씨와 함께 여의도 IFC 몰에서 현장 라이브 방송을 한 적이 있다. 쇼핑몰 이용객 중 우연히 무대를 발견하고 머무는 현장 관객들도 많았지만, 방송 당일 라이브커머스를 보기 위해 들어온 온라인 시청자들의 수도 굉장했다. 현장 라이브는 모바일 속 시청자와 현장 관객이 함께 존재하는 라이브이다. 더욱더 현장의 흐름에 많은 영향을 받게 되는데, 현장 관객 참여 이벤트는 실제 관객들이 무대로 나와 같이 제품을 사용해 보며 대화하는 시간도 가진다. 사전에 섭외하는 것이 아닌지라 관객들의 반응이나 멘트를 예측할 수가 없다. 그날도 실제 관객 총 네 팀을 무대로 불러 함께했는데, 커플도 있었고 혼자 무대로 올라온 관객들도 있었다. 누군가는 제품에 대해 본인의 의견을 발표했고 누군가는 새로운 기능에 신기해하기도 했으며, 누군가는 무대를 내려가기 전 넉살 씨와 함께 사진을 찍고 싶어 했다.

저자가 진행한 라이브커머스 방송, 여의도 IFC 몰 삼성 갤럭시탭 오픈 라이브 현장

그 모든 반응은 큐시트에 담겨 있지 않으며 오로지 현장에서만 알 수 있다. 오가는 관객들의 반응과 현장 확인을 담당하는 피디님의 판단 그리고 쇼호스트의 행동으로 모든 흐름이 실시간으로 변경 및 수정된다. 총 세 팀만 초대하려 했으나 관객 반응이 좋아서 한 팀을 더 부른 점, 넉살 씨가 현장에서 라이브로 부른 랩 반응이 좋아 앙코르를 시도한 점, 보여 주려고 했던 태블릿의 기능 중 일부분은 시간상 제외한 점 등. 이 모든 게 현장에서 실시간 판단과 결정 아래 진행된다.

쇼호스트의 기둥이 되는 큐시트는 흐름을 잃지 않는 길잡이가 되어 주지만, 그럼에도 방송이 흐름대로 가지 않는 이유는 시청자들의 요구 사항이 곧 방송의 방향이 되기 때문이다.

방송을 진행하던 도중 예상하지 못한 상황과 순서가 흔들리는 경우들이 수시로 발생해도 이런 혼돈을 잘 정리할 수 있어야 한다. 어떤 날에는 제품 설명은 고작 10%도 못 하고 혜택 설명을 주야장천 하는 날도 있었다. 시청자들이 이미 제품을 잘 알고 있고 혜택을 이곳저곳 비교한 후 가장 마음에 드는 곳에서 구매하기 위한 경우가 그렇다. 그럴 때마다 "제품에 대한 기능을 이미 너무 잘 알고 계신 것 같으니, 혜택을 말씀드릴게요. 중간마다 기능에 대한 궁금한 점이 있으면 언제든지 댓글로 남겨주세요. 바로 알려드리겠습니다."라고 말한 뒤 쿠폰을 다운로드하여 구매 방법과 이벤트 신청, 혜택 적용 방법을 지속해서 공유하기도 한다. 그러면 가끔 마음이 교차하는데, 이미 소비자들에게 평이 좋은 제품이라 기쁘고 뿌듯한 마음과 '이번 방송은 내가 말 한마디 하지 않아도 잘되겠는데.' 하는 내심 아쉬운 마음이다.

  어떤 상황이든 매출이 잘 나오는 날은 시청자들과 소통이 잘됐으며 그들의 요구를 잘 충족시켜 줬다고 받아들이게 된다. 라이브 도중 카메라 감독님께 사전에 논의되지 않았던 동선 이동 관련 건을 실시간으로 요청해 그 모습을 시청자들이 마주하는 것 또한 생방송의 묘미이다.

  어떤 때는 준비된 흐름이 무색할 정도로 계획이 바뀌는 경우도 생긴다. 방송할 5개 제품의 순서를 1 → 2 → 3 → 4 → 5 순으로 설명하고자 했는데 실제로는 4번부터 설명을 시작한다든지, 순서 상관없이 1, 4, 5를 한꺼번에 설명한다든지 등등의

| 저자가 래퍼 겸 방송인 넉살 씨와 함께 방송하는 모습

경우다. 그래서 준비한 것에만 의존하면 안 된다. 라이브커머스의 특성을 기억한다면 더더욱 공감될 테다. 화면 너머의 양방향 소통이 방송의 큰 비중을 차지하는 라이브커머스는 흐름 변경이 자유롭다.

태블릿 방송을 할 때였다. 작은 사이즈의 제품을 먼저 소개하자고 했으나 방송이 시작되자 큰 사이즈에 대한 질문이 압도적이었다. 결국 시청자들의 관심이 가장 높은 제품을 먼저 설명하며 준비한 모든 순서를 바꿔 버렸다. 방송이 끝나고 판매 비중을 확인하니 시청자들의 질문이 넘쳤던 제품이 가장 높은 비율로 판매됐다. 준비한 대로 되지 않는 것이 라이브커머스임을 절대 잊지 말아야 한다. 준비한 것에 매몰되지 말자. 준비한 대로 진행되는 방송은 아주 희미하게 존재할 뿐이다.

멀티태스커 (Multitask'er') 되기

이렇듯 흐름대로 진행되지 않는 라이브커머스 방송 특성상, 이런 경험이 잦을수록 늘어나는 능력이 하나 있다. 바로 멀티플레이(Multiplay) 능력이다. 라이브커머스 방송에서 시청자들의 댓글과 피디님의 지시 사항, 프리뷰, 실시간 화면 등 여러 스크린을 동시에 확인하는 것은 매우 중요하다. 피디님의 요구 사항이나 현장 상황을 눈여겨보고 현장 스태프들과 호흡 맞추는 것이 필요하기 때문이다. 시청자들의 요청을 재빠르게 파악하고 해결해 주기 위해서도 댓글을 눈으로 잘 잡아야 한다. 눈으로 화면을 보는 순간에도 멘트는 쉬지 않아야 하고 카메라를 보고 있지만, 피디님의 손짓이 무엇을 의미하는지 파악할 줄 알아야 한다. 1만 명의 시청자가 있다고 가정할 때 시청자들이 댓글 하나씩만 남겨도 댓글은 순식간에 1만 개가 될 터다. 그러니 쉴 수가 없다. 지금의 공기를 이어 가면서 다음에 나올 순서의 중요도를 파악해 스스로 변경할 줄 아는 능력도 필요하다는 뜻이다. 이게 바로 멀티태스킹(Multitasking, 동시에 여러 가지 일을 하는 능력)이며 따라서 쇼호스트는 멀티태스커('Multitask'에 'er'을 붙여 '동시에 여러 가지 일을 하는 능력의 사람'을 뜻하는 표현으로 사용했다)가 될 준비가 되어 있어야 한다.

"손은 눈보다 빠르다."라는 영화 〈타짜〉의 대사를 기억하는가? 우리는 이것을 반대로 적용해야 한다. 눈이 손보다 아니, 눈이 입보다 빠르다는 걸 실천에 옮겨야 한다. 라이브커머스 쇼호스트가 보는 현장은 시청자들이 보는 화면과는 아주 다르다. 댓글이 올라오는 화면, 피디님의 지시 사항을 보는 화면, 다음에 나올 자료를 미리 볼 수 있는 프리뷰 화면 그리고 시청자들에게 보이는 실시간 화면. 우리는 이 모든 것들을 한꺼번에 체크하면서 예기치 못한 상황에 번개처럼 대처해야 한다. 이런 경험들을 늘 하다 보면 멀티태스킹 능력이 아주 높아진 자신을 발견할 수 있다.

구매 추이 파악 후 흐름 리드

홈쇼핑에는 기본적으로 방송 중에 들어오는 콜(Call, 구매를 위한 전화가 걸려 오는 횟수) 숫자를 띄워 실시간으로 쇼호스트가 확인할 수 있는 화면이 있다. 반면에 라이브커머스는 실시간 판매 수량과 판매액 확인이 가능은 하나, 대체로 그렇게 화면을 띄우진 않는다. 그래서 현장에서 피디님들이 판매 추이를 재빨리 공유해 주거나 어떤 제품이 실시간으로 잘 나가는지 알려 주면서 쇼호스트들과 담당자들이 적극 소통한다. 여러 품목을 뭉텅이로 방송할 때는 TOP3를 실시간으로 파악하여 시청자들에게 전달하기도 하고, 방송이 끝나갈 무렵에는 소수 품목에 집중하게 하려고 쇼호스트가 일부러 피디님에게 질문하기도 한다. 시청자들에게 인기 있는 제품을 몇 가지로 제안 및 추천하여 선택의 시간을 아껴 주는 것이다. 시청자들이 원하는 제품을 소개하면 실제 매출에도 효과가 있었다. 밸런타인데이에 10명 중 9명이 초콜릿을 사러 오는데 어느 편의점이 매장 앞에 젤리만 진열해 두겠는가?

신혼 가전 특집으로 다품목 방송을 진행한 적이 있다. TV, 냉장고, 식기세척기, 인덕션, 세탁기, 건조기 등 품목이 아주 다양했다. 제품을 하나씩 전부 설명하고 나서 방송 시간이 반 이상 흐를 무렵, 피디님이 현재 가장 잘 판매되고 있는 제품 순으로 TOP3를 공유해 줬다. 해당 제품 3가지를 시청자들에게 1~3위로 소개하며 남은 시간 동안 비중을 늘려 제품을 소개했다. 실제로 방송 종료 후 가장 높은 판매 수로 해당 TOP3 제품이 나란히 기록됐다. 또 하루는 노트북 방송을 할 때였는데 몇몇 시청자가 '셀프 업그레이드는 어떻게 하는 거예요?'라는 질문을 남겼다. 원래는 해당 노트북의 여러 기능 중 하나로 '하판(기기 아래의 판)을 열어 셀프 업그레이드가 가능하다.' 정도로 가볍게 언급만 하고 지나가려 했으나 방법을 궁금해하는 몇몇 시청자가 있어 직접 시연하며 보여 주었다. 그랬더니 질문을 한 시청자를 포함하여 꽤 많은 시청자가 직접 시연했던 노트북을 구매했고, 구매 비율이 점점 높아지자, 방송 중 몇 차례 더 똑같은 시연을 반복했다. 그날 해당 노트북의 판매량은 평소보다 훨씬 높게 나왔다. 방송 중 실시간으로 판매 추이를 확인하는 일은 방송을 집중하게 하거나 방송의 흐름 자체를 바꾸는 데에 중요한 역할을 한다. 그래서 나는 한 방송에서 판매 제품의 종류가 다양할 때 종종 시청자들에게도 들리도록 피디님에게 소리 높여 묻는다. "피디님, 지금 어떤 게 가장 인기가 많아요?"

Part 2. 나도 라이브커머스 쇼호스트다

피디님, 감독님과의 티키타카는 곧 시청자의 즐거움

사회 실험 중 '웃음 바이러스 실험'이라는 게 있다. 누군가가 웃기 시작하면 결국 주변에 있는 모든 사람이 그 웃음에 행복 도파민이 분출되어 따라 웃게 되는 실험이다. 우리가 어느 영상을 볼 때 별 감흥이 없는 장면에서도 누군가의 웃음소리에 나도 모르게 따라 웃을 때가 있다. 이처럼 현장의 분위기는 곧 시청자들에게 고스란히 전달되기도 한다.

내가 이 단락을 쓰면서 가장 먼저 떠올린 건 바로 방송인 겸 아나운서 장성규 씨가 등장하는 유튜브 채널 〈워크맨(Workman)〉이다. 2019년 워크맨 채널이 처음 개설됐을 때 나는 굉장히 낯설면서도 새로운 재미를 느꼈다. 이전의 유튜브 형태에서 이러한 방식이 있었나 선뜻 구분할 수는 없으나 기억상 워크맨의 새로운 촬영 방식은 아주 빠르게 전파되어 많은 사람에게 신선함을 주었다. 진행자의 모습을 촬영하는 카메라 감독과 스태프들의 웃음소리가 마이크 너머로 생생하게 들렸고, 생동감 넘치는 현장의 소리는 카메라를 타고 고스란히 전해져 즐거움을 더해 주었다. 워크맨의 영향인지는 모르겠지만, 이후 현장의 목소리를 제거하지 않는 식의 영상이 점점 더 늘어났고 지금은 유튜브 채널을 포함한 많은 TV 예능이 감독, 피디, 작가 등 현장의 소리를 여과 없이 노출하고 있다. 라이브커머스가 하나의 예능과 비슷하다고 보는 이유는 바로 여기 있다. 물론 제품 판매의 목적을 가진 라이브커머스를 TV 예능 프로그램, 유튜브와 직접 비교할 수는 없다. 하지만 촬영 방식에서 진행자와 피디의 상호 교류 방식은 일맥상통한다고 생각한다.

    라이브커머스 방송 경험이 많아지며 현장의 분위기를 읽는 여유가 생겼다. 눈과 귀가 열리는 기분이었다. 현장의 분위기를 읽는 마음의 여유는 다른 방송을 보다 자세히 들여다볼 수 있는 힘을 길러 주었다. 워크맨이 재미있던 이유는 장성규 씨와 가장 가까운 곳에서 교감하며 함께 웃고 흥분하며 제일 먼저 워크맨을 즐긴 시청자, 바로 피디와 감독 그리고 현장 담당자들이 이미 그걸 느끼고 있었기 때문이다. 화면 너머의 보이지 않는 시청자들과 실제로 보이는 시청자가 공존한다고 생각하니 스튜디오의 현장 반응이 곧 시청자의 반응이 될 수도 있다고 느껴졌다. 바로 앞의 모니터 화면뿐만 아니라 현장 전체를 살피니 덩달아 피디님, 감독과의 호흡도 좋아졌다. 현장에서의 호흡이나 분위기가 좋아지니 화면 너머의 시청자들에게도 그 감정이 전달되는 듯했다. 방송 초반과 지금 나의 가장 큰 차이는 현장을 보는 여유다. 이 차이는 나에게 방송의 유연함과 자신감을 주었고, 진행에 활력을 불어넣었다. 지금도 여전히 나는 현장의 분위기를 적극 살피고 현장 담당자들과의 아이스 브레이킹(Ice Breaking)을 우선순위로 둔다. 현장의 유쾌한 분위기는 시청자들에게 고스란히 전해진다.

카카오 쇼핑라이브 방송 중 삼성 갤럭시북2 자동 프레이밍 기능 시연 모습 캡처

    하루는 제품의 기능을 설명했는데, 카메라의 앵글이 자동으로 인물을 중심으로 따라가 비추어 주는 기능이었다. 그 기능이 얼마나 편리한지 설명하며 카메라 감독님께 내가 이리저리 움직여 볼 테니 나를 중앙에 두고 계속 찍으라고 요청했다. 감독님은 잡고 있던 카메라를 빠르게 조정하며 화면을 이리저리 움직여 내 얼굴이 화면 밖으로 벗어나지 않도록 비추느라 바빴고, 그 모습이 재미있었는지 시청자들의 유쾌하다는 반응이 이어졌다. 카메라 감독님과의 호흡은 결국 방송의 분위기로 이어졌다. 자주 호흡을 맞추었던 제작팀과 휴대폰 방송을 진행한 적이 있었다. 제품에는 여러 가지 컬러가 있었는데, 하나씩 쥐고 들 때마다 나는 다른 포즈를 취했다. 그렇게 하니 카메라 감독님은 그때마다 카메라 줌(Zoom), 아웃(Out)을 반복하며 그 모습을 놓치

지 않았다. 현장에 있는 스태프들이 모두 손뼉을 치며 웃기까지 했다. 시청자들은 '너무 웃겨요.', '뮤직뱅크인 줄 알았어요.', '감독님 최소 음악 방송 출신.', '감독님이 완전 하드 캐리 중.' 등의 댓글을 남겼다. 그 이후, 잡고 있던 걸 보여 주려 할 때마다 아까처럼 해 달라는 요청이 들어왔다. 그럼 감독님은 대기하고 있던 건지 카메라를 움켜쥔 채 앵글 당길 준비를 하고 있었다. 방송이 끝나고 현장의 모든 스태프도 재미있어 시간 가는 줄 몰랐다고 해 주었다. 예능과 일맥상통한다고 해서 '시청자들을 웃겨라.'는 뜻이 아니다. 현장에서부터 모든 이들과 진심으로 즐기라는 의미다. 현장에서의 교류를 적극 활용한다면 라이브커머스의 매력을 극대화할 수 있을 것이다. 카메라는 곧 시청자의 눈이며 감독님, 피디님과의 티키타카는 곧 시청자들의 즐거움이다.

돌발 상황에서의 대처 능력

생방송은 그 단어만으로 손에 땀을 쥐게 한다. 예측하지 못한 상황이 발생하면 어쩌나, 내가 잘 대처할 수 있을까 등의 생각으로 시작도 전에 긴장하게 된다. 그러나 경험이 늘어날수록 현장의 분위기를 읽는 여유뿐만 아니라 돌발 상황에 좀 더 유연해지는 능력도 쌓게 된다. 태어날 때부터 모두가 센스(Sense)를 가지고 태어난다면 좋겠지만, 모두 천부적인 센스를 가지고 있는 것은 아니다. 이런 일도 자주 접하다 보면 점점 침착하게 대처할 수 있다. 돌발 상황은 내게도 있었다. 한번은 TV, 에어컨, 인덕션, 냉장고, 세탁기 등 다품목 제품을 한꺼번에 진행했었다. 전부 대형 제품들이다 보니 이동 동선이 길었다. 쇼호스트가 이동할 때마다 우리가 보고 있는 모니터들도 함께 옮겨져야 했는데, 방송 중 모니터와 연결선이 분리되며 모니터가 모두 꺼지는 일이 일어났다. 댓글 화면뿐만 아니라 피디님의 지시 사항이 적힌 메모장과 실시간 모니터링 화면까지 초기 화면으로 뒤덮였다. 우리는 이 사실을 스태프들에게 손짓으로 알렸고, 화면이 다시 연결되기를 기다리며 아무렇지 않은 채 제품 설명을 이어 갔다.

또 방송 중 시청자들이 보는 화면의 연결이 끊어져 모바일 화면이 블랙아웃(Black-Out)된 채로 쇼호스트의 목소리만 나간 적도 있다. 화면이 까맣게 덮인 상태로 음성만 나가고 있음을 인지했다. 이후 시청자들에게 급히 상황을 알리며 곧 복구될 테니 기다려 달라고 양해를 구했다. 중간중간 벌어지는 돌발 상황은 이뿐만이 아니다. 노트북 지문으로 등록했던 손가락 인식이 갑자기 안 되거나 여름에 스튜디오의 에어컨 문제로 방송 진행 내내 땀을 뻘뻘 흘린 적도 있다. 내가 소개하고 있는 제품과 다른 상품의 이미지가 비칠 때도 있고, 건물의 인터넷 문제가 발생해 전자 기기들에 설정해 둔 와이파이 연결이 싹 끊기기도 했다.

이러한 돌발 상황은 언제나 일어날 수 있음을 인지하고 있지만, 어떤 일이 벌어질지는 나도 감히 짐작할 수가 없다. 그러나 상황을 경험한다는 자체만으로도 대처 능력을 선사한다. 나로 인해 생긴 실수는 그 자리에서 바로 인정하고 넘어갈 수 있는 여유, 그리고 땀이 흘러도 "시원한 물 한 잔만 마시고 올게요."라고 말하는 여유, 그러한 상황에서도 시청자들과 능청스럽게 수다를 떨며 진행하는 여유가 돌발 상황을 별거 아닌 듯 느끼게 하는 가장 좋은 대처법이다.

생방송은 그 나름의 생동감과 아찔한 매력을 가지고 있다. 이것이 생방송의 묘미이자 쇼호스트가 가장 긴장해야 하는 부분이다. 그래도 상황을 솔직하고 재치 있게, 여유를 곁들여 이끌어 간다면 더 흥겨운 반전의 시너지를 낼 수도 있다.

진짜 공부는 내 방송 모니터링에서부터 시작된다

지금까지 500회가 넘는 방송을 진행하면서 나는 내가 출연한 방송을 단 하나도 빠짐없이 모니터링했다. 방송이 끝난 후 해당 방송을 처음부터 끝까지 시청하며 놓쳤던 댓글과 함께 나의 모습을 객관적으로 모니터링한다. 모니터링 100% 달성률을 기록한 데에는 이유가 있었다. 삼성전자 쇼호스트로 입사 후 약 1개월간의 교육 기간을 마치고 방송 업무를 시작하면서 한 달 평균 20개 정도의 방송을 진행했다. 매 방송 후 팀원들과 파트장님, 그룹장님에게 방송 내용을 엑셀로 정리하여 메일로 보고했는데, 거기에는 진행 일자, 제품, 판매 수, 매출액 등 기본 사항을 포함하여 진행 내용과 개선 사항 등이 있었다. 라이브커머스 부서가 존재하지 않았던 삼성전자의 1기 라이브커머스 쇼호스트로 입사하면서 이 보고 사항 리뷰 메일 또한 당연히 최초로 진행됐는데, 최초 보고서 리뷰 속 엑셀 표에는 글과 숫자만이 가득했다. 팀 내 디자이너 한 분이 보고서를 받은 후 나에게 방송 화면 자료도 추가하면 어떻겠냐고 제안했다. 그리고 다음과 같은 이유를 덧붙였다. 데스크 업무가 대부분인 다른 직원들과 상사들은 하루에도 방대한 결재와 보고 메일을 받는다고. 그러니 그들에게 방송 리뷰가 눈에 잘 들어오지 않을 수 있을 듯하다는 게 첫 번째였다. 또 하나는 업무 탓에 쇼호스트의 방송을 볼 수 없는 아쉬움을 보고서로나마 느꼈으면 좋겠다는 바람. 방송하는 쇼호스트 업무 특성상 외부 일정이 대부분이라 회사 안에서 잘 마주치지 못하니 이렇게라도 보면 반갑고 즐거울 것 같다는 말을 더했다. 그 후 투박했던 보고서는 다채로운 방송 화면 사진으로 풍성하게 채워졌다. 지난 보고서 자료를 볼 때 확인하기가 편리했고, 보고서를 받는 다른 직원들도 만족스러워했다.

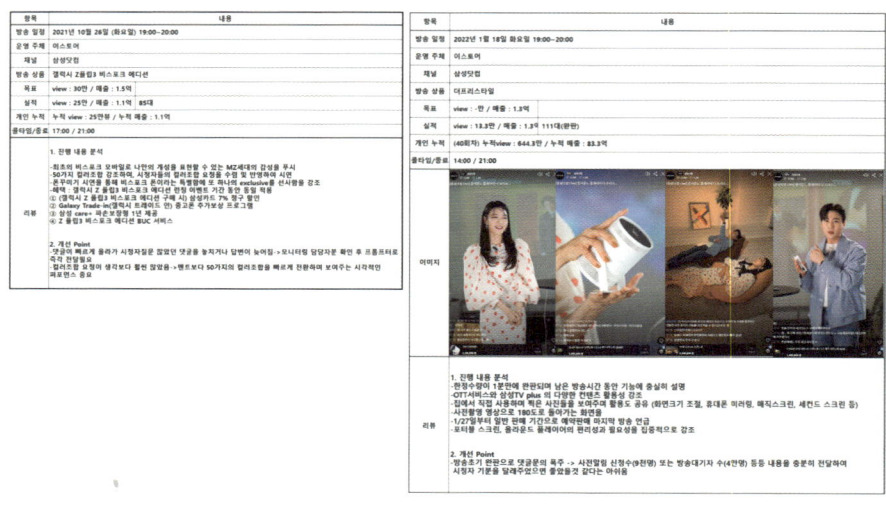

왼쪽은 처음 작성했던 방송 리뷰 보고서, 오른쪽은 이후 사진을 첨부한 방송 리뷰 보고서

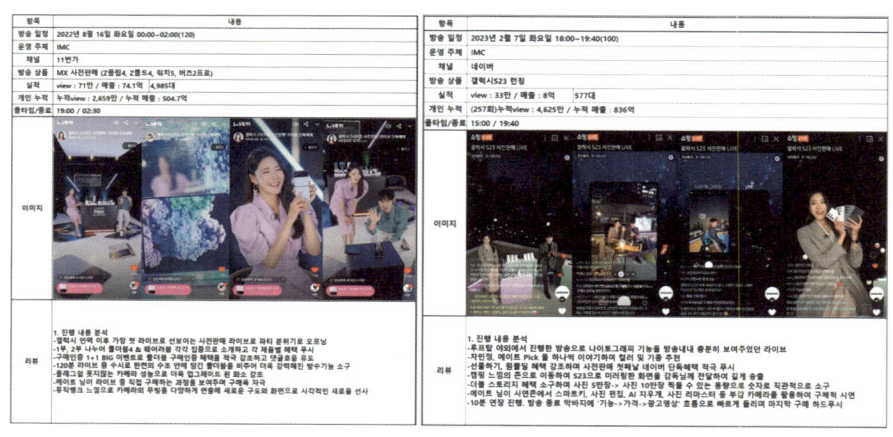

사진을 첨부한 방송 리뷰 보고서 추가 예시

Part 2. 나도 라이브커머스 쇼호스트다

보고서에 사진 자료를 첨부하면서 좋은 점은 나에게 더 많았다. 모니터링할 때 내가 짓는 표정과 핸들링 등 나의 모습을 더 유심히 관찰하게 되었고, 고치고 싶은 부분들을 더 자세하게 관측했다. 모니터링의 궁극적 목적인 나 스스로에 대한 객관적인 평가가 더 잘 됐다. 방송 일정이 많을 땐 한 달에 총 24회까지 스케줄이 잡혔다. 공휴일에는 방송을 거의 하지 않았다는 점을 고려하면 주말을 제외한 평일 하루에 많게는 2회의 방송을 진행한 셈이었다. 그런 달에는 출근 후 테이블에 앉아서 모니터링할 시간도 부족했다. 그러다 보니 집에서 집안일을 하거나 숍에서 화장을 받으면서, 택시를 타고 이동할 때 등 생활하며 틈틈이 모니터링했다. 그렇게 보다 보면 내가 그 순간에 했으면 좋았을 멘트들이 떠오르고, 방송할 때는 느끼지 못했던 불필요한 리액션과 제스처들이 보였다. 그때 확인했으면 좋았을 시청자 댓글들도 빠짐없이 눈에 담을 수 있어 좋았다.

　방송 하나를 제대로 모니터링하는 데에 방송 진행하는 시간의 약 2배가 걸렸다. 시청자가 많아 댓글이 쉴 새 없이 올라오면 댓글 하나하나를 놓치지 않기 위해 일시 정지와 재생을 반복했다. 답변을 정확히 모르는 질문이 보이면 화면을 멈춘 채 인터넷이나 제품설명서를 들여다봐야 했다. 잦은 일정과 모니터링으로 보고서 제출 기한이 늦어질 때도 있었지만, 모니터링하면 할수록 늘어나는 지식과 나에 대한 피드백 때문에 가볍게 할 수가 없었다. 그렇게 꾸역꾸역 모니터링하고 나면 시간이 오래 걸린 만큼이나 자신감이 생기고 확실히 공부한 기분이 들었다. 공부 잘하는 친구들이 왜 그렇게 열심히 오답 노트를 정리하여 보고 또 보는지 이제야 이해가 갔다. 틀렸던 문제를 다시 한번 더 들여다보면 나의 실수가 보이고, 여러 반복 끝에 결국 정답에 가까워지니까. 입사 초반에 한번은 2주 내내 방송이 빼곡히 잡혀 있었는데 준비가 꽤 필요한 방송들이었기에 모니터링이 2주 정도 밀린 적이 있었다. 그때 밀린 모니터링과 보고서 마무리에 족히 일주일은 꼬박 걸린 것 같다. 출근해서 퇴근할 때까지 지난 방송들만 뚫어지게 봤다.

자신의 모습을 직접 촬영해서 본 적 있는 사람들이라면 화면 속 나의 모습을 제삼자의 눈으로 보는 것이 얼마나 민망하고 부끄러운지 공감할 터다. 초반의 내가 그랬다. 지금에서야 방송을 자주 하며 적응이 됐지만, 화면 속 나의 모습이 참 쑥스럽게 느껴졌다. 나에겐 모니터링이 여름 방학 숙제와 같은 존재였다. 하기 싫어도 해야 하는 존재. 그러나 정확한 자기 객관화와 분명한 셀프 피드백, 이는 내가 모니터링을 강조하는 이유다. 말을 생각 없이 내뱉고 있던 순간은 없는지, 긴장할 때 나오는 특유의 행동이나 특정 단어는 없는지, 눈썹을 과하게 쓰진 않는지, 눈을 자주 깜빡거리지는 않는지, 카메라가 아닌 엉뚱한 곳을 쳐다보는 건 아닌지, 불필요한 몸의 움직임은 없는지 등등 모니터링하면 다 보인다.

나에게도 고치고 싶은 나쁜 버릇이 있다. 나는 내가 '사실'이라는 단어를 내가 그렇게 자주 사용하는 줄 몰랐다. 눈치채지 못했는데 모니터링하던 중 알아챘다. 몇 문장 말하는데 사실을 어찌나 자주 언급하던지, 누가 보면 거짓이 가득한 세상에 사는 줄 알겠다. 여전히 자주 사용하는 특정 단어들이 있긴 하다. 그래도 예전보다 그 버릇을 훨씬 고쳤다. 그뿐만 아니라 말이 갑자기 빨라지는 순간도 있었다. 특히 혜택을 읊을 때 말을 속사포로 뱉어 냈는데, 오히려 천천히 핵심만 강조하는 게 나을 때도 있었다. 내가 쥐고 있는 제품을 카메라가 타이트하게 비출 때는 움직임을 최소화하여 되도록 제품이 화면의 중앙에 위치하도록 신경 써야겠다는 점, 이어버드 제품을 방송하면 귀 옆의 잔머리가 제품을 보여 주는 데에 방해가 된다는 점도 모니터링을 통해 깨달았다. 나의 모습을 바깥에서 날카롭게 파악하자. 그 첫 단계가 바로 나의 방송 모니터링이다.

똑똑하게 방송하기

라이브커머스 입문자라면 최대한 많은 카테고리를 경험해라

만약 라이브커머스 방송을 막 시작한 사람이라면 여러 카테고리의 이력을 쌓는 것이 좋겠다고 말한다. 본인에게 잘 맞는 카테고리를 확고하게 결정했다면 더 없이 축하할 일이다. 하지만 분야가 다양한 라이브커머스 시장에서 하나의 분야만 고집하기에는 방송의 기회가 적어질 수 있으니, 분야를 넓히는 편이 좋다. 회사 면접에서 "저는 엑셀 전문가입니다! 엑셀을 그 누구보다 잘 다루고 한길만 열심히 팠습니다!"라고 할 수 없는 노릇 아닌가. 엑셀 전문 분야를 뽑는 특수 직군의 채용이 아니라면 말이다. 여러 분야에서 환영받는 쇼호스트가 되려면 다양한 카테고리의 경력이 있는 게 낫다. 나에게 어느 분야가 잘 어울리고 맞을지는 해 보지 않으면 알지 못하니 선뜻 나 스스로 단정을 짓지는 말자. 나 또한 IT나 가전이 나에게 잘 어울릴 거라고는 전혀 예상하지 못했으니까.

다양한 색깔을 가진 쇼호스트가 된다면 그것만큼 강력한 무기도 없다. 한 분야에서 전문가가 되는 것도 대단하지만, 쇼호스트로 경력을 차곡차곡 쌓다 보면 나와 어우러지는 일이 들어올 테니 미리 선을 긋지 않아도 된다. 라이브커머스 입문자라면 그 과정이라 여기며 여러 카테고리에서 이력을 추가하는 게 현명한 방법이다.

레퍼런스가 넉넉하다고 꼭 좋은 건 아니지만, 다채로운 경력이 중요한 이유는 바로 여기에 있다. 브랜드는 동일 카테고리에서 방송한 경험이 있는 사람을 선호한다고 한다. 그래서 레퍼런스는 중요하다. 삼성에도 방송이 동시다발적으로 일어나면 종종 프리랜서 쇼호스트를 섭외하기도 하는데, 전자 제품 방송을 진행해 본 경험이 있는 이를 조금 더 반긴다. 아무래도 제품 이해도에 따라 진행의 유연함에 차이가 있을 수 있다는 데에 공감해서 그렇겠다. 그러니 초반에는 최대한 카테고리를 넓히자. 물론 동일 카테고리가 있다고 해서 무조건 섭외가 이루어지고, 없다고 해서 절대 섭외가 안 되는 것은 아니다. 그러나 이것은 나만의 카테고리를 찾기 위한 중요한 과정이 되기도 한다. 이건 다음 〈2. 나만의 카테고리 찾기〉에서 자세하게 다루었다.

나는 삼성 입사 전 프리랜서로 활동할 때 이런 경험을 했다. 패션 브랜드에서 방송을 몇 차례 했더니 다른 브랜드에서 섭외 요청이 들어왔고, 화장품 브랜드 방송을 하고 나니 뷰티 방송 섭외가 줄줄이 몰아쳤다. 그전에는 패션 방송 경험이 있는지 브랜드로부터 질문을 받았고, 뷰티도 마찬가지였다. 그때 나는 동일 카테고리의 체험이 중요함을 깨달았다. 특히 삼성 면접에서 같은 질문을 받은 후 더 절실히 느꼈다.

만약 방송 경험이 전혀 없는 사람이라면 어떻게 해야 할까? 레퍼런스를 어떻게 쌓아야 하는지 모르겠다면, 〈Part 2. 나도 라이브커머스 쇼호스트다 – 쇼호스트는 어떻게 되는 거예요?〉 중 '쇼호스트 준비, 학원만이 정답인가요?'를 참고하길 바란다. 위에서도 이야기했듯이, 구직 사이트를 적극 활용하고 인터넷을 100% 이용하자. 알려 주는 사람 없이 막막할 때는 무조건 정보의 힘을 빌려야 한다. 당신이 방송을 못 해서 연락 오지 않는 게 아니다. 당신의 존재를 알지 못해서, 당신의 방송 스타일을 알 길이 없어서 섭외할 수 없는 것뿐이다.

나만의 카테고리 찾기

여러 가지 카테고리를 시도하고 있다면, 이제는 선택과 집중이 필요할 때다. 여러 분야에서 방송을 진행하다 보면 나 스스로 좀 더 관심이 가는 카테고리나 핏(Fit)이 잘 맞는 분야, 혹은 주변의 반응이 좋은 범위가 생긴다. 모든 카테고리가 나에게 다 잘 어울린다면 너무나 좋겠으나 유독 나의 장점이 더 도드라지는 카테고리를 발견했다면, 그 분야에 집중해 보자. 특정 분야에서 경쟁력 있는 쇼호스트가 될 수 있다. 수능을 볼 때 모든 과목에서 1등급을 받으면 참 좋겠지만, 결코 쉬운 일이 아니다. 그렇다면 몇 가지 과목에 집중하여 전체 평균 등급을 올리거나 특기생으로 대학교를 진학하는 방법이 하나의 전략이 된다는 뜻이다. 한 카테고리에서의 방송을 지속하다 보면 지식의 틀이 넓어지고, 그로 인해 멘트의 내용이 풍성해져 다른 쇼호스트들보다 훨씬 더 구체적이고 깊게 정보 전달을 할 수 있다. 현재 라이브커머스 쇼호스트로 활동하는 사람 중 카테고리를 가리지 않고 진행하는 사람들이 많지만 모든 분야를 같은 비율로 진행하는 쇼호스트는 드물다. 대부분 프리랜서 라이브커머스 쇼호스트들은 한두 분야에서 높은 비율로 방송하고 있다. 쇼호스트들의 각 이미지나 분위기는 실물을 보지 않아도 그들이 주로 행하는 카테고리만으로 짐작할 수 있다. 패션 방송을 주로 하는 쇼호스트는 키가 평균적으로 클 것이며 뷰티 방송을 위주로 하는 쇼호스트는 대부분 피부가 좋을 것이다. 식품 방송을 많이 진행하는 쇼호스트는 음식을 가리지 않고 잘 먹을 거라는 첫인상이 그 예다. 쇼호스트가 가진 카테고리별 이력은 이런 부분에서 중요한 역할을 한다.

    이처럼 나만의 캐릭터와 나만의 카테고리를 구축하는 것은 쇼호스트를 섭외하는 담당자들뿐만 아니라 시청자들에게 나를 각인시키는 좋은 방법이 되기도 한다. 주변 친구들을 떠올릴 때 각각 떠오르는 키워드나 이미지가 있지 않은가? '약속을 잘 지키는 친구', '별자리 운세를 꿰고 있는 친구', '음악에 조예가 깊은 친구', '힘들 때 언제나 속마음을 털어놓을 수 있는 친구', '여행을 좋아하는 친구', '매일 아침 과일을 먹는 친구' 등. 이렇게 각인될 이미지는 누구에게나 있으며 쇼호스트라면 떠오르는 이미지로 기억되는 사람인 편이 좋다. 독특한 행동을 하거나 특이한 발언으로 기억을 심으라는 뜻이 아니다. TV 예능에 나오는 연예인들처럼 독보적인 캐릭터를 만들기 위해 독특한 말투로 애쓸 필요도 없다. 그러나 특정 분야에서 패션과 잘 어울리는 쇼호스트, 전자 제품 카테고리에서 더 돋보이는 쇼호스트도 좋고 텐션이 높은 쇼호스트, 비유를 잘 드는 쇼호스트, 제품 설명을 이해하기 쉽게 전달하는 쇼호스트, 시청자들과 소통을 잘하는 쇼호스트 등등으로도 충분하다. 라이브커머스는 시청자들과 편안하게 소통하는 방송이라 오히려 나답게 내 성격 있는 그대로를 드러내며 내가 잘하는 것들을 더 특별히 잘해 낼 때 시청자들은 나를 더 오랫동안 기억할 것이다.

카테고리별 공부법: 나만의 표현 노트 만들기

외국어 회화를 공부하기 위해 애플리케이션이나 사이트에 들어가 보면 장소별, 상황별 회화들을 따로 구분해 놓은 것을 볼 수 있다. 나 또한 영어, 중국어 회화 공부를 할 때마다 이와 같은 방법으로 나만의 표현 노트를 만든다. 나만의 표현 노트가 사이트와 다른 점은 특정 상황에서 내가 자주 표현하는 문장이나 단어 등 맞춤 표현들을 집중적으로 정리한다는 점이다. 나만의 표현 노트를 정리해 두면 공부하는 게 더욱 재미있었고, 주로 쓰는 문장들을 집중적으로 암기하니 기억에도 오래 남았다.

이러한 표현 노트 정리법은 쇼호스트가 되고 난 이후에도 꽤 효과적이었다. 나는 전자 제품을 공부할 때 용어를 이해하는 것이 어려웠다. 시청자들의 다양한 질문에 유연하게 대답하고 기능 차이를 구별하는 게 어려운 소비자들을 돕기 위해서는 나부터 확실하게 용어 이해가 시급했다. 나는 카테고리별로 구분 지어 용어 정리를 했다. 꼬리에 꼬리를 무는 질문들을 하나씩 노트에 적었고, 이는 매번 방송할 때마다 수험생들의 오답 노트처럼 간단하게 펼쳐 보기 좋았다.

TV (UHD. QLED. 8K)

- **QLED 란?** (Quantum dot Light-Emitting Diodes)
  - ⓠ퀀텀닷: "하광변화없는 무기물 소재로 정확한 컬러구현"
    (픽션의 수명이 길어 오래봐도 처음과 그대로.
      밝기의 범위가 넓어 어떤장면에서도 정확한 컬러 구현)
  - → QLED TV란 : 화변기술인 퀀텀닷을 적용한 혁신적인 TV다.

- **해상도란:** "화면을 구성하는 픽셀 추가 많을수록 고화질"

	픽셀수	해상도	
Full HD (FHD, 2K)	200만픽셀	1920×1080	⎫ 4배
UHD, QLED (4K)	830만픽셀	3840×2160	⎬ 16배
8K	3300만픽셀	7680×4320	⎭ 4배

  (가로 × 세로 픽셀개수)
  픽셀이 8000개씩 가깝기 때문에 8K라고 부름

- ⓐ 패널종류 앞치   성명화이 → 영상위주 60번대
     KQ85 QC75 AFXKR   영상+게임 70번대
     QLED 계열 23년형 QLED (QA:21년/QB:22년/QC:23년형…)
     QNC 도 있는데. N은 NEO를 뜻함. 상위라인급
     ↓
     숙박판매제공 / FX 교사도 해당(판매제공)

- **HDR 4000 ?**
  - ⓗⓓⓡ : "밝은 부분은 더 밝게, 어두운 부분은 더 어둡게 쉽은 대비인지 모두 표현하여
    원본에 가깝게 재현하는 기술"
  - HDR 4000 : HDR이 적용되있고 4000nit 밝기를 구현
  - HDR 2000 :   "   2000nit   "
  - HDR 1000 :   "   1000nit   "

게이밍 모니터 용어사전
Gaming monitor

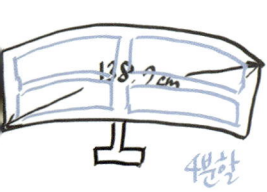
4분할

3분할

- **1000R 곡률** : 같은 인치라도 곡률 오목함이 몰입감↑ 사람의 시야에 가장 이상적인 곡률
  (화면 중앙에서 가장자리까지 균일한 시청거리 제공. 사람의 눈이 가장 이상적인 곡률로 안구형)

- 콕핏(cockpit) 모드 : 운전석·조종석을 뜻하는 말. 여기에서는 시야가 확 트인 넓은 모니터 장점을 의미. 세로형 콕핏모드는, 마치 우주선에 앉아있는 몰입감 선사.

- (HAS (높낮이 조정)) = 엘리베이션
  틸트 (상하각도 조정)

- FPS (초당 프레임수)
  HDR (High Dinamic Range) : 밝은 곳은 밝게, 어두운 곳은 어둡게 표현하는 기술. (높을수록 명암비↑)
  VRR (가변재생빈도) : 입력 유연성↑

- **주사율 대비** : 단위시간당 나타내는 프레임
  ex) 6Hz는, 1초동안 화면을 그리는 작업을 60번진행
  → 주사율이 높을수록 화면움직임이 부드러움

- **티어링 현상** : 그래픽 카드 성능↔모니터 주사율(차이) 때문에, 화면이 어긋나는 현상

모르는 용어들을 정리하여 메모한 노트 내용 중 일부(2)

용어를 제대로 알기만 해도 각 제품의 특징과 장점들을 비교 설명하기 좋았고, 나처럼 용어를 잘 모르던 시청자들이 구매를 결정하게 도와주는 좋은 매개체가 되었다. 기능을 제대로 흡수하고 나면 표현들은 더욱더 풍성해지고 결과물은 시청자들의 고개를 끄덕거리게 만들 터다. 쇼호스트는 단순히 설명서를 줄줄 읊기만 하는 사람이 아니다. 제품의 필요성을 마음 깊이 전달하기 위해서는 제품 기능 알기부터 시작해야 한다. 누구나 이야기할 수 있는 표현 말고 여러분만이 할 수 있는 표현 노트를 만들어 보아라. 단어를 이해하기 위해 정리하는 용어 노트든 공감대를 높일 수 있는 표현 노트든 상관없다. 그럼, 당신은 시청자들에게 정보 전달만 하는 쇼호스트가 아닌 마음을 함께 나누는 쇼호스트가 될 것이다. 이것은 말 그대로 '종이 한 장' 차이다.

표현력 늘리는 방법

표현력을 늘리기 위해서 위와 같은 표현 노트를 만드는 방법도 있지만, 다른 방법도 있다. 나는 다른 쇼호스트들의 방송을 모니터링하면서도 도움받았지만, 예능이나 유튜브 채널들을 보면서도 종종 아이디어를 얻곤 했다. 예능에서 쓰는 자막이나 재미있는 문구들 또는 출연자들의 애드리브나 순간순간 던지는 센스 있는 멘트들을 방송에서 유용하게 써먹기도 했다. 또한, 현 사회의 트렌드나 유행을 반영하기도 했다. 그러한 이슈들은 어렵고 무거운 내용이 아닌 예능이나 평소에 즐겨 보는 채널들로도 알 수 있으니 매일 뉴스를 확인하지 않던 나에게는 가벼운 마음으로 보기에 좋았다.

　여러 예능 프로그램 중에서도 인터뷰 형태의 예능도 자주 시청했는데, 방송인 유재석과 개그맨 조세호가 진행하는 〈유 퀴즈 온 더 블럭〉이 큰 도움이 됐다. 매회 다른 사람들의 생각과 가치관을 들을 수 있어 흥미로움에 즐겨 시청했는데, 덤으로 시청자들의 관심 주제와 관련된 인물을 초대해 직간접적으로 해당 부분을 알 수 있어 좋았다. 사회 이슈를 기껍게 내보이며 시사하는 바도 있어 유익하기까지 하니 보지 않을 수 없었다. 그들이 진행하는 방식도 큰 배움이 되었는데, 선을 넘지 않고 상대방을 배려하면서 던지는 장난과 그들의 티키타카가 눈에 들어왔다. 특히 매번 새로운 게스트가 출연하는 프로그램의 특성상 게스트들에게 질문하는 방식과 표현들을 유심히 살펴보곤 했다. 이는 삼성전자 쇼호스트로 있을 당시 라이브커머스 방송에서 종종 연예인이나 개그맨, 셀럽들을 게스트로 초대하여 함께 방송할 때 보탬이 되었다. 제품을 소개하고 판매하는 라이브커머스 방송 본연의 목적을 잊지 않으면서도 진행 흐름 속 게스트와 제품 모두 집중할 수 있도록 하는 데에 말이다.

　여러 예능을 시청하다 보면 그저 흘러갈 수 있는 상황들이 재미있는 순간으로 바뀌는 장면들을 자주 발견하게 된다. 누군가는 기분이 상할 수 있는 상황에서 재치 있게 받아들이기도 하고, 넘길 수도 있는 상대의 멘트를 놓치지 않고 재미있게 다듬는 그런 장면 말이다. 그런 걸 볼 때마다 진행자의 입장에서 방송인들의 모습을 마주하게 된다. 어떤 단어들이 상대방을 불편하게 만드는지, 어떤 표현과 행동들이 상대방의 선을 넘지 않으며 즐겁게 여겨지는지, 어떤 단어를 주의해야 하는지 등을 진행자의 편에서 판단하는 것이다. 또한, 적절한 말의 타이밍도 주의 깊게 관찰하곤 하는데 똑같은 말이라도 적절히 하면 그 효과나 재미가 배가 되기도 했다. 표현력을 늘리기 위해 예능을 보라는 것이 예능 프로그램을 좋아하는 나로서는 자기 합리화처럼 들릴지 모르겠지만, 프로페셔널한 진행자들의 센스와 높은 수준의 묘사는 어떠한 책으로 공부하는 것보다 더 유익했다.

여러 진행자의 모습을 잘 파악할 때 나의 실수를 간접적으로 볼 수 있었고, 과실을 줄일 수 있었다.

나는 이와 비슷한 방법으로 전문가가 출연하는 유튜브 채널 또한 자주 시청했다. 한 예로, 패션 방송을 준비할 때 스타일리스트나 패션 관련 직업을 가진 사람의 영상을 참고해 옷에 대한 전문적인 지식이나 패션 업계에서 자주 활용하는 표현들을 익혔다. 또 옷의 디자인과 소재에 관한 그들의 의견을 통해 방송 중 활용할 만한 내용을 수집했다. 시대별로 유행했던 패션의 역사나 배경 이야기를 다루는 영상을 본 후 나의 경험과 이야기 소재들을 엮어 다룰 주제들을 떠올리기도 했다. 이러한 준비 과정들 덕분에 이야깃거리가 풍성해졌다. 특정 분야에서 오랫동안 몸담았던 전문가뿐만 아니라 한 분야에 관심이 많은 일반인도 각자만의 채널을 통해 다양한 지식을 공유하는 세상이기 때문에 활용할 자료는 넘쳤다. 간단한 검색만으로도 얻을 수 있는 정보의 양도 많았다. 물론 정보의 정확성이나 사실 여부 또한 그만큼 필요해지긴 했으나 얻을 수 있는 표현의 다양성과 정보 습득량의 1차원적인 측면으로만 볼 때 상당히 긍정적인 것은 사실이다.

표현력을 늘리는 또 다른 방법으로 해당 카테고리의 전문 서적이나 관련 책을 찾아보는 것이 있다. 나의 경우에는 글만 수두룩하게 적힌 두꺼운 서적을 읽자니 수험생이 된 양 따분하게 느껴져 얇고 읽기 쉬운 관련 잡지나 온라인 매거진을 참고했다. 잡지는 사진이 많아 시각적으로 지루하지 않았고 긴 글보다는 짧은 글과 함께 익숙하지 않은 표현들이나 전문 단어들을 접할 수 있어 틈날 때마다 읽기가 편했다. 특히 요즘은 카페에 잡지나 책을 두는 경우가 있는데 ELLE(엘르), VOGUE(보그), MARIE CLAIRE(마리끌레르), COSMOPOLITAN(코스모폴리탄)과 같은 패션이나 뷰티 잡지들이 보이면 가볍게 펼친다. 꼭 뷰티나 패션 방송을 위한 것이 아니더라도 전자 제품의 컬러 표현에 유용하게 쓰였다. 이와 비슷하게 스타일링 관련 잡지인 KINFORK(킨포크), LIVING SENSE(리빙센스) 등을 보면서도 새로운 표현이나 디자인 관련 단어를 익혔다. 내가 평소 접할 기회가 없던 단어들로 표현의 선택을 풍성하게 해 주는 데에 도움이 되었다. 한때 나는 주얼리를 다루는 귀금속 방송이 하고 싶어 해당 레퍼런스가 전혀 없이 책 한 권만으로 공부한 적이 있었다. 보석 전문가가 집

필한 책이었는데 잡지처럼 얇진 않았다. 그래도 사진이 그득해 가벼이 읽기 좋았다. 보석의 세계에도 내가 생전 처음 듣는 단어들과 낯선 표현들이 많았는데, 꽤 흥미롭고 재미있었다. 그전에는 몰랐던 정보들을 알고 나니 그 이후 주얼리를 볼 때 단순히 예쁘고 반짝거리는 것으로만 평가하지 않았다. 빛과 금속이 닿아 나타나는 빛의 다르기, 반사율 정도, 표면 효과나 금속의 재질, 백금 함유량 등 다양한 질문이 그려졌다. 제품을 바라보는 시각과 질문의 표현이 확연히 달라졌다.

나만의 프로필 만들기 (SNS 활용법)

요즘 시대에는 개인 SNS(Social Networking Service)가 없는 사람이 드물 정도로 개인 채널에서 본인의 사생활을 공유하는 사람들이 많다. 사생활을 드러내는 데에서 그치지 않고 제품을 판매하거나 브랜드를 알리고, 이벤트 소개 및 일정을 알리며 프리랜서는 이를 프로필처럼 활용하기도 한다. 나는 가장 후자에 속한다. 나에게는 같은 플랫폼에 2개의 계정이 있는데, 사생활을 올리는 계정 하나와 방송 활동만 모아 놓은 계정이다. 나의 포트폴리오처럼 활용하기 위해 하나를 더 만들게 된 것인데, 프리랜서로 일하는 사람들에게 이러한 SNS 채널 활용은 큰 시너지가 된다. 내 주변에는 아나운서나 기상 캐스터 그리고 쇼호스트를 포함하여 프리랜서로 활동하는 사람들이 많은데, 여기서 방송하는 이 중 개인 SNS 채널을 가지고 있지 않은 사람이 단 1명도 없다. 개인 사업을 시작한 친구들에게 SNS는 필수라고 할 정도로 소셜 미디어(Social Media)가 지닌 힘은 그 영향력이 어마어마하다. SNS는 물건을 홍보하고 판매하는 데에도 큰 역할을 하지만, 무형의 재능을 SNS로 공유하는 창구이기도 하다.

나는 쇼호스트 일을 시작하기 훨씬 전부터 SNS를 적극적으로 활용해 왔다. 그런 덕분인지 모델 일을 할 때에는 촬영 제안을 SNS로 받은 적이 있고, 쇼호스트로 활동 중인 지금은 브랜드의 방송 섭외를 SNS로 받을 때가 있다. 한 번은 삼성전자와 계약 종료 후 SNS에 프리랜서로 다시 돌아왔다는 글과 함께 사진을 올렸는데, 한 달도 채 되지 않아 타 전자 제품 브랜드를 포함한 다른 브랜드들이 해당 글을 보고 섭외 문의를 해 왔다.

예전에는 프리랜서 모델이나 방송인, 쇼호스트들을 섭외할 때 채용 공고를 내거나 에이전시를 통하는 방법이 유일하거나 대부분이었다. 그러나 요즈음에는 SNS 채널을 통한 섭외도 많이 이루어지고 있다. 이러한 이유로 나의 경력이나 프로필을 누구나 볼 수 있도록 개인 채널을 활용하는 사람들이 점점 늘고 있다. 글로벌 패션 브랜드에서 마케팅을 담당하고 있는 한 친구는 나에게 SNS를 현명하게 활용하라고 말해 준 적이 있다. 본인을 포함한 수많은 마케터가 모델을 섭외하거나 인플루언서 마케팅을 진행할 때, SNS에서 프리랜서들을 찾고 검색한다며 말이다. 그 이후부터 SNS를 나를 알리는 창구로 더욱더 적극 활용하게 되었다. 나는 지금도 여전히 프로필처럼 SNS를 활용한다.

브랜드에서 프로필을 요청할 때 SNS 계정 주소를 같이 전달하는데, 그것이 더 효과적일 때도 있다. 많은 시간과 돈을 들이지 않고도 나를 알릴 방법이 있다면 활용하지 않을 이유가 없지 않나. 그러니 알려라, 당신의 존재를.

Part 3.

역대 매출
쇼호스트가 되기까지

2023 라이브커머스 총 결산
Labangba

2023년을 빛낸 라이브커머스 TOP 10

TOP	일자	플랫폼	매출액	방송명	대표상품
1	02/07	11번가	81.9억	갤럭시 S23 자급제 사전판매 LIVE	[사전판매][자급제] 갤럭시 S23 울트라 256GB SM-S918N/용량 UP 512G발송(라방)
2	07/30	네이버쇼핑	41.4억	삼성 갤럭시탭 S9 Series LIVE	[정품북커버증정]삼성전자 갤럭시탭 S9 울트라 WIFI 256GB SM-X910
3	04/13	네이버쇼핑	40.5억	[잇섬의 핫IT슈] 로보락 S8 Pro Ultra 출시	로보락 S8 Pro Ultra (도크 포함)
4	05/09	G마켓	37.5억	빅스마일데이 메가쇼핑서밋 '로보락'편	로보락 로봇청소기 S8 Pro Ultra
5	08/01	11번가	37.4억	갤럭시 Z 플립5 / Z 폴드5 사전판매	[Z플립5 256GB 자급제] 갤럭시 SM-F731N/용량 UP 512G발송
6	02/16	네이버쇼핑	35.8억	[잇섬의 핫IT슈] 갤럭시북3 사전예약 마지막 기회!	[혜택가 124만 + SSD 무상업] 갤럭시북3 프로 NT940XFT-A51A 인텔13세대 i5 14인치
7	09/11	G마켓	34.2억	화제의 로청가! 품절대란 로보락 G라이브에서!	로보락 로봇청소기 S8 Pro Ultra
8	08/03	네이버쇼핑	31.8억	[핫IT슈] 갤럭시 탭 S9 시리즈 사전판매 마지막날!	[정품북커버증정]삼성전자 갤럭시탭 S9 울트라 WIFI 256GB SM-X910
9	05/09	G마켓	30.5억	G LIVE 삼성 스마트폰 LIVE	갤럭시S23 울트라 자급제폰 512GB SM-S918N CU상품권+7%카드	24개월무이자	당일발송
10	10/17	카카오쇼핑	28.4억	메디큐브X레오제이 부스터프로 런칭 특가 라이브	[메디큐브] 에이지알 부스터 프로

* 라방바 데이터랩 추산 매출액 기준

저자가 직접 진행한 방송이 2023년 상위 매출액 기준 1위, 2위, 9위 총 3개가 순위에 올랐다.
출처: 라방바

    이 글을 시작하기에 앞서 나의 이야기에 좀 더 신뢰감을 더하고자 라방바(라이브커머스 데이터를 실시간 수집하여 보여 주는 웹 서비스)에 보고된 2023년 라이브커머스 총결산 TOP10 자료를 공유한다. 2023년 1년간 집계된 국내 라이브커머스 총 방송 수는 무려 31만 회에 달하며 이 중 내가 직접 진행한 방송이 1위, 2위, 9위의 순위에 이름을 올렸다. 이번 Part 3에서는 방송 중 내가 직접 보고 겪었던 수많은 에피소드와 현장 송출, 제작 전문가들에게 듣고 배운 가르침이 담겨 있다.

결국 사람이 보는 방송이다

친절함과 불친절함의 경계선

살면서 분양 아파트의 모델 하우스 앞을 지나가다가 팔을 붙잡힌 경험이 있다면, 그 상황이 얼마나 마음을 불편하게 하는지 알 테다. 길을 막아서곤 한 번만 들어갔다 나와 달라는 그들의 부탁에 곤욕스러웠던 적도 종종 있었다. 그 일을 하는 분들을 비판하거나 함부로 판단할 생각이 전혀 없다. 단지 그 방법을 홍보의 전략으로 내세운 누군가가 있다면 다시 한번 곰곰이 생각해 보라고 전하고 싶다. 실제 모습은 예상과는 전혀 다른 그림이 펼쳐진 상태라고. 팔을 잡고 늘어진 사람과 그 팔을 뿌리치려는 사람의 실랑이만 가득한 현장임을 알아야 한다. 그러한 전략은 관심이 없는 이에게는 전혀 통하지 않는다.

    라이브커머스 방송이 위의 상황과 공통된 점이 있다면 바로 고객을 상대로 상품을 판매한다는 사실이다. 반대로 차이점은 라이브커머스 시청자들은 그러한 불편한 상황에서 고민 없이 화면 상단의 나가기 버튼을 눌러 창을 끌 수 있다는 점이다. 라이브커머스를 진행하는 사람이라면 소비자들이 불편할 수 있는 상황이 발생할 수 있음을 언제나 명심하고 방송에 임할 준비가 되어 있어야 한다. 제품을 소개하고 판매하다 보면 좋은 혜택과 유익한 기능을 강조하고 싶어 흥분할 때가 있다. 나 또한 그걸 조절하기란 쉽지 않다. 시청자들에게 부담을 주려는 의도는 아니지만 그러한 순간이 되면 나도 모르게 전략 따위는 사라지고 목소리에 힘이 들어간다. 목에 핏대 세워 격앙된 목소리로 정보를 전달하는 것도 여러 표현 방법 중 하나이나 모든 순간에 그런 태도로 시청자를 대할 수 없다. 소리를 높이는 대신 다양한 감정을 섞을 줄 알아야 하고, 말을 적게 하더라도 필요한 정보만 잘 요약할 줄도 알아야 한다. 좋다는 것의 기준은 사람마다 달라서 누군가에게는 이 제품이 꼭 필요할 수도, 누군가에게는 다른 것에 비해 조금 더 나은 제품일 수도, 또 누군가에게는 가벼운 마음으로 '한번 써 볼까?' 생각되는 제품일 수도 있다. 그래서 우리는 방송을 통해 제품에 대한 시청자들의 궁금증을 다양한 시각으로 설명해야 한다. 또 얼마나 효율적인 소비를 할 수 있는지 차근차근 그들의 눈높이에 맞추어 알려 주어야 한다. 시청자가 부담스럽지 않게. 즉, 친절한 설명자가 되어야 한다는 뜻이다.

 식당에 밥을 먹으러 갔는데 테이블에 앉기도 전에 사장님이 "이거 정말 맛있어요. 무조건 이거 드세요!"라고 한다면, 누군가는 '뭐 맛있다는데 한번 먹어 보자!', '얼마나 맛있길래 저렇게 추천하나?' 할 수도 있지만, 또 다른 누군가는 '메뉴판 좀 보고 싶은데…', '부담스러워.'라며 "잠시만요!"를 외칠 수도 있겠다. 나의 선택권은 없는 듯 강요받는 상황에 마음이 불편한 사람들도 있다. 누군가는 선택 장애라 차라리 상대방이 선택해 주면 좋다고 말하지만, 사람마다 느끼는 바가 다르다. 추천과 강요는 엄연히 다름을 깨달아야 한다.

    소비자들에게 강요했던 경험은 내게도 있다. '좋아요.'를 남발했던 방송이다. 어떻게 좋은지 충분히 설명하지 않고 그저 좋다고만 말하는 일종의 강요였다. 생활에 편리해서 좋은 것인지, 기능 사용법이 간단해서 좋은 것인지 등을 명확히 알려 주지 않은 채로 "와, 아주 좋아요.", "꼭 사세요." 같은 문장만 입이 아프도록 말했었다. 방송이 끝난 뒤 모니터링을 하면서 깨달았다. 그래서 뭐가 좋은지 빨리 좀 말했으면 하는 마음속 언어가 턱 끝까지 올라왔다. 시청자가 되어 보니 나의 말에 설득되는 것이 아니라 강요처럼 느껴져 하나도 와닿지 않았다. 그것은 그저 불친절한 방송이었다. '좋아요.'만 끊임없이 말하던 내 모습이 모델 하우스 앞에서 나의 팔을 붙잡던 그들과 무엇이 다를까?

    그때의 기억은 지금도 나를 부끄럽게 한다. 시청자들에게 친절한 방송을 해야 한다. 억지 부리지 않으며, 부담스럽지 않게 충분히 이해시키고 공감할 만한 이유를 전달하자. 머리보다 마음이 앞설 때가 있다. 물론 동감한다. 그러나 시청자는 나의 친구, 가족이 아니다. 그러니 다양한 표현과 이유, 행동과 손짓으로 감정을 설득해야 한다. 구매를 결정하는 것은 결국 시청자들의 몫이지만, 단순히 '사세요.'라는 건 우리에게 불필요한 단어이다. 그렇지 않으면 '내 돈을 주고 내가 사는데 왜 당신이 사라 마라야?'라는 생각이 가슴 한편에 툭 튀어나올지도 모른다. 무엇이든 감정이 과하면 상대방은 뒤로 한 걸음 물러나기 마련이다. 그러니 친절하게 알려 주자. 억지는 곧 불친절함의 증거다.

소비자는 똑똑하다

요즘 소비자들은 정말 똑똑하다. 클릭 하나만으로 상품에 대한 가격 검색과 제품 정보를 한눈에 볼 수 있고 심지어 영상으로 제품의 자세한 모습을 찾아볼 수 있으니, 소비자들의 정보력은 쇼호스트나 브랜드 관계자들 못지않다. 그러므로 방송 중 쇼호스트가 제품에 대한 정보를 실수로 잘못 알려 줄 경우, 방송 종료 전까지 멘트를 정정하지 않으면 아주 곤란하게 될지도 모른다. 쇼호스트의 잘못으로 판매자는 소비자에게 수수료 없이 결제 금액을 온전히 돌려주어야 할 수도 있으며 심지어 기능이 든 값비싼 제품을 차액 없이 변경해 주어야 할 수도 있다. 당연하다.

방송 중 올라온 댓글 질문 중 답변에 확신이 없다면 잘못된 정보를 전달하는 것보다 차라리 대답하지 않는 편이 낫다. 잘 모르겠다고 말하는 편이 더 현명한 대처다. 담당자를 통해 정확한 답변을 확인할 테니 잠시만 기다려 달라는 솔직함이 오히려 시청자들에게는 신뢰가 간다. 시청자들이 잘 알지 못할 것으로 생각해 모호하게 대답했다가는 후폭풍을 각오해야 할 테니까.

노트북 방송을 할 때였다. 최신 노트북은 아니었으나 엑셀 작업이나 메일 전송, 영상 시청 등의 기본 업무용으로 오랫동안 꾸준히 판매되던 가성비 노트북 방송이었다. 50만 원도 채 하지 않아 다른 노트북들 사이에서는 저렴한 가격에 속했는데, 방송이 시작되자마자 '이 노트북으로 게임할 수 있나요?', '유튜브 브이로그 편집용으로 사려고 하는데 괜찮을까요?' 등의 질문이 지속해서 올라왔고, 나는 질문 하나하나 모두 빠짐없이 읽고 답하기 위해 집중했다. 상대적으로 저렴한 가격 덕분에 대부분은 성능에 대한 궁금증으로 가득했다. 그리고 나는 노트북에 들어간 부품과 구동이 가능한 프로그램, 또 성능 설명을 이어 갔다. 해당 노트북은 최신 게임이나 영상 편집 등 복잡한 처리 과정이 필요한 프로그램을 돌리기에 적합하지 않았으며 시청자들이 콕 집어 질문한 프로그램 몇몇을 사용하기 위해서는 고사양 노트북이 필요하다며 CPU나 성능 예시를 들어 말했다. 그러면서 판매하고 있는 해당 노트북을 활용하기에 적절한 상황과 프로그램 등도 함께 언급했다. 시청자들은 노트북 외관이 다 비슷하게 생겨서 가격 차이에 대한 궁금증이 많았는데 정확하게 알려 주어서 확실히 이해했다며 감사의 댓글을 남겼다. 다른 시청자들의 추가 질문에도 되는 것은 된다고, 안되는 것은 안 된다며 성능에 대한 정확하고 솔직한 답변을 뱉었다. 방송이 끝난 후 평소보다 매출이 더 높았다는 담당자의 말을 뒤로하며 기분 좋게 귀가할 수 있었다.

아닌 것을 아니라고 말해야 하는 상황이 반갑지만은 않다. 모든 질문에 다 긍정적으로 답할 수 있으면 좋겠지만, 그러지 않은 경우도 흔히 발생한다. 아닌 것을 옳다고 말할 수 없는 노릇이니. 원하는 기능이 없다고 해서 모든 소비자가 별로라고 생각하진 않는다. 예전의 나는 부정의 답변은 하지 않거나 무조건 회피하기만 했다. 부정적인 답변은 제품에 대해 안 좋은 인식을 심어 주거나 내가 제품을 제대로 어필하지 못한다고 생각했으며, 이를 방송 진행의 능력과도 연결 지었다. 그러나 제품의 장점을 잘 부각해 어필하는 것과 사실 여부를 솔직하게 대답하는 것은 결코 다른 문제임을 깨달았고, 그 후부터는 시청자들의 질문과 의도를 잘 판단하여 대답한다. 솔직함이 매번 부정적인 영향만을 주지는 않는다. 불필요한 댓글과 질문을 잘 구분하는 것도 쇼호스트의 능력이지만, 소비자들에게 정확한 정보를 전달하여 구매 여부를 긍정적으로 판단하도록 도와주는 것 또한 우리의 역할이다.

우리는 제품에 대한 기능을 바꿀 수 없다. 하지만 특정 기능이 없다는 사실 하나만으로 모든 소비자의 구매 결정으로부터 마음이 절대적으로 돌아서진 않는다. 그 기능의 여부에 따라서도 살 사람은 사고, 안 살 사람은 안 산다. 구매 유도를 위해 거짓말을 하여선 안 되고, 그것이 두려워 솔직하지 못하여서도 안 된다. 안경에 자외선 차단 효과가 있느냐는 질문에 판매원이 다른 소리를 한다면 사실 여부를 듣기도 전에 구매욕이 뚝 떨어진다. 원하는 기능이 없어도 가격이 마음에 들면 살 사람은 살 것이고, 해당 기능이 있어도 고민할 사람은 고민한다는 얘기다. 지레 겁먹지 말자. 쇼호스트의 역할은 없는 기능을 만들어 주는 초능력자가 아니라 제품의 기능을 더 멋지게 만들어 사고자 하는 심리를 자극하는 사람이다. 아닌 것을 맞다고 말하지 말고, 잘못된 정보는 즉시 정정하자. 시청자들이 알지 못한다고 생각한다면 대단한 오만이고 착각이다. 우리가 마주하는 시청자들 모두 똑똑한 소비자들임을 절대 잊지 말자.

나를 먼저 설득해라

모든 제품은 상대적이다. 무조건 좋은 것은 없다. 그 제품을 사야 하는 이유는 너무나도 다양하다. 매일 쓰던 것이 닳아 없어져 당장 필요하기 때문일 수도 있고, 사고 싶었는데 마침 가격이 저렴해서일 수도 있다. 타 브랜드에 비해 성능이 좋아서일 수도 있으며, A/S가 마음에 들어서일 수도 있다. 그냥 이유 없이 예쁜 디자인에 반해 버린 걸지도 모른다. 몸에 좋은 보약도 누군가에게는 독이 될 수 있다고 하지 않는가. 비싼 인삼도 몸에 열이 많거나 혈압이 높은 사람에게는 잘 맞지 않으며 맛있는 킹크랩도 누군가에게는 갑각류 알레르기로 독이 될 수 있다. 그 맛있는 복숭아도 누군가에게는 별로인 과일일 수 있고, 아삭

한 김치도 누군가에게는 있어도 없어도 되는 그저 그런 반찬 중 하나일 수 있다. 쇼호스트들이 판매하는 수많은 제품도 똑같다. 모든 것은 상대적이며 그 판단은 개개인만이 할 수 있다. 제품의 가격이 비싸서 만족스럽지 못할 수는 있어도, 더 많은 기능이 포함된 다른 제품이 존재할 수는 있어도 해만 되거나 무조건 별로인 제품은 없다. 지금 당장 머릿속에 떠오르는 그러한 제품이 있는가? 그건 제품이 무조건 별로라서가 아니다. 단지 기술의 발전으로 우리가 너무나 유익한 제품이 넘쳐흐르는 좋은 시대의 세상에 살고 있을 뿐이다. 세상의 모든 제품에는 호(好)와 불호(不好)가 있고, 얼마나 많은 사람이 선호하는지에 대한 비율만이 존재한다. 쇼호스트로서 우리의 역할은 시청자들에게 제품의 '호(好)'를 드러나게 하고, 이를 통해 제품의 필요성을 지속해서 제공하는 것이다. 그 필요성이 단순히 예뻐 보여서건 성능이 뛰어나서건 가격이 저렴해서건 간에 말이다.

    시청자들에게 필요해질 순간을 제공하기 위해서는 내가 먼저 시청자가 되어야 한다. 가장 가까운 곳에서 제품을 대면하고 있는 잠재 고객, 즉 나라면 이 제품을 '왜 살 것인가?'를 먼저 고민해야 한다. 그런 후에는 시청자의 공감을 이끌어 내기가 쉬워진다. 나 스스로 제품을 설득할 힘이 떨어진다면 과연 누구에게 제품을 어필하겠는가?

현장 관객이 존재하는 라이브 커머스

나는 운 좋게도 좋은 직원들과 유능한 상사들을 만났다. 다양한 아이디어를 실행에 옮길 기회의 장을 가감 없이 열어 주고 그 기회들을 직접 실현할 수 있게 지원을 아끼지 않았다. 내가 운이 좋다고 표현한 이유는 오랫동안 회사 생활을 해 온 주변 지인들에게 전해 들은 바로, 직장에서 개인적인 아이디어를 제안하고 실행에 옮기는 일이 결코 쉽지 않은 현실임을 회사원 대부분은 공감한다. 아이디어를 실행에 옮기는 건 고사하고 그 안건이 최종 결정자인 상사의 귀에조차 들어가지 않는 경우가 훨씬 많다고. 시대가 바뀌어 수직 구조였던 예전과 달리 지금은 수평 구조인 회사가 많아졌다고들 하지만, 여전히 회의에서 개개인의 안건을 편하게 제안하기는 힘든 분위기라고 했다. 물론 모든 회사가 그렇지는 않겠지만, 기업의 규모가 크면 클수록 직원의 수가 많아 의견을 내기 힘들 수밖에 없는 것도 이해가 간다. 그래서 나는 더욱더 놀랐다. 내가 예상했던 현실과 달리 대기업 삼성전자에서 계약직이자 신입이었던 내 소리에 귀를 기울여 주었다는 사실에. 거기에 아이디어를 실행할 수 있도록 지원을 아끼지 않았다는 사실에도 (2014년 tvN에서 방영한 드라마 〈미생〉 속 회사 생활의 묘사가 나에게는 가장 사실적으로 다가온 회사의 이미지였다). 입사 초반 나는 제품 교육을 받고 방송을 준비하는 과정에서 머릿속에 떠올랐던 방송 콘셉트와 관련한 아이디어들을 메모해 두곤 했다. 이는 방송 모니터링을 하면서, 주말에 친구들과 놀면서, 또 우연히 일상생활에서 갑자기 생각난 건들이었다. 시간이 지나 점점 내용이 쌓이다 보니 방송 담당 직원들에게 내용을 공유하면 좋겠다는 마음이 있었다. 그렇게 한 명 한 명 선택하다 보니 방송 업무와 관련 있는 부서 전체를 수신자로 입력했고, 그 인원수만 무려 180명 가까이 되었다. 그때가 입사 약 6개월 정도 되었던 때였다. 지금 생각하면 회사 생활을 제대로 해 본 적 없던 신입의 패기가 아니었을까 싶다. 회사 내 보고서 작성의 양식, 매너, 기본 지식도 없었고 휘갈겨 쓴 필체 그대로의 메모장 이미지를 첨부하여 보냈으니 말이다.

방송 콘셉트 아이디어를 직접 작성한 노트 파일

팀원들을 포함해 파트장님, 그룹장님 그리고 팀장님(약 180명이 속해 있는 팀의 최고 결정자로, 삼성전자 임원이다)까지 모두가 메일을 읽었고, 해당 메일을 확인한 팀장님이 바로 회의를 소집했다. 며칠 후 라이브커머스와 직접 관련된 팀원들과 제품 담당자, 파트장님을 포함하여 약 20명이 한 자리에 모였다. 물론 팀장님도 직접 참석하셨다. 팀장님의 옆자리는 메일 발신자인 바로 내 차지였다. 그렇게 나는 어두운 회의실 안에서 프로젝터의 화면에 띄워진 내 필체 자료 내용 하나하나를 설명해야 했다. 우리나라의 똑똑한 체계적이고 구조적인 업무가 일상인 그들에게 내 삐뚤어진 글씨가 가득한 메모를 들이미니 유치하기 짝이 없었다. 그렇게 회의는 나의 부끄러움과 함께 계속되었다. 팀장님의 질문과 실현 가능성에 대한 논의가 이어졌고, 다른 팀원들의 새로운 아이디어와 추가 제안들도 오갔다. 이후 팀장님은 하나의 아이디어를 콕 짚어 당장 실행에 옮겨 보자고 말씀하셨고, 필요한 게 있으면 최대한 지원하겠다는 말과 함께 회의는 마무리됐다. 회의가 시작되고 약 2시간 30분이 지난 후였다.

선택된 그 아이디어는 바로 노트 속에 적힌 15번, 보이는 라디오 콘셉트의 오픈 스튜디오 방송 즉, '현장 라이브'다. 온라인상으로만 진행하던 라이브커머스를 보이는 라디오처럼 현장 관객이 있는 오프라인에서 진행하자는 내용이었고, 온라인 시청자와 현장 관객들 모두와 소통하며 삼성전자 라이브커머스를 더 많이 알리자는 게 취지였다. 그 아이디어의 첫 실현은 2022년

오픈 라이브 현장 중 일부이다. 방송 중 관객들이 직접 작성한 포스트잇 속 질문을 떼어 보고 있다.

7월 6일 CGV 용산아이파크몰에서 개그맨 김용명 씨와 함께한 갤럭시탭S8 방송이다. 약 68만 명의 온라인 누적 시청자를 기록했고 준비된 수량을 모두 판매하는 '완판'의 쾌거를 이루며 성공적으로 마무리했다. 첫 방송 이후 지금까지 삼성전자가 진행한 현장 라이브는 무려 18회가량(25년 1월 기준)이다.

현장 라이브를 진행한 장소 또한 여러 군데다. 여의도 IFC 몰 사우스 아트리움, 신세계 강남점 센트럴시티 오픈스테이지, 스타필드 코엑스 라이브플라자, CGV 용산아이파크몰 오픈 스튜디오, 삼성 강남 매장, T1 사옥 등 위치와 환경이 모두 다양했다. 그만큼 현장 라이브의 특수성을 고려한 이벤트나 혜택 등 종류도 매번 달랐다. 개그맨 김용명 씨와 갤럭시탭 방송을 함께 했을 때는 현장 관객들이 직접 포스트잇에 작성한 질문을 떼어 보며 모바일 댓글과는 또 다른 느낌의 소통을 진행했다. 또 래퍼 넉살 씨와 함께한 방송에서는 그 자리에서 랩을 들려주며 현장 관객들의 반응을 온라인 시청자들에게 그대로 전해 콘서트 분위기를 연출했다. 이처럼 현장 라이브를 진행할 때는 특별 출연자와 장소에 따라 새로운 이벤트를 시도한다.

아이디어 전쟁

새로운 시도는 또 다른 새로운 아이디어를 만들어 냈다. 현장 라이브를 진행하면 할수록 팀원들은 새로운 진행 방향을 제안했고, 현장 라이브뿐만 아니라 여태껏 시도하지 않았던 창의적인 시연들도 탄생했다. 쇼호스트의 체형과 동일한 등신대를 제작하여 TV 화면 크기를 체감시켜 주고, 태블릿의 얇은 두께를 재미있게 표현하기 위해 손가락을 전자 측정기로 재어 비교하기도 했다. 쇼호스트가 물에 들어간 듯한 표정을 미리 촬영하기도 했다. 이는 방송 중 적절한 때에 제품을 수조에 넣어 방수 기능을 보여 주기 위함이었다. 이 또한 제품 담당자들과 쇼호스트의 머릿속에서 나온 아이디어다.

    이는 좀 더 확장된 영역의 기획이라고도 할 수 있다. 동일한 제품의 방송이라도 시청자들에게 비추어지는 제품의 매력 포인트와 구매를 결정짓는 판단은 여러 효과에서 발생하니까. "TV의 대각선 길이가 214cm나 돼요. 정말 크죠."라고 말만 하기보다 "제 키보다 훨씬 크죠."라며 등신대를 대각선에 맞춰 보는 편이 훨씬 더 효과적이다. 누구나 예상할 수 있는 물건으로 시각적인 효과를 활성화해 주는 것이 시청자들에게 제품의 실제 모습을 상상하는 데에 훨

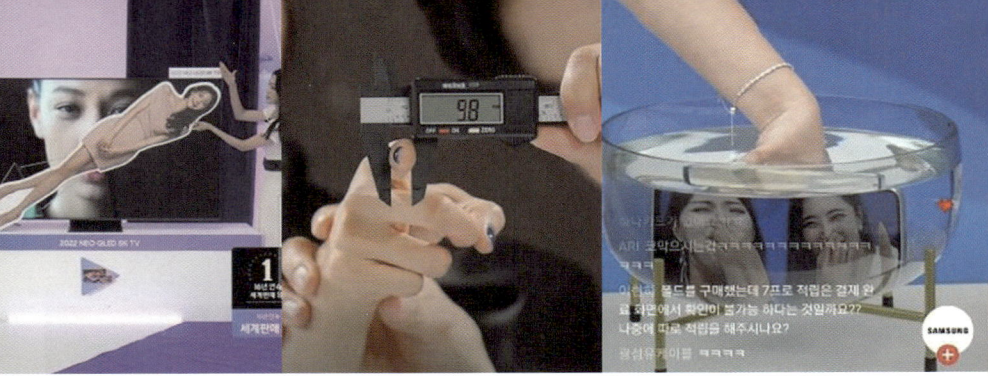

(왼) 실제 키와 동일한 등신대로 TV 크기를 설명하고 있다.
(가) 태블릿의 얇은 두께를 체감시키기 위해 전자 측정기로 손가락의 두께를 재고 있다.
(오) 사전 촬영한 영상을 재생하여 휴대폰 방수 기능을 보여 주고 있다.

씬 더 큰 도움을 준다. 이벤트 당첨자 아이디를 재미있게 불러 주는 소소한 발상부터 새 학기 시즌에 맞추어 고등학교에서 현장 라이브를 진행하자는 의견까지. 이 크고 작은 아이디어가 하나의 방송을 진행하는 모든 관계자의 새로운 시도와 제안에서 나왔다.

이러한 시도는 최근까지도 계속해서 이어져 오고 있다. 쇼호스트와 피디, 작가, 감독들의 머리에서 나온 여러 아이디어들은 새로운 시도와 아쉬움을 거듭하며 끊임없이 발전했는데, 그것은 작은 시연의 일부일 수도 있고 또한 대단한 기획의 하나가 되기도 했다. 때로는 방송의 전체적인 컨셉을 기획했고, 때로는 한 번도 시도해 보지 않은 스튜디오의 환경을 만들어 냈으며, 또 이미지나 배너를 활용한 라이브커머스의 새로움을 꾸준히 이어 갔다. 아래에 그러한 방송들을 소개한다.

주어진 것만 잘하는 쇼호스트보다 같이 방송을 만들어 가는 쇼호스트를 어느 누가 마다하겠는가? 나를 매력적인 쇼호스트로 만드는 건 대단한 곳에서 나오지 않는다. 나의 역량을 스스로 발전시키자.

갤럭시워치 방수 기능을 재미있게 보여 주기 위해 수영장에서 진행한 방송. 방송 중 물에 직접 들어가 기능을 시연하고 있다.

공기청정기의 빠르고 스마트한 공기청정 성능을 보여 주기 위해 스튜디오에서 고등어를 구워 실제 사용자의 환경을 비슷하게 구현하여 시연하고 있다.

Part 3. 억대 매출 쇼호스트가 되기까지

2024 파리올림픽 시즌에 우리나라 국가대표 단복을 입고 모바일 제품 방송을 하고 있다. 카메라 시연과 갤럭시 생성형 AI 시연을 하고 있다.

설날을 맞이하여 한복을 입고 방송을 진행했다. 12시간 동안 총 6개의 방송을 통해 삼성 제품을 이어서 소개하는 '릴레이 라이브'를 진행하는 모습이다.

결국 사람이 보는 방송이다

국내 최초 강남역 사거리 대형 옥외광고 라이브

얼마 전 나는 지금껏 듣지도 보지도 못했던 라이브커머스를 그것도 두 번이나 진행할 기회를 얻었다. 그 어떤 브랜드에서도 진행한 경험이 없었고, 그 누구도 과연 이것이 실현 가능한 기획인지 상상조차 하지 못했다. 바로 강남역 사거리 대형 옥외광고 동시송출 라이브커머스 방송이다. 엥? 30초짜리 CF가 끊임없이 바뀌며 흘러나오는 광고판에 90분 실시간 라이브커머스라니…. 서울시 서울교통공사 2024 수송통계 발표에 따르면, 강남역 승하차 인원은 매일 평균 약 15만 명에 달한다고 한다. 또한 강남역 월평균 유동인구는 1,356만 명이며 강남역 사거리는 대한민국에서 가장 높은 차량 통행량을 가진 곳 중 하나이다. 이곳에서 라이브커머스를 한다는 것은 추산하기도 어려울 만큼 어마어마한 방송 도달률 또는 방송 인지율을 만들 수 있다는 의미이기도 하다.

이 대단한 기획의 첫 시작은 2024년 1월 갤럭시 S24 강남역 사거리 옥외광고판 라이브였다. 대한민국 최초로 진행된 옥외광고 동시송출은 라이브커머스에서 혁신적이며 그 자체만으로도 큰 의미가 있었다. 음성과 화면으로 상호작용 하는 라이브커머스를 음성이 전달되지 않는 광고판에서도 동시에 같은 효과를 기대해야 했기 때문이다. 그런 이유로 그 누구도 옥외광고와 라이브커머스를 접목할 시도를 못 했을 터다. 화면 구성을 담당하는 제작진은 오프라인에서 옥외광고를 보는 시청자들을 위해 '실시간 LIVE 중입니다.' 등의 생방송을 알리는 자막을 만들었다. 또 온라인 진입 QR코드를 전면에 띄우는 방법을 떠올렸다. 방송을 진행하는 쇼

(왼) 2024년 강남역 사거리 옥외광고 동시송출 라이브 모습
(오) 2025년 강남대로 옥외광고 미디어 폴 18기 동시송출 라이브 모습

호스트는 QR코드 화면을 손으로 가리키며 방송 진입을 유도하고, 휴대폰의 시간을 비추어 길을 걷는 사람들의 이목을 집중시키기 위해 더 크고 많은 몸짓에 집중했다. 이러한 모습은 모바일 시청자와 오프라인 시청자 모두에게 또 다른 신선함을 주었다.

첫 번째 옥외광고 동시송출 라이브가 큰 성공을 거둔 얼마 후 해당 방송을 기획한 삼성전자 E커머스 혁신그룹 조순지 프로는 강남역에서 신논현역을 가로지른 18기의 광고판을 바라보며 나중에 저곳에서도 옥외광고 방송을 꼭 다시 할 거라고 말했다. 그리고 딱 1년 뒤 이를 실현시켰다.

그날 저녁 강남역 사거리에서 정지신호를 기다리는 운전자, 강남역과 신논현역 사이를 오가는 사람들은 모두 모바일이 아닌 길 위에서 광고판 속 라이브커머스를 발견했다. 퇴근길 강남역을 가로지른 레이싱 드론의 모습 또한 라이브커머스에서 볼 수 있을 거라곤 그 누구도 예상하지 못했을 것이다.

최초로 시도된 이 옥외광고 동시송출 방송은 라이브커머스 자체에 무궁무진한 발전 가능성의 기회를 안겨 주었다. 심지어 해당 방송 제작을 맡은 제작사 웬디미디어는 온라인과 오프라인의 연결통로로 활용한 O2O 마케팅(Off-line to On-line)의 혁신적인 사례로 기록되며 '2024 대한민국 디지털 광고대상' 마케팅/캠페인-E커머스 부문에서 '대상'을 수상했다.

첫 번째와 두 번째 옥외광고 동시송출 라이브를 모두 진행한 나와 김민규 쇼호스트에게도 이러한 시도는 쇼호스트로서 새로운 진행 방법을 경험하게 해 주었다. 새로운 아이디어를 통한 방송은 새로운 진행 방법론을 제시하기도 한다. 앞으로 어떤 형태의 라이브커머스가 탄생할지는 아무도 모른다. 우리는 언제든 이 낯설고도 혁신적인 라이브커머스의 세상 속에 잘 스며들어 이를 소화할 수 있어야 한다. 이미 라이브커머스는 빠르게 변화할 준비가 되어 있다.

세일즈에 집중할까 vs 제품 설명에 집중할까

오(五)감(感) 만족 대신 이(二)감(感) 만족

사람이 느끼는 감각에는 총 5가지가 있다. 우리는 이를 오감(五感)이라고 하는데 시각, 청각, 후각, 미각, 촉각이다. 그중 쇼호스트는 방송할 때 2가지 감각에 온 신경을 집중한다. 모니터를 보며 방송의 흐름을 읽는 시각 그리고 상대 쇼호스트와 담당자들이 전하는 현장의 소리를 듣는 청각이다. 이 2가지 신경을 곤두세울 수밖에 없는 이유는 라이브커머스가 일정 휴식 또는 편집시간을 주지 않은 채로 생방송을 전개하기 때문이다. 제품 판매가 주목적인 라이브커머스 방송에서 시청자들의 반응을 잘 읽을 줄 알아야 판매의 목적을 제대로 달성할 수 있다. 제품의 기능이 궁금한 시청자들에게는 사용하는 방법과 그 효과를 빠르게 알려 주어야 하고, 가격이 궁금한 시청자들에게는 제품을 소개하다가도 얼른 가격을 불러 줘야 한다. 그러나 시청자들이 어디 한둘인가? 수천, 수만 명이 동시에 방송을 시청하니 대중의 흐름을 낚아 단시간 내에 최대한 많은 이들의 요구(Needs)를 충족시켜 주어야 한다. 나를 비추는 여러 대의 카메라와 실시간 모니터링하고 있는 촬영 스태프들, 그리고 내가 보아야 하는 수많은 모니터 속의 글들을 실시간으로 체크하자면 이러한 현상은 당연하다. 이에 대한 자세한 이야기는 Part 1과 Part 2에서 주로 다루었다.

시각과 청각이 중요한 또 다른 이유 중 하나는 시청자의 요구를 파악하여 상대 쇼호스트와 발 빠르게 흐름을 바꾸는 데에 있다. 방송을 진행하다 보면 내가 놓친 시청자들의 요구와 반응을 상대 쇼호스트가 대신 파악하고 진행하기도 한다. 상대가 놓친 흐름을 내가 대신 잡아 주는 반대의 경우도 그러하다. 이는 라이브커머스 쇼호스트와 이를 보는 시청자 모두의 이감(二感)을 만족시킨다. 이인삼각*에서 짝의 속도와 방향에 잘 맞추어 가려면 발의 흐름을 잘 기억하고 변화를 읽어야 한다. 언제 그가 지쳐 속도를 늦출지 모르니. 방송의 흐름에 길을 잃지 않고 함께 같은 방향으로 가기 위해서는 2명의 쇼호스트가 서로의 말을 잘 듣고, 흐름이 자연스럽게 이어지도록 호응과 반응에 적절한 변화를 주어야 한다. 이러한 방식은 세일즈와 제품 설명 2가지의 진행 방향에 큰 영향을 준다. 상대 쇼호스트가 제품 설명에 초점을 맞춘다면 나 또한 해당 제품에 또 다른 설명을 추가하

---

* 二人三脚: 두 사람이 나란히 서서 서로 맞닿은 쪽의 발목을 묶어 세 발처럼 하여 함께 뛰는 경기

고, 세일즈에 집중할 때는 가격과 혜택에 힘을 싣는다. 제품 설명에 초점을 맞춘 방송이라 하더라도 세일즈를 전혀 하지 않는 것은 아니며, 반대로 세일즈에 집중한다고 제품 설명을 하지 않는 것도 아니다. 방송이 끝날 때까지 각각의 비중을 잘 파악하여 지금은 어디에 더 많은 힘을 쏟는 것이 적절한지 상대의 멘트를 고려하여 결정할 수 있다.

카메라의 뷰파인더를 보면 내가 원하는 곳에 초점을 맞출 때 주변이 흐려지는 아웃포커스(Out Focus) 효과를 경험한 적 있을 것이다. 나의 초점은 앞의 모니터와 옆의 쇼호스트를 향해야 한다. 라이브커머스는 항상 기획과 의도대로 되지 않는 생방송이다. 그러므로 쇼호스트는 시각과 청각이라는 2가지 무기로 판매 상황, 시청자 반응, 갑작스러운 작가의 요구와 상대 쇼호스트의 변화에 바로 뒤따를 준비가 되어 있어야 한다.

방송의 흐름을 보는 시각, 현장의 소리를 듣는 청각. 이 2가지 감각이 그래서 집중될 수밖에 없다.

시청자는 나의 엄마가 아니다

방송을 진행하다 보면 흔히 저지르는 실수가 하나 있다. 준비한 내용을 한 번만 보여 주고 끝나는 방송이 그렇다. 쇼호스트인 우리는 준비한 것들을 전부 꺼냈으니 오늘 방송이 나름 괜찮았다고 생각하지만, 시청자로서는 전혀 그렇지 않다. 과연 방송을 처음부터 끝까지 시청하는 사람이 몇 명이나 될까? 방송 중에는 새로운 시청자가 유입되며 기존 시청자가 들어오고 나가기를 반복한다. 그래서 1시간 안에 쇼호스트가 준비한 멘트나 시연을 동일하게 2~3번 반복하는 게 보통이다. 방송 시작부터 종료까지 나의 말에 집중할 사람은 몇 없다. 있다면 아마도 가족이 아닐지.

안타깝게도 시청자는 나의 엄마, 나의 아빠가 아니다. 방송하는 내 모습을 처음부터 끝까지 애정과 사랑으로 보며 멘트 하나 놓치지 않으려 애쓰지 않는다는 말이다. 새롭게 유입되는 시청자들로 인해 조금 전 언급했던 내용을 곧바로 다시 설명해야 하는 순간은 자주 발생하며, 같은 시청자가 질문을 반복하는 경우도 흔히 있다. 나는 방송 1시간 동안 같은 내용만 10번 이상 말한 적도 많다. 구매 방법을 잘 모르는 시청자들에게는 휴대폰을 들어 어디를 클릭해야 하는지 결제 과정을 끊임없이 반복하기도 한다. 오랜 시간 머물러 있는 시청자들보다 방송에서 나갔다 들어오기를 반복하는 시청자들도 상당수 존재하므로 현재의 시청자들이 매번 새로운 사람들이라 여기며 같은 내용도 처음 전하듯 알린다.

유입과 이탈은 지속해서 발생한다. 그렇기에 나는 종종 리셋(Reset) 과정을 택한다. 방송을 처음 시작하는 것처럼 말이다. 집중력 환기를 위하여 갑자기 오프닝과 같은 호응을 유도하고 내 이름을 다시 소개한다. 새로 온 시청자들에게는 방송이 막 개시된 느낌을 주고 기존 시청자들에게는 길고 지루하게 느껴질 테니 분위기를 반전시키기 위함이다. 방송이 언제 시작됐는지 모르는 그들에게 힘찬 목소리로 오프닝 멘트를 내뱉으며 나만의 방송 '제2부'를 새롭게 출발한다.

원샷 욕심의 비극적 결말

Part 1에서 언급한 대로 쇼호스트는 1인용이 아닌 2인용 게임이다. 라이브커머스 방송의 대부분은 1명이 아닌 2명의 진행자가 존재하는데, 그래서 쇼호스트들간의 호흡은 매우 중요하다. 서로의 말에 호응해 주고 부족한 멘트를 뒷받침해 주며 방송의 내용을 더욱더 풍성하게 만들어 준다.

가끔 방송을 보다 보면 '진행자가 1명인가?' 하고 오해할 때가 있다. 단순히 한 사람의 제품 설명이 길어져서인 경우도 있지만 또 다른 경우도 있다. 상대 쇼호스트와 대화 없이 일방적인 진행을 하거나 상대의 말을 자주 끊거나, 혹은 전혀 호응하지 않는 등의 진행이 그렇다. 이처럼 쇼호스트 간의 소통이 잘 되지 않거나 유독 한 사람에게만 치중되는 방송을 보면 나도 모르게 무슨 문제라도 있는지 의문을 품게 된다. 쇼호스트는 소비자들에게 제품에 대한 소개와 특별한 혜택을 잘 전달해 주는 사람이다. 더하여 브랜드사에게는 제품을 많이 팔아 주고 더 많은 소비자에게 제품을 널리 알리는 역할이다. 조금 더 들여다보면 쇼호스트는 직업이고, 이 직업은 브랜드사와 대행사에게 선택받아야 한다. 이 결과를 잘못 해석한 몇몇 쇼호스트들이 소비자와 브랜드 혹은 대행사의 마음을 불편하게 만드는 실수를 한다.

내가 쇼호스트를 준비할 당시 방송 분량을 상당히 중요시했던 적이 있다. 방송 분량에 대한 '욕심'을 '열정'으로 미화하던 시절이었다. 혹시 이 글을 읽고 있는 당신이 이와 같은 생각을 하고 있다면 다시 한번 고쳐 생각하기를 바란다. 과연 그것이 진정 본인을 돋보이게 하는지 말이다. 상대 쇼호스트가 돋보이지 않게 막는 행위가 나를 빛나게 한다고 착각하지 말자. 내가 돋보이는 순간은 상대 쇼호스트와 함께할 때 존재한다. 말을 많이 한다고 모두가 말을 잘하는 것은 아니며 말을 적게 하더라도 적절한 타이밍과 내용이 그 사람을 두드러지게 한다. 대화를 잘하는 사람은 내 말만 하기보다 상대방의 말에 경청하고 적절한 대답과 호응을 하는 이다. 주제에 벗어나지 않고 상대방에게 필요한 정보를 적절한 순간에 전달하는 것이기에. 그래서 쇼호스트는 시청자에게 필요한 대답을 적절한 타이밍에 하면서 동시에 상대 쇼호스트의 말에 귀 기울이는 역할을 잘 해내야 한다. 그러므로 누군가와 함께하는 방송은 혼자 하는 진행보다 어쩌면 더 많은 연습이 요구된다.

어느 쇼호스트와 어떤 제품으로 방송을 진행하더라도 각 방송의 분위기를 잘 맞추고 안정적으로 잇는 쇼호스트야말로 누구나가 섭외하고 싶은 1순위겠다. 함께 진행하는 쇼호스트와의 호흡을 중요하게 여기자. 원샷이 오래 잡히는 횟수보다 상대의 말을 신뢰 있게 만드는 적절한 호응 하나가 나를 더 빛나게 한다. 멘트 욕심과 원샷 욕심이 내 매력처럼 보이는 순간은 아주 잠깐이다. 이를 지속적으로 이어 간다면 어느샌가 나의 자리는 점점 사라질지도 모른다. 라이브커머스는 절대 혼자 돋보인다고 해서 좋은 평가를 받을 수 없다. 함께 즐길 때 시청자와 브랜드, 담당자 모두에게 더 매력적인 방송이 될 수 있다. 내가 돋보이는 순간이 다른 누군가를 짓밟아야만 이루어진다면 그것은 절대 좋은 결과를 낳지 못한다는 것을 명심하자. 한순간의 득보다 더 큰 것을 보아라. 시청자들과의 소통이 중요한 만큼 쇼호스트 간의 호흡도 매우 중한 곳이 바로 라이브커머스다.

시청자 들어올 때 노를 저어라

시청자 질문을 방치하면 안 되는 이유

'적립금은 며칟날 들어오나요?', '배송일 지정은 언제까지 가능한가요?', '제품과 사은품을 다른 주소로 받을 수 있나요?', '같은 아이디로 2개를 사면 적립금과 사은품 모두 2개씩 주는 것 맞나요?', '구매 인증 번호는 어디에서 확인하나요?', '포토 리뷰는 어디에 남기면 되나요?'

이 책을 지금까지 읽어 온 독자라면 라이브커머스 이야기를 할 때 댓글을 빼놓고서는 라이브커머스를 논하기 어려움을 이제는 가슴 깊이 공감할 테다. 위 질문들은 내가 진행한 방송 중 많이 달리는 댓글이다. 댓글 소통은 라이브커머스의 주요 특징이며 때로는 방송의 흐름에 아주 큰 영향을 준다는 사실을 독자도 잘 이해하겠다. 댓글은 작성한 당사자를 제외한 다른 이들의 생각을 대변하기도 한다. 타인의 궁금증을 해소해 주기도 하는데 이는 댓글을 남기지 않는 시청자의 구매욕에 불을 지펴 주기도 한다.

댓글을 살펴보면 시청자들의 질문이 아주 다양하다는 걸 알 수 있는데, 특히나 구매를 고려하고 있으나 어떤 제품을 고를지 선택을 고민하는 시청자들의 질문은 단시간에 답해 주려 노력한다. 방송 시간은 1시간이지만, 시청자들은 쇼호스트의 답변 순간을 마냥 여유롭게 기다려 주진 않는다. 그들의 10초, 20초는 매우 긴 시간이므로. 그래서 바로 답변할 수 없더라도 지나치지 않으려 한다. 아이디를 불러 소통하면서 기다림이 지루하지 않게끔 말이다. 시청자들의 문의는 제품의 핵심 기능을 물을 수도, 제품에 대한 긍정적인 의견일 수도 있으며 제품과 관계없으나 방송의 분위기를 반전시켜 기껍게 만들어 줄 수도 있다.

하루는 냉장고 방송을 할 때였다. 시청자들의 질문이 끊임없이 달렸는데 '용량 진짜 크네요.', '냉장고 컬러 너무 예뻐요.', '폐가전 무료로 수거해 주나요?', '사다리차 지원되나요?', '리터는 총 몇 L예요?', '카드 무이자 몇 개월까지 되나요?' 등이었다. 이런 댓글은 자연스럽게 제품 기능을 어필하며 말해 줄 수 있었다. '용량 진짜 크죠. 875L예요.', '컬러 아주 예쁘죠~. 이건 핑크인데 신혼부부들이 무척 좋아하는 컬러예요. 다른 컬러도 보여드릴게요.', '폐가전 무료 수거 가능한지 질문하셨는데, 전문기사님이 직접 가셔서 상품 설치 후 폐가전은 무료로 수거해 드립니다.', '무이자 혜택 가능한 카드 궁금해하시는 분들이 계셔서 카드사와 무이자 혜택 알려드릴게요.'처럼 말이다. 이러한 질문들은 소통과 동시에 제품 설명이 이루어져 다른 시청자들의 구매 결정에 긍정적인 효과를 준다. 또 다른 종류로는 설치나 관리에 관한 것들도 있다. '전셋집인데 정수기 설치할 때 타공해도 괜찮나요?', '옛날 아파트인데 빌트인 냉장고가 알맞게 들어갈까요?', '엘리베이터가 없는 4층에 사는데 TV 설치가 가능할까요?', '필터는 몇 개월에 한 번씩 갈아 줘야 하나요?', '필터 어디서 살 수 있나요?'와 같은 질문들이다. 이러한 문의 사항들은 구매를 염두에 둔 시청자에게 큰 참고가 되며 고심하던 이들의 마음을 확신으로 바꾸어 주는 요소가 되기도 한다. 대답할 때 해당 물음의 Yes or No뿐만 아니라 다른 부분도 첨언해 주면 좋다. 정수기 판매 방송 중 전셋집에 설치 시 타공 가능 여부를 질의하면 된다고만 답변하지 않고, 전셋집이나 월셋집 모두 가능하다고 입을 여는 거다. 이사할 경우 타공을 메우는 비용이 드는지, 어떻게 메우는지 등 실질적인 설치와 이후 처리 과정을 모두 알려 주었다. 그랬더니 이후 댓글 대신 구매 인증 번호가 공유되기 시작했다.

    댓글은 단순히 그 질문자만의 궁금증이 아닌 많은 시청자의 마음을 대변한다고 생각한다면, 그 중요성을 훨씬 더 깊이 느낄 수 있다. 시청자들의 질문을 함부로 내버려두지 말자. 우리가 간과하고 있는 바로 그 물음이 소비자들의 구매 고민에 대한 단 하나의 연유일 수도 있으니까.

카테고리별 인기 있는 요일 및 시간대 파악하기

이 내용을 Part 4가 아닌 Part 3에서 다루는 이유가 있다. 대다수의 쇼호스트는 '카테고리별 시간대 공략', '채널의 특징', '브랜드별 프로모션'을 본인과 관련이 없다고 여길 터다. 그러나 이것을 잘 알고 있는 쇼호스트는 시청자에게 접근하는 방식이 훨씬 더 다양하다. 왜 이 플랫폼에서 이 제품을 사야 하는지, 왜 이 브랜드의 프로모션 행사를 많은 시청자가 손꼽아 기다렸는지, 지금 내가 상대하고 있는 시청자들의 나이대와 성별의 비중은 어떤지 등을 파악한 쇼호스트와 그렇지 못한 이의 멘트 차이는 크다. 예시의 비교 대상이 달라지고, 그 때문에 소구 포인트를 정확하게 집어내는 능력이 달라지기 때문이다. 그렇기에 〈Part 3. 잘 파는 쇼호스트는 어떻게 하는데?〉에서 함께 다루기로 했다. 브랜드들은 좋은 시간대에 방송을 진행하기 위해 여러 데이터를 분석한다. 좋은 시간대라는 건 시청자 유입수가 잦은 시간이나 요일을 말한다. 이는 평일과 주말로도 나뉘지만, 카테고리별로도 나뉜다. 그야말로 라이브커머스 '황금 시간대'라는 게 존재한다는 뜻이다. 아주 흔한 예로 우리 주변에 있는 오프라인 매장을 떠올릴 수 있다. 주류를 판매하는 식당들의 영업이 대부분 저녁에 시작되는 이유, 밤에만 운영하던 식당이 점심 한정 메뉴를 따로 만들어 점심 장사를 개시한 이유, 입학식과 졸업식 날 꽃집들이 평소보다 더 일찍 문을 여는 이유 등. 이러한 모습이 형성되는 것은 물건이 잘 판매되는 시간대 즉, 소비자가 모이는 시간대가 명확하기 때문이다. 방학 시즌이 되면 자녀를 동반한 가족 여행객이 많은 이유, 11월 11일 전후로 편의점 입구에 빼빼로가 빼곡히 진열된 이유, 회사 근처 식당들이 단체석을 많이 갖춰 놓는 이유 등도 비슷한 맥락이다. 실제 소비자가 눈에 보이지 않는 온라인 커머스상에도 이런 양상은 존재한다.

아래는 23년 8월~24년 8월 1년간 디지털/가전 카테고리 총 약 3만 3,700개의 방송을 분석하여 총 조회 수와 매출액 그리고 판매가 가장 잘되는 시간대 등을 추출한 데이터다.

2023년 8월~2024년 8월 1년간 디지털/가전 카테고리 판매 관련 지표
출처: 라방바

1년간 가장 판매가 잘됐던 요일은 금요일이었으며 가장 방송이 많았던 시간은 오후 8시로 총 28%에 달한다. 그리고 평균 시청자는 남성 54%, 여성 46%로 남성이 더 많이 시청했고 주 시청 고객은 40대 남성임을 확인할 수 있다.

일별 매출액, 조회 수, 판매량 또한 카테고리별로 알 수 있는데, 아래의 그래프처럼 기간 내 상세한 데이터를 얻을 수 있다.

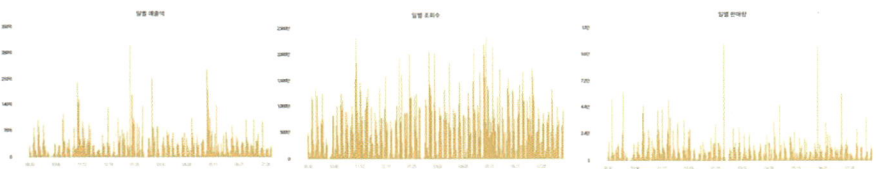

특정 카테고리의 일별 매출액, 조회 수, 판매량 등을 알 수 있다.
출처: 라방바

패션 의류, 패션 잡화, 화장품 & 미용, 가구 & 인테리어, 출산 & 육아, 식품 등 전체 분야에서 분석이 가능하며, 요일별 혹은 시간별로도 구분 지어 데이터를 확인할 수 있다. 이러한 데이터는 각 브랜드의 라이브커머스 방송 매출 증진에 도움을 준다.

아래는 2024년 8월 기준 최근 6개월간 카테고리별 가장 판매가 잘됐던 요일과 시간대를 분석한 결과이다.

2024년 8월 최근 6개월간 카테고리별 황금시간대	
스포츠&레저(총 5,957개 방송 기준)	월요일 / 오전 8시
화장품&미용(총 13,400여 개 방송 기준)	월요일 / 오후 7시
식품(총 30,600여 개 방송 기준)	화요일 / 오전 8시
생활&건강(총 19,500여 개 방송 기준)	화요일 / 오후 6시
디지털&가전(총 14,800여 개 방송 기준)	금요일 / 오전 0시
여성패션의류(총 25,900여 개 방송 기준)	일요일 / 오전 8시
가구&인테리어(총 7,747개 방송 기준)	일요일 / 오후 8시

| 2024년 8월 기준 최근 6개월간 카테고리별 황금 시간대

  판매가 잘되는 시간대와 방송이 많은 시간대 또한 달랐다. 패션 잡화 카테고리에서 최근 1년간 진행한 총 45,100여 개 방송의 평균 데이터를 확인했을 때, 가장 판매가 좋았던 방송 시간은 일요일 오전 8시였으나 방송이 가장 많은 시간대는 오후 8시로 차이가 있었다. 기간을 최근 3개월, 6개월, 1년 등으로 각각 다르게 설정해도 결과는 달랐으며 한 카테고리 내에서도 소분류로 더 자세하게 구분하여 결과를 얻을 수 있다.

  물론 위 자료와 결과는 전체 데이터의 평균값을 산출한 것이므로 특정 브랜드나 특정 시즌, 특수한 상황에 따라서 달라질 수 있다. 그러나 이런 데이터를 토대로 내가 판매하고자 하는 제품의 소비자가 몰리는 시간대와 요일을 잘 공략하는 것만으로도 판매를 효율적으로 높일 수 있는 아주 좋은 전략이 된다.

시청자의 환경을 주시해라

시간대별로 시청자가 몰리는 때가 구분되는 이유를 우리는 여러 데이터로 알 수 있었다. 그렇다면 라이브커머스는 저녁 시간대만 공략이 가능할까? 그렇지 않다. 오전, 이른 오후에도 구매는 상당히 이루어진다. 다만 소비자들의 연령대와 카테고리별 구매자층이 달라질 뿐이다. 평일 오전부터 점심까지는 어린 자녀를 둔 엄마들이 아이들을 학원이나 학교에 보내고 혼자 시간을 보내는 시점이다. 이런 시청자들이 많은 방송에서는 엄마들에게 공감되는 내용과 설명을 위주로 하는 것이 효과적이다. 누가, 언제 라이브커머스 방송을 볼지 시청자들의 특정 상황에 초점 맞춘다면 강조할 제품의 기능과 이야깃거리는 명확해진다. 오후 12시부터 2시까지 점심 식사 시간 전후도 라이브커머스 이용량이 많아지는 시간대로, 여러 카테고리에서 구매가 활발하게 이루어진다. 그 시간에 방송을 진행해 보면 종종 보이는 댓글이 있다. '점심시간 곧 끝나요. 이벤트 참여 방법 좀 알려 주세요.', '저 곧 미팅 들어가야 해서 빠르게 결제하고 나갑니다.' 등의 댓글이다. 그럼 그들을 위한 멘트 전략을 바꾸어도 좋다.

한번은 조용한 곳에서 소리를 꺼 둔 채 화면에만 의존하며 방송을 보고 있다던 시청자가 있었다. 태블릿 방송이었는데 그 시청자를 위해 전달할 내용을 직접 메모하여 보여 주거나 손짓으로 중요한 곳을 가리켜 전달하기도 했다.

이러한 정보 없이 라이브커머스를 진행한다고 쇼호스트로서 큰 문제가 되지 않으나 같은 시간과 노력을 들여도 결과는 언제나 더 좋길 바라지 않는가. 그 싸움에서 이기려면 이런 통계 조사는 필수다. 물론 제품의 품질과 가격, 혜택에 따라 데이터가 무색할 정도로 다른 결과가 나타날 수도 있겠다. 그럼에도 데이터로 평균적인 시청자를 좀 더 구분 지어 판매할 전략을 세울 수 있다면 게임의 결과는 달라진다. 상대방을 파악하면 게임에서 이길 확률은 높다. 아무것도 모른 채 게임을 하겠는가, 아니면 상대가 누구인지 수를 알고 게임판에 입장하겠는가. 한 번으로 끝나는 게임이 아니라면 긴긴 이 싸움에서 더 많은 횟수로 이길 확률은 후자가 훨씬 가까울 것이다.

내가 시청자를 모으는 것이 불가능하다면 시청자가 모였을 때를 기회로 삼아라. 그리고 때가 되면 재빠르게 노를 저어라.

브랜드별 빅 프로모션 체크하기

세계적으로 매년 흔하게 접할 수 있는 대표적인 행사로 미국의 '블랙 프라이데이(미국에서 1년 중 가장 큰 세일 시즌으로, 매년 11월 넷째 주 금요일인 추수 감사절 다음 날을 기념일로 칭한다)'와 중국의 '광군제(중국의 최대 온라인 쇼핑 축제로, 중국판 블랙 프라이데이라고도 불린다. 11월 11일로, '1'이 4번 반복되어 '솔로를 위한 날'로 기념한다)' 등이 있다. 블랙 프라이데이는 주로 오프라인 상점들이 대규모 할인 행사를 진행한다. 이 행사와 관련이 있지만 온라인 중심으로 이루어지는 할인 행사로는 블랙 프라이데이 다음 주 월요일에 해당하는 '사이버 먼데이(Cyber Monday)'가 있다. 마케팅 데이터 분석 솔루션인 어도비 애널리틱스(Adobe

Analytics)에 따르면 2023년 사이버 먼데이 단 하루 동안 온라인에서 발생한 매출은 124억 달러(한화 약 16조 원)라고 밝힌 바 있으며, 이는 사상 최고치로 전년 동일 대비 9.6% 상승한 수치라고도 덧붙였다. 2023년 광군제 또한 7일간 총 매출이 약 1조 1,385억 위안(한화 약 211조 원)으로 역대 최고 기록을 경신했다.

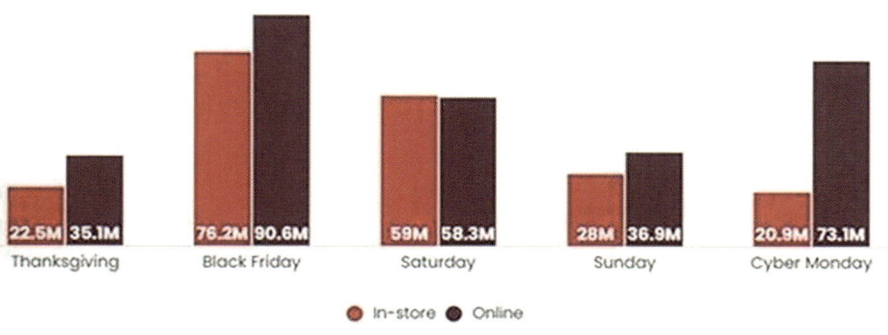

2023년 사이버 위크 5일간 온라인, 오프라인 쇼핑 이용자 수 비교 도표
출처: National Retail Federation

　위와 같이 나라별로 떠오르는 대표적인 축제와 이를 가리키는 명칭이 있다. 우리나라의 수많은 브랜드도 이러한 전략을 다양하게 활용하고 있다.
　삼성전자에는 시즌을 활용한 빅 프로모션이 있는데, 대표적으로 '갤럭시 아카데미'다. 신학기를 맞이하는 예비 고등학생과 예비 대학생들을 대상으로 스마트폰, 태블릿, PC 등 여러 전자 제품을 구매할 때 다양한 혜택을 제공한다. 올해에는 '2025 갤럭시 아카데미 페스타'라는 이름으로 여러 이벤트를 진행했다. 실제로 매년 1월~3월 사이에 진행되는 이 프로모션 기간을 기다렸다가 구매하는 시청자들이 많다.

 이러한 행사는 주변에서도 발견할 수 있다. 헬스 & 뷰티 브랜드 올리브영의 '올영 세일', 의류 브랜드 탑텐(TOPTEN10)의 '텐텐데이' 등이 그 예다. 빅 프로모션 기간 동안은 물건을 저렴하게 구매할 수 있도록 할인율을 높이기 때문에 시청자들의 소비도 높아질 수밖에 없다. 그러니 이러한 프로모션의 기간과 특수성을 잘 고려한 멘트와 제품 소개는 시청자들로 하여금 더 매력적인 구매욕을 이끌어 낼 수 있다. 동시에 판매자는 브랜드의 제품을 더 많이 노출하고 판매할 수 있는 시기이기도 하다.

 방송을 진행하는 각 브랜드의 빅 프로모션과 기간을 잘 참고하여 활용한다면 막막했던 라이브커머스 방송은 훨씬 더 풍성한 멘트와 시청자 반응들로 가득 채워질 것이다.

Part 4.

라이브커머스 공략법

쇼호스트가 매출을 무조건 올려 줄 것이다?

쇼호스트의 능력 범위

본인의 브랜드를 가지고 계신 대표님들과 라이브커머스 쇼호스트 섭외 및 방송 진행 관련 건으로 말을 나눈 적이 있다. 그분들 중 반 이상은 이 질문을 빼놓지 않았다. "한 번 방송할 때 얼마 정도 팔 수 있을까요?", "어떤 곳은 방송할 때마다 몇천만 원씩 판다던데 저희도 가능한가요?"라고. 만약 사전 준비 없이 쇼호스트만으로 방송 매출 견인에 대한 능력을 묻는다면 나는 어떠한 확답도 할 수 없다. 쇼호스트는 제품의 장점을 극대화시켜 시청자들이 물건을 구매하고 싶도록 유도하는 직업이다. 그렇다면 여기에서 주목해야 할 사실이 있다. 시청자가 존재할 때 쇼호스트의 역할은 시작된다. 〈Part 1. 라이브커머스 제대로 파악하기 – 홈쇼핑과 라이브커머스에 대한 오해와 진실〉 중 '라이브커머스 시장이 안 좋다는 소문, 과연 사실일까?'에서 잠깐 언급한 바 있듯이, 우리는 팬덤이 존재하는 연예인이 아니다. 혜택과 가격이 중요한 라이브커머스 방송에서는 쇼호스트가 방송할 때마다 단순한 팬심으로 제품을 구매하는 시청자들은 아주 드물다. 거의 없다고 해도 과언이 아니다. 그렇다면 적어도 쇼호스트의 능력은 시청자들이 존재한다는 가정하에 발현될 수 있다. 예를 들어 보자. 사람들이 쉴 새 없이 지나다니는 도심의 한 편의점과 그에 비해 유동 인구가 적은 어느 마을의 동일한 브랜드의 편의점 중 어느 곳의 장사가 더 잘될까? 유동 인구가 많은 편의점의 매출이 높은 것은 아주 당연한 결과다. 동일한 비율로 계산해 볼 때 1,000명의 사람이 방문한 편의점에서 100개의 물건이 판매된다면, 100명의 사람이 들른 편의점에서는 10개의 제품이 판매되는 셈이다. 후자의 편의점에서 전자와 동일한 판매를 기록하려면 방문한 100명 중 단 1명도 빼놓지 않고 모두가 물건을 사야만 같은 결과를 얻을 수 있다. 물론 소비자의 구매를 이러한 수치로 완벽하게 계산할 수는 없지만, 여기서 이야기하고 싶은 것은 시청자가 존재하지 않는 한 쇼호스트의 역량은 발휘될 수 없다는 사실이다.

또 하나는 제품의 가격과 혜택에 대한 경쟁력이 뒷받침되어야 한다. 〈Part 1. 라이브커머스 제대로 파악하기 – TV 홈쇼핑 vs 모바일 라이브커머스 차이 파악하기〉에서 언급한 바 있다. 여러 창을 번갈아 가며 가격 비교를 하기 쉬운 모바일 라이브커머스 이용자들에게는 가격과 혜택 경쟁력이 중하다. 저렴한 제품의 가격과 풍성한 혜택을 확인했다면 구매할지 말지의 마지막 결정은 쇼호스트의 구매 유도에 달렸다. 가격 비교를 한눈에 확인하기 쉬운 모바일 이용자들에게 가격 경쟁력이 낮은 상태에서 유도하면 시청자들의 심기를 불편하게 만들 수밖에 없다. 쇼호스트들이 친절하게 설명한다고 해서 굳이 손해보고 사야 할 메리트를 찾지 못하는 것이다. 라이브커머스를 진행하는 브랜드라면 이 사실을 꼭 인지해야 한다. 이 과정들을 전혀 이해하지 못한 채 라이브커머스 진행에만 마음이 앞선다면 첫 방송이 끝나자마자 힘이 빠질 터다. 몇 번만 더 해 볼까, 하고 억지로 진행하다 10회도 채 채우지 못한 상태로 눈물 흘리며 라이브커머스 시장에서 발을 뺀 브랜드들을 많이 봤다. 아무리 음식 맛이 좋아도 그 식당이 존재하는지조차 모른다면 손님에게 음식 맛을 어찌 보여 줄 수 있겠는가? 입소문이 퍼지기만을 기대한다면 아마 오래 기다려야 하겠다. 손님이 존재해야 음식의 맛도 널리 알릴 수 있다. 쇼호스트의 역할과 재량을 발휘할 수 있는 범위를 정확히 파악하는 일이 우선이다.

시청자 유입을 위한 전략

라이브커머스 방송에서 중요한 점은 무엇이라 생각하는가? 쇼호스트, 제품력, 방송 시간대, 마케팅 등 여러 가지가 있다. 어디에 더 큰 가치와 목표를 두는지에 따라 매 방송의 중요도는 달라질 수 있지만, 라이브커머스를 진행하는 가장 궁극적 목표는 어느 브랜드나 그렇듯 매출이다. 위에서 언급한 대로 쇼호스트가 제품을 판매하기 위해 시청자들을 방송에 유입하려면 어떻게 해야 할까? 시청자들을 끌어 오기 위해 다른 브랜드들은 어떤 전략들을 이용하는지 몇 가지를 소개한다.

먼저 '알림 받기' 공지를 이용하는 방법이다. 방송 전 알림 받기를 설정한 사용자들에게 추가 쿠폰 같은 혜택을 주어 버튼을 누르도록 유도한다. 방송이 시작되면 알림 받기를 눌러 둔 시청자들에게 방송 시작 알림이 전송되어 이를 놓치지 않도록 한다. 브랜드는 시청자 유입을, 소비자는 방송에서의 추가 혜택을 얻게 되므로 양쪽 모두 효과적이다.

방송 유입을 위한 알림 받기 화면.
(왼쪽부터) 11LIVE, 네이버 쇼핑라이브, 삼성닷컴

알림 받기뿐만 아니라 스토어 찜, 소식 받기 등도 그렇다. 브랜드 채널에 관심을 가지고 매번 제품을 구매하는 고객들에게 추가 혜택을 증정하는데, 이는 시청자들의 방송 유입을 전략적으로 활용하는 아주 효과적인 방법이다.

　시청자 유입을 위한 또 다른 길은 정기적인 방송으로 누적 고객을 계속 늘리는 것이다. 첫 방송부터 시청자 수와 판매율이 높으면 좋겠지만, 유명 브랜드가 아니라면 현실적으로 힘들다. 그러니 정기적인 요일과 시간에 방송을 꾸준히 진행하는 것이 고객을 늘리는 데에 도움이 된다. 그렇게 소비자들에게 방송 중 혜택에 대한 기대감과 제품 구매 이유를 심어 주는 것이다. 많은 유튜브 채널이 매주 동일한 요일과 시간에 영상을 업로드하여 시청자들로 하여금 그 시간을 기다리게 만드는 것과 같다. 유튜브에는 채널마다 구독 버튼이 있는데, 구독자들에게는 새로운 영상이 업로드되는 순간 메시지가 뜨며 영상을 바로 볼 수 있도록 유도한다. 라이브커머스를 진행하는 한 브랜드는 매주 같은 요일과 같은 시간에 지속적으로 라이브커머스 방송을 열었다. 수개월이 지나 스토어 찜을 한 이용자 수가 1,000명을 달성했을 때 감사의 뜻으로 '감사 빅 세일'을 주제로 방송하기도 했다. 정기적인 방송은 시청자들에게 제한된 방송 시간 동안 제품을 사야만 하는 이유를 각인시키는 중요한 요소가 된다. 동일한 요일과 시간을 정하자. 매주 1회도 좋고 매달 1회여도 좋다. '매주 수요일마다 그 브랜드에서 라이브커머스를 진행하는데,

그때마다 가격과 혜택이 좋더라.'라고 인식되는 순간 시청자들은 다음 수요일을 기다리게 될 것이다.

 방송을 진행 중이라면, 이번에는 방송의 주제와 방송 중에만 누릴 수 있는 혜택을 정할 차례다. 유튜브 섬네일*도 그렇듯, 라이브커머스도 방송을 시청하고 싶게 만드는 확실한 주제나 문구가 필요하다. 매번 똑같은 제품을 방송한다고 해도 주제와 혜택이 달라진다면 시청자들의 유입 기회를 높일 수 있다. 이 2가지를 각각 적용한 문구를 예로 들어 보자. 건조한 겨울철 사람들이 자주 찾는 수분 크림을 방송한다고 가정할 때, '수분 크림 라이브 저녁 7시'보다는 '겨울철 대란템 수분 크림 최대 60% 할인'이라는 문구를 통해 방송 내용과 혜택을 전달할 수 있어 시인성이 높다. 'JBL Flip 5 단종 임박! 라스트 특급 할인', '갤럭시 S23 자급제 사전 판매 마지막 날', '갤럭시워치4 7%+7% 적립 혜택' 등 해당 문구들은 실제 내가 진행한 방송의 주제였다. 나는 지금도 우연히 클릭하는 라이브커머스 방송의 대부분을 섬네일 문구에 이끌려 시청하곤 한다.

 이 외에도 인터넷 광고, SNS 광고를 통해 방송을 알리는 방법도 있다. 인터넷 사이트를 검색하다 중간중간 나오는 광고 배너들을 본 기억이 있을 테다. 광고의 세상이라고 해도 과언이

---

* Thumbnail: 큰 파일을 열지 않고도 내용을 알 수 있도록 축소된 이미지

아닐 만큼 우리는 광고가 넘쳐 나는 세상 속에 살고 있다. 블로그 글을 읽는 중 사이 사이에 나오는 제품 광고, 인터넷 뉴스 기사를 보다가 마지막에 등장하는 식품 광고, 카카오톡 채팅장을 열었더니 상단에 보이는 브랜드 시즌 한정 할인 배너 광고 등이 그런 종류이다. 그 광고는 단순한 제품 광고일 수도 있지만, 라이브커머스 방송 일정을 소개하는 광고가 될 수 있고, 현재 진행 중인 라이브커머스 방송으로 진입하는 배너가 될 수도 있다. 요즘에는 이러한 광고를 SNS상에서도 자주 활용한다.

쇼호스트의 역할은 이러한 시청자 유입 후부터 이루어지므로, 이 첫 단계가 제대로 이루어지지 않으면 제품을 매력적으로 소개할 기회조차 주어지지 않는다. 최대한 시청자들이 방송을 보고 제품의 구매 여부를 결정할 수 있도록 기회를 주자.

대표님의 직간접적 경험

하루는 지인으로부터 어느 중소기업 브랜드의 직원분들에게 쇼호스트 강의를 해 달라는 부탁을 받은 적이 있다. 강의라고 하기엔 소수의 직원에게 방송에 대한 팁을 공유하는 수준이었는데, 요지는 이랬다. 브랜드를 운영하고 계신 한 대표님이 라이브커머스 방송을 계획하고 있는데 데스크 업무를 하는 회사 직원들에게 쇼호스트 진행을 맡기고자 했다고. 그러니 방송 경험이나 지식이 전무한 그들에게 아주 기초적인 방송인으로서의 자세나 조언을 해 주면 좋겠다는 것이었다. 나는 방송과 전혀 관련 없는 사람들이 카메라 앞에서 말하는 일이 얼마나 쑥스럽고 힘든지 경험상 잘 알고 있었다. 카메라 앞에서 사진 찍히는 일조차 부담으로 다가오는 이들에게 라이브커머스는 막막한 과제가 될 거라 여겼기에 내 조언이 조금은 도움이 되길 바랐다. 강의는 화상으로 진행되었고 대표님을 포함한 이사님과 직원분 총 6명이 참여했다. 화기애애한 처음과는 달리 강의를 한참 하던 중에 직원들의 표정이 점점 심란해짐을 느꼈다. 나는 화제를 돌려 가볍게 질문을 꺼냈다. 방송에 흥미를 느끼게 된 계기나 시기를 물었더니, 다들 고개를 좌우로 저으며 대답 없이 멋쩍은 미소만 지었다. 그 모습을 바라보고 있던 이사님은 "너무 예리한 거 아니냐."라며 나를 향해 웃었고 그 말을 들은 직원들과 대표님 모두 웃음을 터뜨렸다. 사실 직원들 모두 방송 업무를 전혀 예상하지 못했고, 마음의 준비가 되지 않은 상태로 강의에 참여했던 것이다. 나는 대표님께 직접 방송을 진행해 보시는 건 어떨지 여쭈었다. 소비자들에게 나의 제품을 직접 소개하는 경험의 가치로 입을 열었다. 그 경험은 차후 방송을 이어 갈 직원들과 방송에 대한 개선 방안을 마련하고 소통하는 데 큰 공감이 될 거라고도 전했다. 직원들의 방송 진행을 제안하는 대표님의 솔직한 마음이 내부 직원으로서 알고 있는 더 세세한 정보의 전달에도 있지만, 또 한편으로 비용 절감 때문이라는 사실을 모르지 않는다. 회사에서 내가 원하는 업무만 할 수는 없으나 방송이라는 특수한 업무는 그것과 분리하여 생각해야 할 문제다. 그러니 방송 업무를 위한 특수 직군 직원을 채용하는 것으로 방식을 대체하거나 대표님이 몸소 진행하는 것도 하나의 전략이 될 터다. 제품을 만든 대표의 직접적인 제품 소개는 업무의 특수성을 깊이 이해하고 시청자에게 진정성 있게 다가갈 최고의 전략이자 라이브커머스의 새로운 시도는 아닐지.

만약 이 글을 읽고 있는 독자가 브랜드를 운영하는 대표라면 라이브커머스가 어떻게 진행되는지 방송 이전의 과정을 알 필요가 있다.

기획전 방송의 파워 (Power)

모든 브랜드가 방송마다 힘을 주어 진행하지 않는다. 마케팅에 매번 큰 비용을 쏟지는 않는다는 뜻이다. 자주 방송을 진행하는 브랜드는 더더욱 비용에 힘 조절이 필요하다. 평소에는 적은 비용으로 방송하다가 기획전 라이브 등 큰 프로모션을 계획할 때 마케팅과 사전 홍보, 콘셉트에 적합한 쇼호스트 섭외 등에 열을 올리며 적절히 비용과 힘을 분배한다. 그것이 장기적인 방송을 부담 없이 오래 유지하는 방법이다. 번번이 마케팅과 쇼호스트 비용에 부담을 느낀다면 장기전은 좀 달라야 한다. 기획전 방송을 자주 진행하는 것보다 혜택을 파격적으로 가져오는 편이 소비자들의 구매에 구미를 당기게 만든다. 매번 기획전을 진행하면 좋지만, 비용이 부담되는 브랜드에게는 라이브커머스 롱런[*]

---

[*] 롱런(Long-Run): 오래 지속한다는 뜻

의 의욕을 잃게 하기도 한다.

　　매번 큰 금액을 들인 데 비해 적은 매출로 경제적 타격과 실망을 반복하지 말자. 적절한 기획전 방송의 투입으로 점점 규모를 키울 기회를 틈틈이 엿보는 편이 라이브커머스의 지속 가능성을 더 활짝 열어 줄 것이다.

서울시가 진행하는 소상공인 지원 사업

2023년 6월, '2023년 소상공인 온라인 판로 개척 지원 사업'이라는 제목의 서울시가 온라인 시장 진입을 준비하는 청년 소상공인을 돕기 위해 지원한다는 기사가 올라왔다. 스마트 스토어 및 카카오톡 스토어 입점 초보 과정부터 상품 기획과 라이브커머스 송출 등 전문 과정까지 다양했다. 당시 사업자 등록증 상 주소가 서울시인 만 19세 이상 만 40세 미만 청년 소상공인은 누구나 신청 가능했으며 총 390명의 소상공인 참여 신청을 받았다.

출처: 서울시

2024년 8월에는 KT가 서대문구청에서 주관하는 소상공인 특화 온라인 판로 확대 사업 중 하나인 '소상공인 라이브커머스 지원 사업' 내용을 발표했다. 9개 업체에 라이브커머스 교육과 방송 지원, 광고 송출을 돕는다는 내용이었는데, KT 미디어 인프라 역량을 활용해 소상공인 경쟁력을 강화한다는 취지였다. 또한 2023년 서울에서는 '서울경제진흥원'에서 발표한 'S-Live 스튜디오 기반 기획 라이브커머스 지원 사업'도 진행한 바 있다.

출처: (왼쪽부터) KT, 서울경제진흥원

이 같은 라이브커머스 지원 사업은 서울 이외의 지역에도 있다. 아래는 2024년 2월 양산시에서 진행한 '양산시 창업 기업 라이브커머스 챌린지'와 같은 달 '중소기업유통센터'에서 발표한 '24년 소상공인 온라인 판로 지원 사업' 그리고 미추홀구 주

안 영상 미디어 센터에서 밝힌 '미추홀구 통신 판매업자 라이브 커머스 방송 지원 사업' 이미지다.

　이처럼 라이브커머스를 전혀 모르더라도 제작 및 송출, 스마트 스토어 입점 방법 등 실무 위주 커리큘럼으로 교육 및 입점 상담까지 받을 수 있는 지원 프로그램을 여러 군데에서 확인할 수 있다.

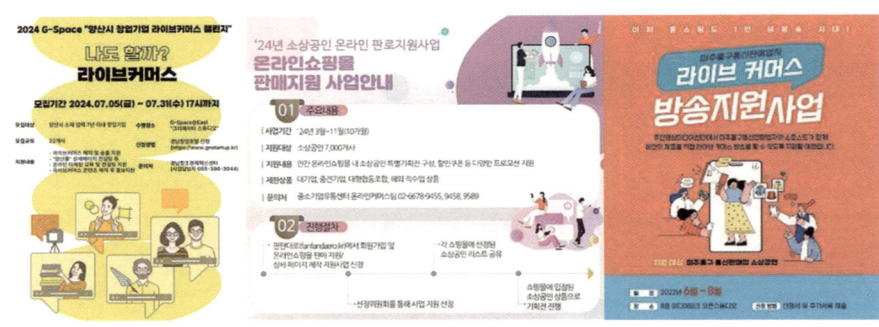

| 출처: (왼쪽부터) 양산시, 중소기업유통센터, 주안 영상 미디어 센터

　라이브커머스를 어디서부터 출발해야 할지 몰라 막막하다면 이런 지원 사업에 문을 두드려 보는 것도 큰 도움이 되겠다. 생각보다 다양한 곳에서 라이브커머스와 관련된 지원 사업을 진행 중이다.

Part 4. 라이브커머스 공략법

쇼호스트는 도대체 어디서 어떻게 구해요?

쇼호스트 비용… 얼마예요?

이쯤 되면 쇼호스트의 섭외 비용이 궁금해질 것이다. 사실 쇼호스트의 비용은 제각각이다. 택시 요금처럼 경력 햇수마다 정해진 금액표가 있지도, 여자 또는 남자라고 크게 다르지도 않다. 누군가는 TV 홈쇼핑 출신인 쇼호스트는 무조건 비싸냐고 물어보기도 한다. 라이브커머스 초창기에는 그런 경우가 있었으나 지금은 아니다. 1회 방송 진행 비용에 10만 원부터 100만 원 이상까지 비용의 차이는 꽤 크다. 내 주변의 쇼호스트들도 비용이 다 다르다. 보통 섭외할 때 브랜드나 제작팀 측에서 먼저 방송 진행 금액을 쇼호스트들에게 제시한 후 진행 여부를 회신받기도 하지만, 쇼호스트들마다 전문 분야가 달라서 쇼호스트가 먼저 금액을 제시하기도 한다. 갑과 을을 구분하지 않는 곳이 바로 라이브커머스 시장이다. 쇼호스트가 부른 금액이 높아도 브랜드에서 해당 쇼호스트를 원한다면 지불할 테고 그렇지 않다면 다른 쇼호스트를 데려올 테다. 반대로 브랜드가 제시한 금액이 만족스럽지 못하더라도 쇼호스트가 꼭 하고 싶었던 브랜드거나 놓치고 싶지 않은 레퍼런스라고 판단될 때 평소와는 다른 금액으로 진행할 수도 있다. 프리랜서 세계 그 어디든 마찬가지겠으나 동일한 방송이라도 사람에 따라서 금액이 다른 경우도 흔하다. 그러니 기준표가 존재하지 않는, 그것도 상황에 따라서 달라지는 이 프리랜서 세계에서 쇼호스트의 정확한 금액을 언급하기가 어렵다.

또 다른 경우도 존재한다. 우리가 말하는 주체가 사람이 아닌 물건이라고 가정해 보자. 한 매장에서 물건을 자주 사는 단골에게 물건 가격을 조금 깎아 주기도 한다. 1회 방송 진행 비용이 50만 원인 쇼호스트가 한 브랜드에서 한 달에 4회씩 총 6개월 동안 정기적으로 방송을 확정받으면 1회당 비용을 낮추어 진행할 수도 있다(금액과 횟수, 기간은 이해를 돕기 위한 예시로 들었으며, 실제 진행 비용과 계약 내용은 다를 수 있다). 사람을 물건에 비유하는 게 좀 불편하게 들릴지는 몰라도 시장 가격을 결정하는 방식이 가장 흡사해 이것을 예로 들었다.

결론적으로 쇼호스트가 진행하는 1회 방송 금액의 정해진 기준표는 없다. 누군가는 10만 원으로 진행할 수도, 누군가는 50만 원에, 또 누군가는 100만 원에 진행할 수도 있다. 진행 비용이 부담스럽더라도 꼭 섭외하고 싶은 쇼호스트가 있을 수 있고, 금액을 먼저 결정한 후 기준에 맞는 쇼호스트를 선택할 수도 있다. 이 또한 브랜드와 제작사의 판단이다. 나의 능력과 노동의 가격을 스스로 결정하는 것. 이것이 쇼호스트 프리랜서의 세계다.

어디서 구해요?

지금 여러분이 책을 읽고 있는 이 순간에도 각 쇼핑 플랫폼에서는 수두룩한 브랜드가 라이브커머스 방송을 진행하고 있다. 방송의 수만큼이나 진행자인 쇼호스트도 넘친다는 뜻인데, 그렇다면 도대체 쇼호스트는 어디서 어떻게 구할 수 있을까?

요즘 브랜드들이 방송 제작을 대행사에 맡기는데, 제작 대행사들은 여러 쇼호스트의 프로필을 다수 보유하고 있어 그들 중 브랜드가 원하는 쇼호스트를 직접 선택할 수 있다. 이 같은 방법 말고도 카카오톡 오픈채팅방으로 교섭하는 방법도 있다. 이는 실제 채팅방에 속해 있는 한 피디님으로부터 들었다. 피디, 작가, 감독 등 라이브커머스와 관련된 제작팀들과 담당자들이 모인 방에서 방송할 브랜드의 일정과 진행 내용 그리고 브랜드에서 원하는 쇼호스트 이력이나 정보를 남기면 알맞은 쇼호스트를 소개하거나 추천해 주는 방식이라고 한다.

그렇다면 에이전시, 오픈채팅방 등 어떠한 경로를 거치지 않고 쇼호스트와 직접적으로 연락할 수는 없을까?

위에서 경력이 거의 없는 쇼호스트가 방송하기 위한 방법으로 언급한 것 중 하나로, 구직 사이트 섭외 글을 찾으라는 내용이 있다. 쇼호스트와 반대의 브랜드 입장이라면 구직 사이트에 섭외 글을 올리면 되겠다. 회사에서 필요한 인재를 채용하기 위해 회사 정보와 채용직 업무 내용 등을 업로드하는 것과 동일한 방식이다. 글을 공지할 때 방송 관련 내용과 함께 비용도 기재하면 좋다. 금액을 미리 인지한 쇼호스트들만이 본인의 프로필을 보내기 때문에 이후 비용 협상에 대한 스트레스는 받지 않을 수 있다. 그러나 원치 않는다면 비용은 추후 협의로 남겨도 무방하다.

    또 다른 방법도 있다. 요즘은 자신의 커리어나 사생활을 개인 SNS로 공유하는 사람들이 많은데, 덕분에 브랜드가 프리랜서들과 연결될 경로가 다양해졌다. SNS를 이용하여 모델이나 인플루언서를 데려오기도, 업무 협력을 개인적으로 제안하기도 하며 쇼호스트 섭외 문의 또한 SNS를 통해 제안하는 일도 빈번하다. 나 또한 SNS로 업무 협업 제안을 자주 받았다. 쇼호스트 일을 하기 전에는 촬영, 제품 협찬 문의 등이었고 쇼호스트를 시작하고 나서는 방송 진행 섭외 문의를 받는다. 이를 위해 실제 방송 업무 도중 모습만 업로드하는 채널을 따로 개설하기도 했으니. 그리고 게시물 업로드 시 해시태그를 적극 활용했다. #프리랜서쇼호스트, #라이브커머스쇼호스트, #쇼호스트 등. 독자가 쇼호스트를 섭외하는 브랜드나 제작사의 입장이라면 위 해시태그를 역으로 검색해 다양한 섭외 기회를 늘릴 수 있겠다. 프리랜서 쇼호스트들이 어떠한 경로로 섭외를 받고 방송을 진행하는지 과정을 들여다보면 이해하기 쉽다.

매회 들어가는 쇼호스트 비용이 부담스럽다면

라이브커머스를 활발하게 진행하는 중소기업 브랜드들을 보면 매회 쇼호스트와 진행하기도 하지만, 비용이 부담스러워 그러지 못하는 기업들은 대표님이나 직원들이 방송을 직접 하기도 한다. 대표님이 방송을 진행하는 경우보다는 직원이 방송하는 쪽을 보기가 훨씬 쉽긴 하다. 바로 방송 업무를 겸할 직원을 채용하는 경우다. 매번 진행자가 2명이라고 가정할 때, 방송이 가능한 직원 1명이 존재하는 것만으로도 지출 비용이 절반이나 줄어든다. 일주일에 1회, 한 달 총 4회의 방송을 진행한다고 생각해 보자. 쇼호스트 1명 섭외 비용을 30만 원으로 고려하여 계산해도 매달 120만 원의 고정 지출 비용, 2명일 경우에는 매달 240만 원이 쇼호스트 섭외 비용으로 발생한다. 만약 방송이 가능한 직원을 채용한다면 지출 비용이 비슷하더라도 일주일에 2회 혹은 3회 이상의 방송도 가능한 셈이다. 물론 쇼호스트 섭외 비용이나 직원 월급에 따라 계산은 달라질 수 있지만, 라이브커머스를 중요한 수익 구조 중 하나로 여긴다면 '쇼호스트의 직원화'에 긍정적인 효과를 기대해 볼 수 있다. 만약 기존 직원들 사이에서 방송 투입을 고려한다면 꼭 사전에 충분한 의견을 나누길 바란다. 끼가 넘치는 직원들이 너도나도 원한다면 너무 반가운 소식이지만 그렇지 않다면 〈Part 4. 라이브커머스 공략법 –

쇼호스트가 매출을 무조건 올려 줄 것이다?〉 중 '대표님의 직간접적 경험'을 꼭 다시 한번 읽어 주길. 그런 직원들을 상대로 강의한 적이 있는 나로서는 절대로 추천하지 않는다.

먹히는 방법 &
안 먹히는 방법

타 브랜드 모니터링이 곧 돈 아끼는 방법

앞에서 쇼호스트들에게 본인 방송 모니터링의 중요성을 언급했는데 이는 1인 사업자들에게도 꼭 필요하다. 쇼호스트들은 본인의 모습을 제삼자의 눈으로 객관적인 피드백을 얻을 수 있다고 말했지만, 브랜드는 또 다른 시각으로 모니터링해야 한다. 동일 카테고리의 다른 브랜드 방송을 보는 것이 그 방법이다. 이를 보면 여러 가지 유용한 정보를 얻을 수 있다. 가장 먼저 댓글을 통해 동일 카테고리를 구매하려는 소비자들의 니즈를 파악할 수 있다. 해당 카테고리 제품에 관심이 있는 시청자들이 제품을 구매할 때 어떤 부분을 가장 고려하는지, 제품에 대한 불만 사항에는 어떤 것들이 있는지, 또는 소비자 연령층이 어떤지 등을 댓글로 대략 파악이 가능하다. 그뿐만 아니라 시청자로서 방송에 대한 평가도 할 수 있다. 제품의 컬러 표현은 어떻게 하는지, 카메라의 어느 각도가 제품을 잘 돋보이게 하는지, 제품을 어떻게 보여 줄 때 시청자 반응이 좋은지 등도 모니터링으로 확인 가능하다. 또 이벤트를 진행할 때 참여율은 어떤지, 그에 따른 시청자들의 추가 요구 사항은 없는지, 구매 인증 이벤트에 시청자 반응은 얼마나 긍정적인지, 이벤트를 진행할 때 판매율에 영향이 있는지 등도 어느 정도 학습할 수 있다. 쉽게 말해 시청자에게 먹히는 방법과 안 먹히는 방법을 내 돈 한 푼 들이지 않고 미리 파악할 수 있는 것이다. 물론 브랜드가 다르고 가격도, 주 타깃도 제품도 모두 다르지만, 동일 카테고리에 대한 대략적인 시청자들의 반응을 예측할 수 있어 사전 대응이 된다. 매일 비가 오지 않더라도 장마철 가방에 작은 우산 하나 챙겨 집을 나서는 행위와 같다. 타 방송을 모니터링한다고 그대로 따라 하라는 뜻이 아니다. 결혼사진을 찍으러 갈 때 다른 커플들은 어떻게 찍었는지 인터넷으로 포즈를 찾아보거나 잘 찍는 스튜디오를 검색하지 않는가. 다양한 정보와 아이디어를 수집해 만족스러운 결과를 얻고자 함이다. 커피를 마시기 위해 길을 지나가다 발견한 카페 어느 곳이라도 괜찮은 손님이라면 상관없다. 하지만 카페를 운영할 창업자라면 흥행하는 카페들의 이유를 물색하고 학습하지 않겠나? 여러분이 라이브커머스 방송을 준비 중인 브랜드 대표라면 커피를 파는 사장님처럼 움직여야 한다. 타 방송 모니터링이 곧 시간과 돈을 아끼는 방법이다.

큐시트 이해하기

책의 초반에 나왔던 쇼호스트들의 큐시트 파악하기 내용과는 다르다. 브랜드를 운영하면서 라이브커머스를 진행하거나 앞으로 진행할 의향이 있다면 이에 필수적인 요소들을 잘 파악해야 한다. 그중 하나가 바로 큐시트를 제대로 이해하는 일이다. 방송 진행 과정에서 오가는 자료들이나 내용을 제대로 알지 못하면 부족한 부분이나 수정 요청을 하기 힘들고 개선점을 파악하기 어렵다. 이 파트에서 큐시트를 다시 언급한 연유는 바로 여기에 있다. 쇼호스트가 파악해야 하는 큐시트의 내용과 브랜드에서 이해해야 하는 큐시트의 내용에는 분명한 차별점이 있다. 큐시트가 작성된 이후 방송의 흐름을 숙지하는 일이 쇼호스트의 역할이라면 브랜드는 큐시트가 완성되기 전까지 그 확인을 거치는 역할을 한다. 큐시트가 작성되는 과정에서 판매할 제품의 내용이 제대로 기재되었는지, 할인율에 변동은 없는지, 제품의 소구점이 명확하게 표기되어 있는지, 방송 중 강조하려는 부분이 방송의 흐름이나 콘셉트와 잘 연결되었는지 등등을 브랜드가 확실히 인지해야 한다. 이는 방송을 제작하는 대행사나 제작팀보다도 훨씬 잘 깨닫고 있어야 한다.

얼마 전 삼성전자의 여러 가전 제품을 한꺼번에 소개하는 방송을 진행한 적이 있는데, 주제는 '삼성 AI 가전 세일 페스타'였다. 비슷한 품목으로 이전에도 방송을 진행한 적 있지만, 모든 품목의 AI 기능을 강조하는 게 가장 중요했고 큐시트에도 제품의 AI 기능들이 각 제품 정보의 메인을 차지했다. 덕분에 가전 제품들의 AI 기능으로 인해 편리해진 일상생활 이야기들을 자연스럽게 이어 갈 수 있었다. 큐시트는 대개 대행사나 제작팀에서 작성하나 방송 중 어떤 내용을 더욱 부각해야 할지 목적이나 주제를 알기 쉽도록 정확한 메시지를 전달해야 한다. 그것들이 모두 큐시트에 반영되어 쇼호스트에게 전달되기 때문이다. 큐시트에서 말하는 방송의 큰 주제나 흐름 전달이 어그러지면 방송을 진행하는 쇼호스트도 시청자들에게 명확한 메시지를 내놓기 힘들다. 브랜드 론칭 1주년 기념 방송인데 해당 내용이 큐시트에 녹아 있지 않으면 여느 때의 방송과 크게 다르지 않을 수 있기 때문이다. 위의 〈Part 2. 진짜는 현장에 있다 – 준비한 대로 되는 게 하나도 없네〉에서 큐시트에 대해 자세하게 언급한 바 있듯이, 방송 시작과 동시에 순서나 흐름이 달라질 수 있다. 그러므로 방송 흐름의 기둥이 되는 중요 메시지가 큐시트에 전달될 수 있도록 하고, 누구보다 이 시트를 잘 이해해야 한다.

1시간에 1억 판매… '카더라' 소문의 진실

"어떤 브랜드는 첫 방송부터 1시간 만에 몇천만 원을 팔았다고도 하는데, 왜 저희 브랜드는 그렇게 안 될까요?" 그 소문의 주인공은 대체 어디 있는가? 이러한 카더라의 소문은 대형 브랜드와 비교할 수는 없다. 대형 브랜드의 라이브커머스는 어떠하냐고? 몇천만 원이 웬 말인가, 단 1시간 만에 몇억, 몇십억 이상도 판매할 수 있는 게 그들의 파워다. 심지어 삼성전자는 라이브커머스 방송 중 100억의 매출을 넘은 적도 있다. 전자 제품이라는 높은 단가도 한몫하기는 하나 매번 억을 찍는 방송 매출이 이곳에서는 흔하다.

목표를 높게 잡는 건 중요하지만 차근차근 단계를 밟지 않은 상태로 10개의 계단을 단번에 오를 수는 없다. 물론 중소기업 브랜드 중에도 좋은 매출로 성공적인 라이브를 진행하는 곳도 많다. 그러나 모두가 첫 방송부터 이러한 결과를 기대하긴 힘들다. 그러니 아주 보수적인 기준을 두고 성공 사례와 반대의 사례를 모두 비교한 후 나의 브랜드와 제품의 시장 예상 반응을 인지하는 게 옳다. 위에서 언급한 〈1인 사업자가 알아야 하는 라이브커머스의 오해와 진실〉을 제대로 파악하고 장기적으로 계획을 세우는 게 현명하겠다. 첫술부터 배부르면 얼마나 좋겠나. 하지만 첫술부터 배부르길 기대한다면 더 큰 실망으로 결과를 마주할 확률이 높다. 여러 라이브커머스 현장 관계자들이 막 방송을 시작한 브랜드 대표님들에게 입을 모아 하는 말이 있다. 적어도 최초 3번은 매출을 기대하지 말고 시청자들의 반응을 보는 테스트 겸 방송을 진행해 보라고. 소비자들의 분위기를 확인한 후 시청자들의 니즈를 대략 파악하면 좋다고도 했다. 어떠한 시기나 상황에서 판매가 잘 이루어지는지를 확인해 볼 수 있다는 게 그 이유이다. 이 3번이라는 횟수에는 이론이 존재하기보다 한국인이 좋아하는 삼세판의 의미이지 않을까 싶다. 1번은 너무 냉정하고 2번은 좀 아쉬우니 3번 정도는 시도해 봐야 하지 않겠냐는 삼세판의 논리 말이다. 나는 단판 승부를 좋아하지만, 승자가 바로 결정되는 간단한 게임이 아니라면 준비 운동을 충분히 가지는 것을 선호한다. 꼭 3번이라는 정확한 숫자가 아니라 장기전에 돌입할 준비를 하는 편이 옳다는 의견이다. 좋은 사례만 바라보며 희박한 확률에 높은 기대를 걸다가 빠르게 좌절하지 말고, 그 반대의 사례와 실패에 더 많이 귀를 기울여 보자. 오랜 기간에 걸쳐 살아남은 사람들은 몇 번의 시도만으로 쉬이 주저앉지 않는다. 단 몇 건의 중소기업 성공 사례의 '카더라' 소문만 좇다가는 소리 소문 없이 포기한 다른 브랜드들처럼 라이브커머스의 세계에서 영영 멀어질지도 모른다. 지금도 여전히 라이브커머스 시장에서 굳건히 자리를 지키고 있는 여러 브랜드가 그 자리를 지키기까지 꽤 긴 시간 차근차근 힘을 키웠음을, 그 뒤에는 끈기와 현명한 전략이 있었음을 절대 잊으면 안 된다.

객관화의 중요성! 내가 시청자라면?

우리는 더더욱 냉정해질 필요가 있다. 위에서처럼 라이브커머스 시장의 동향을 제대로 확인하고 내 브랜드의 위치를 파악할 용기가 생겼다면 그다음은 내 브랜드 방송의 객관적인 피드백이 필요하다. 과연 라이브커머스 방송이 넘치는 이 세상에서 내가 제품을 구매하려는 1명의 시청자라면 나는 내 브랜드의 방송을 어떻게 평가하겠는가. 솔직하고 냉정하게 말이다. 시청자들이 내 브랜드의 방송에 들어오고 싶게 하려면, 방송에서 제품을 사고 싶게 하려면, 제품이 멋지고 예쁘게 보이도록 하려면 어떤 작업이 필요한지 세세하게 고민할 터다. 결국 방송이 성공적으로 마무리되게끔 하기 위해서는 방송의 퀄리티를 높여야 한다. 이는 지금까지 언급해 온 여러 요소가 있었다. 그 요소들은 원하는 쇼호스트의 섭외가 될 수도, 조명의 세팅이 될 수도, 높은 할인율과 풍성한 혜택이 될 수도, 잠재 고객들에게 알리는 홍보 마케팅이 될 수도 있다. 그러니 이 단순하지 않은 과정에서 내가 할 수 있는 걸 하자. 소비자가 되어 냉정한 평가도 해 보자. 나라면 이 쇼호스트가 소개하는 제품을 사고 싶은지, 빛나는 조명 속 제품이 잘 표현되고 있는지, 할인율과 혜택이 구매하고 싶은 마음을 불러일으키는지, 충분히 홍보가 잘되었는지 말이다.

사람들이 보는 눈은 비슷하다. 멋진 걸 멋지다고 생각하고 예쁜 것을 예쁘다고 느끼는 기준은 크게 다르지 않다. 누가 뭐래도 애정하는 나의 브랜드이자 나의 제품이지만, 지금도 수없이 쏟아지는 라이브커머스의 세계에서 살아남으려면 제삼자의 눈을 스스로 장착해야 한다. 그리고 끊임없이 내게 질문하자. "과연 나라면?"

일반인 참여 활용하기

일반인 참여는 방송을 시청하는 사람들의 공감대를 더욱더 높여 반응을 극대화시킬 수 있는 요소이다. 나와 같은 소비자가 나를 대신해 제품의 실물을 보고 평가를 대신해 주는 셈이라 방송 중 효과는 긍정적이다.

(좌) 개그맨 김용명 씨와 삼성 갤럭시탭 현장 라이브를 진행하는 모습. 중학생 관객이 참여하여 제품에 대해 함께 이야기하고 있다.
(중) 래퍼 넉살 씨와 함께 갤럭시탭 현장 라이브를 진행하는 모습. 관객 2명이 참여 후 무대에서 내려가기 전 기념 촬영을 하고 있다.
(우) 네이버 쇼핑라이브에서 진행한 갤럭시워치 방송 장면. 서울 러닝 크루 PRRC 멤버들이 워치를 착용하고 스튜디오까지 뛰어오는 모습을 생중계로 보여 주고 있다.

갤럭시탭 현장 라이브 방송을 진행했을 때다. 관객 중 유독 어려 보이는 3명이 눈에 띄었고, 그들을 카메라 앞으로 초대했다. 중학교 친구 사이인 그들에게 태블릿 기능 몇 개를 보여 주어 각자 가장 신기한 기능과 반응을 인터뷰했다. 잠재 소비자인 그들의 솔직한 언어에 신뢰성과 객관성이 일어 다른 시청자들과 현장 관객들의 공감을 더욱더 불러일으켰다.

관객 참여에 방송 관계자가 출연한 적도 있었다. 위 경우와는 또 다른 일반인에 속한다. 방송 중 주어지는 가격 할인과 혜택들은 방송이 진행되는 플랫폼이나 제품을 판매하는 브랜드사가 같이 조율하여 이루어진다. 이러한 사실을 쇼호스트의 입이 아닌 담당자가 직접 출연하여 이야기해 주거나 관계자가 방송 중 제품을 직접 구

Part 4. 라이브커머스 공략법

(좌) 카카오 쇼핑라이브에서 IT 유튜버 에이트 씨와 삼성 저장 장치 라이브 방송을 하는 모습이다. 촬영 감독님이 출연하여 제품 구매 이유와 관련된 이야기를 나누고 있다.
(우) G라이브에서 삼성 의류 케어 방송을 하는 장면이다. 의류 케어 담당자가 출연하여 혜택 이야기를 나누고 있다..

매할 때 그들의 입을 빌려 연유를 설명하는 경우다. 그럴 때 시청자들의 반응은 훨씬 좋다. IT 유튜버 에이트와 함께 카카오 쇼핑라이브에서 삼성 저장 장치 제품들을 방송할 때였다. 메모리 카드, 외장 하드 등 여러 종류의 저장 장치 제품들을 판매했다. 방송 중 카메라 감독님 한 분이 실제로 제품을 구매했고, 그 사실을 알게 된 후 직접 감독님을 자리에 모셨다. 전문 장비를 주로 다루는 카메라 감독으로서 어떤 제품을 구매했는지, 왜 방송 중에 구매했는지, 그리고 이 장비를 어떻게 활용하면 좋은지 등 물었다. 방송을 자주 진행하는 관계자의 구매로 제품에 대한 신뢰감이 올라갔고, 방송 중 구매했단 이유로 시청자들은 방송 중 혜택에 다시 한번 집중했다. 반응은 역시나 좋았다.

이러한 일반인 참여는 실제 시청자들의 공감대를 넓혀 주고 구매를 적극적으로 유도할 좋은 방법이 될 수 있다. 나와 같은 소비자가, 나보다 먼저 제품을 사용해 본 시청자가 해 주는 말은 쇼호스트의 언어에 훨씬 신뢰도를 높인다.

라이브 종료 이후 매출 공략하기

대부분의 라이브커머스를 진행하는 브랜드사들은 방송 중 매출만이 전부라고 생각하지만, 그렇지 않다. 최근 네이버가 밝힌 통계 자료에 따르면 라이브커머스 방송 종료 후에 발생하는 거래액이 네이버 쇼핑라이브 전체 라이브커머스 거래액의 약 15% 이상을 차지한다고 한다. 라이브 전에는 5%, 라이브 중에는 80%, 라이브 후에는 15% 이상의 비율로 종료 후 기대할 수 있는 매출액의 비중이 높은 편이다. 네이버 쇼핑라이브를 기준으로 라이브 예고 및 라이브 다시 보기 기능이 강화되면서 방송 이후에도 통계 데이터를 제공하여 지속적인 매출을 기대할 수 있다. 이러한 다시 보기 기능은 여러 플랫폼에서 활용 중이다. 라이브 방송 종료 후에도 제품에 대한 정보를 영상으로 얻을 수 있고, 하이라이트 영상을 편집하여 상세 페이지에 추가하거나 주요 장면 위주로 시청할 수 있다. 별도의 짧은 클립 영상을 제작하여 방송을 다시 보는 것은 물론이고 바로 구매까지 가능하다. 이는 추가 소비자 유입으로 이어져 플랫폼 내 더 많은 셀러(Seller, 판매자)를 모으기도 한다. 이러한 이유로 방송 이벤트나 혜택을 당일까지 지속하는 경우도 종종 볼 수 있다.

라이브커머스 세상에 발을 들인 당신에게 전하는 메시지

AI 세상, 쇼호스트가 대체될까?

이 질문에 누군가는 말했다. AI가 의사는 대체하더라도 간호사를 대체하기는 힘들 거라고. 이 뜻은 정서적인 교류를 하는 직업은 AI로 교체되기 어렵다는 것을 의미한다. 나는 언젠가 인공 지능 서비스에 질문을 던진 적이 있다. "나 너무 슬퍼. 우울한데 위로 좀 해 줄래?"와 같은 질문이었다. 그리고 AI 음성을 통해 답변이 돌아오는 것을 경험한 바 있다. 그것은 매번 다른 대답과 해법으로 새로운 놀라움을 안겨 주었다. 그러나 그 감동은 오래가지 못했다. 왜냐하면 그것이 우리(사람)를 흉내 낼 뿐인 기계임을 알고 있었기 때문이다. 나와 같은 심장을 가지고 마음을 공유하는 쇼호스트를 AI가 한다는 건 매우 어렵다. 쇼호스트는 제품의 정보만을 전달하는 빅스비(Bixby)나 시리(Siri) 같은 AI 인공 지능 음성 서비스가 아니다. 라이브커머스 쇼호스트는 시청자의 니즈(Needs)에 의한 마음과 브랜드의 필요를 품은 원트(Wants)를 플랫폼이라는 채널로 연결해 주는 매개자이다. 여기에는 아주 고도화된 정서적 공감이 담긴다.

1995년 국내 최초의 TV 홈쇼핑 방송이 출범하면서 2025년인 지금까지 30년의 역사를 가진 홈쇼핑도 오늘날과 같은 시장을 만들어 내기까지 그 첫걸음에 무구한 도전과 혁신의 방법론들이 존재했다. 그들은 변화를 거듭하며 쇼핑 산업의 트렌드를 만들어 왔다. 라이브커머스가 앞으로 그 오랜 쇼핑 업계의 역사 속에서 또 다른 형태의 트렌드를 이어 나갈 것이며 그 혁신의 과정에는 라이브커머스 쇼호스트가 함께할 것이다.

한 산업을 개인이 리드(Lead)하는 것은 어렵다. 하지만 실력 있는 개개인이 꾸준히 배출된다면 그 산업은 그런 이들을 필요로 할 터다. 즉, 이 책에서 다루는 산업은 라이브커머스 쇼핑 산업이 되고 개개인은 라이브커머스 쇼호스트가 되겠다. 다시 말해 쇼호스트 개개인이 라이브커머스 쇼핑 산업을 좌지우지하기는 힘들지만, 실력 있는 쇼호스트들이 모여 라이브커머스 산업을 이끌어 갈 수 있음은 분명하다고 생각한다. 그런 의미로 라이브커머스 쇼호스트가 이 시대의 전도유망한 직업이라고 나는 확신한다.

그러기 위해 조금 더 성장하는 라이브커머스 쇼호스트들이 많이 배출되어 나 또한 오래오래 라이브커머스 쇼호스트로 활동할 수 있길 바라며 이 책을 마무리한다. 당신이 현재 라이브커머스 쇼호스트를 꿈꾸고 있거나 혹은 언젠가 꿈을 꾸게 된다면, 이 책에 담긴 스토리를 여러분의 삶에 버무려 더 멋진 인생을 살아가길 진심으로 응원한다. 앞으로 점점 더 발전할 라이브 커머스의 세상에서 빛날 당신을 위해 이 책이 그 시작의 한 걸음이 될 수 있기를.

에필로그

인생의 기회는 언제 어떻게 올지 모른다

    20대 초, 잘 다니던 4년제 대학교를 자퇴하고 갑자기 2년제 대학에 입학해 부모님의 걱정과 주변 사람들의 의문 속에서 나는 꿋꿋이 내가 원하는 배움의 시간을 보냈다. 첫 학교 자퇴 후 다음 대학에서도 나는 타 학과 교수님의 권유와 도움으로 항공사 승무원을 꿈꾸게 되었다. 그쯤 만난 스승의 제안으로 지역 미인 대회에 출전하였으며 그를 계기로 미스코리아 경남 대회까지 나갔다. 나의 미래는 전혀 예측할 수 없는 소용돌이 같았고, 30대의 내가 어떤 일을 하게 될지 그 누구도 감히 짐작하지 못했다. 그런 내가 지금은 매일매일 즐겁고 가치 있는 일을 하며 활력이 넘치는 삶을 살고 있다. 지금으로부터 1년 후, 5년 후 나의 삶이 또 어떻게 바뀔지 나 스스로도 예상할 수 없다. 그러나 하나 확실한 부분은 내가 마음이 가는 일을 그 순간의 결정들로 이루어 왔으며 그 일이 결국 지금의 내 인생을 아주 만족스럽게 해 주었다. 기회는 언제 어떻게 올지 모른다. 나는 그 말을 매 순간 경험하고 있고, 진심으로 공감한다. 내가 배우고 공부했던 전부가 지금의 쇼호스트를 염두에 두고 하진 않았으나 지금의 나를 만드는 데에 큰 도움을 준 것 또한 부정할 수 없다. 이 책은 자기 계발서는 아니지만, 나의 진솔한 경험들과 깨달음들이 쇼호스트를 꿈꾸는 사람들을 포함해 앞으로를 향해 달리는 이들에게 좋은 울림이 되었으면 한다.

    우연히 시작한 라이브커머스의 세계에서 나는 매우 수준 높은 방송들을 체험했다. 그리고 2년 간의 경험을 이 책에 고스란히 담았다. 소중했던 시간을 쪼개어 다 담을 수 없었으나 나의 팀이었던 그들과 보낸 기간은 내 인생에 아주 값진 선물을 선사해 주었다. 나는 아직도 내가 앉았던 책상과 소소하게 나누었던 팀원들과의 시간이 여전히 그립고 또 감사하다. 35년 인생에서 유일했던 2년간의 회사 생활은 내 인생을 더 귀중하게 만들어 줬고, 또 앞으로 나아갈 용기와 삶의 교훈을 주었다.

    2년간의 삼성전자 라이브커머스 쇼호스트로서 역할을 마친 후 프리랜서로 활동 중인 현재, 나는 전보다 성장한 사람이 되어 있다. 라이브커머스 쇼호스트로서의 차민정이 아니라 잘 다듬어진 한 사회의 구성원으로서의 차민정이 되어 이 책을 통해 여러분을 마주하고 있다. 나는 앞으로도 지금보다 더 나은 내일을 위해 노력할 것이며 더 굳건해질 미래의 나를 새롭게 그려가고 있다.

 책을 마무리하며 나와 함께 땀 흘린 모든 이들에게 다시 한 번 감사하다는 인사를 올린다. 나와 맞대했던 모든 삼성전자 직원과 대리점 관계자들, 우리나라를 대표하는 플랫폼 담당자들과 제작사들 그리고 함께했던 쇼호스트들까지. 그들이 있었기에 나의 시간도 값질 수 있었다. 라이브커머스를 이끌고 있고 계속해서 이끌어 갈 모든 이에게 응원과 박수를 보내며 책을 마친다.